これからの
ストレステスト
stress test

金融危機に負けないリスク管理

大山 剛 【編著】

岡崎貫治・岸本浩一・桑原大祐・小西 仁・才田友美・
田邉政之・玉橋 準・中山貴司・久永健生・村上泰樹 【著】

一般社団法人 金融財政事情研究会

はじめに

　いま、ストレステストという言葉が、巷にあふれている。いうまでもなく、第一の理由は、原子力発電所の再稼働をめぐる条件として求められているストレステストが現在進行中のためである。一定の危機的な状況をコンピュータによる数値計算によって再現し、原子力発電所の施設なり運営体制なりがこれをクリアできるか否かが、日本のすべての原子力発電所に問われている。東日本大震災による津波が福島第一原子力発電所を襲った後の大事故が、従来「想定外とされてきた」千年に1度程度しか発生しないような事態への対策を、各電力会社に対し求めるようになったのである。

　原子力発電所の分野ほど目立たないものの、金融機関や監督当局によるストレステストの実施も、世界中で話題になっている。欧州では2011年の金融危機の最中に欧州全体の銀行の監督当局であるEBAがストレステストを実施し、この結果コアTier1自己資本比率が9％を切る金融機関に対し、自己資本の増強を求めている。また米国でも、2009年、2010年、2012年に同様のマクロ・ストレステストを実施して主要行の自己資本充実度を評価し、不足先に対してはやはり自己資本の増強や配当支払の制限を求めた。さらには、こうした当局が用意するマクロ・シナリオに加えて、日本を含む世界の主要国の金融機関は、各々が独自に、従来想定外であった事態を含むストレス・シナリオを作成し、これに対処することも求められるようになっている。こうした状況となった最大の理由は、2007年のサブプライム危機以降、欧米主要国が経験した金融危機が、これまでの長い金融の歴史のなかでも未曾有のものであったことである。これが結果的に、従来「想定外とされていた」金融システムやマクロ経済の大きな構造変化に起因した事態への対策まで、各金融機関に求めるようになったのである。

　このように、ストレステストが世界中の流行語になっている背景には、いまという時代そのものが、言葉はやや古いが、新たな「不確実性の時代」に

突入しているためとも解釈できる。「不確実性」に対処するには、過去一定期間の世界の事象に縛られるような機械的な対処法ではなく、より高次な発想に基づいた自由度の高い対処が必要となる。

　本書の目的は、上記を背景に、世界中の主要な金融機関が現在暗中模索している、金融危機後のストレステストに関し、その「過去」と比較しながら、「いま」徐々に浮上しつつあるサウンド・プラクティスを、できるだけ詳細に解説することにある。実際問題、これだけストレステストという言葉が世の中にあふれているにもかかわらず、日本中のどこの書店にいっても、金融機関のストレステストのみに焦点を当てた書籍を見つけることは、ほとんど不可能に近い。また海外においても、信用リスクや市場リスク等、特定のリスク分野におけるストレステストの実務を紹介したものはあっても、主要なリスクのストレステストをすべてカバーしたもの、さらには、すべてのリスク・カテゴリーにまたがる包括的なストレステストまで示したものは、非常に少ない。このように、特に金融危機後のストレステストをめぐる状況は、まだまだ確固としたサウンド・プラクティスに関し十分なコンセンサスが形成されておらず、これをまとまったかたちで出版する状況にはこれまで達していなかったということかもしれない。

　本書は、そうした困難ななかにあって、リスク管理の実務を長く経験している11名の者が、それぞれの得意な分野に関し、自らのこれまでの知識をフルに活用すると同時に、今次金融危機で目の当たりにしたリスク管理の機能不全に対する問題意識やその後の監督当局、グローバル金融機関の対応に基づき、ストレステストの「過去」「いま」、そして「あるべき将来」を書いたものである。その内容は、金融機関にとってすぐに役立つように、できるだけ実務家の視点に立って書かれている。もちろん、ストレステストのプラクティスがまだまだ発展途上の段階にあっては、特に「あるべき将来」に関しては、それぞれの執筆者個人の意見の域を出るものではないかもしれない。それでも、こうしたかたちで、ストレステストの今後のあるべき一つの姿が示されれば、これに対する批判や議論を通じて、将来のサウンド・プラク

ティス形成への道のりが、より平坦で短くなることはたしかである。

　本書は、大きく二つの部に分かれている。まず第1部は「ストレステスト総論」ということで、異なるリスク・カテゴリーにまたがるストレステストを議論する三つの章で構成される。第2部の「各リスク・タイプのストレステスト」では、リスク・カテゴリーごとのストレステストを議論する6章で構成される。具体的には以下のとおりである。

　第1部第1章の「ストレステストとは」では、そもそもストレステストとはいかなるものなのかを平易に解説すると同時に、これまでの金融機関におけるプラクティスやその問題点、そして今次金融危機以降、いかなるストレステストが模索されているのかを解説する。執筆担当者は、大山剛と村上泰樹。

　第2章の「ストレス・シナリオに基づくストレステストの実行」では、ストレス・シナリオに基づくストレステストの実行プロセスを、実際にこれを実行する者の視点に立ったうえで丁寧に解説する。具体的には、フォワード・ルッキングで客観的なストレス・シナリオの作成方法や、同シナリオをリスク・パラメータに変換する方法、さらには、ストレス・シナリオから得られた結果を経営に活用する方法等を紹介する。執筆担当者は、大山剛。

　第3章の「マクロ・ストレステスト」では、マクロ・ストレステストが登場した背景や概要の説明から始まり、公的当局が具体的にどのようにしてマクロ・ストレステストを実行しているのか、最近の例としてはどのようなものがあるのか、さらに現在のマクロ・ストレステストにはどのような課題があるのか等を解説する。執筆担当者は、大山剛、村上泰樹、才田友美。

　第2部最初の第4章である「信用リスクのストレステスト」では、最初にバーゼルⅡにおける信用リスク・モデルの前提条件やこれを補完するという視点に基づくストレステストの役割を眺める。その後、より具体的なテーマとして、ストレス時における信用リスクの代表的なリスク・パラメータに関し、その推計方法を解説するほか、ストレステストで想定されるアウトプットも示す。執筆担当者は、桑原大祐、岡崎貫治。

第5章の「市場リスクのストレステスト」では、まず、ストレステストによる限界の補完が期待される、市場VaRの特性を眺めた後、バーゼルⅡ下で実際に求められてきたストレステストや、バンキング勘定で必要となるストレステストを説明する。最後には、ストレステストの活用にも触れる。執筆担当者は田邉政之。

　第6章の「市場性信用リスクのストレステスト」では、そもそも市場性信用リスクとは何かの議論から始め、同リスクに係るストレステスト上の留意点をさまざまな角度から考える。執筆担当者は久永健生、岡崎貫治。

　第7章の「資金流動性リスクのストレステスト」では、資金流動性リスクとは何かを考えるため、金融機関の代表的な資金繰り手法を丁寧に解説することから始め、その後、過去に実際に生じた大規模金融機関の資金流動性リスク顕現化の例を振り返る。そのうえで、今次金融危機により、金融機関における資金流動性リスクに係るストレステストのプラクティスがどのように変化し、さらに現在、どのような課題が残されているのかを解説する。執筆担当者は大山剛、中山貴司、玉橋準。

　第8章の「市場性流動性リスクのストレステスト」では、最初に市場流動性リスクの概念を説明した後、同リスクに係るストレスシナリオ作成時の留意点や作成の考え方等について、実例を交えながら解説する。執筆担当者は岸本浩一。

　最終第9章の「オペレーショナル・リスクのストレステスト」では、往々にして、その明確な認識がむずかしいオペレーショナル・リスク管理におけるストレステストの位置づけを解説する。そのうえで、従来のオペレーショナル・リスク管理手法のストレステスト的側面に焦点を当て、これを統合リスク管理におけるストレステスト高度化に役立てる方策を考える。執筆担当者は小西仁。

　なお、それぞれの章は異なる執筆者が、それぞれ独自の視点から執筆する形式をとっており、そういう意味では、必ずしも本書全体を通じて、ストレステストに対する視点や考え方が一貫していない部分もある。これは、でき

るだけ、各執筆者のストレステストに対する熱い思いが、そのままほとばしり出るような内容にしたいという編纂者の意図の結果であり、このために生じる、各章ごとの主張や構成の微妙なブレに関しては、ご容赦いただければ幸いである。

　最後に、本書で著した内容はそれぞれの著者の私見であり、所属する法人の公式見解ではないことをお断りしておく。

平成24年5月

有限責任監査法人トーマツ
パートナー　大　山　　剛

【著者紹介】（五十音順）

大山　剛

有限責任監査法人トーマツ　パートナー。

日本銀行にてマクロ経済分析を担当、統括。1994～1997年国際通貨基金政策開発局出向。その後2008年6月まで、日本銀行金融機構局参事役として、日本の不良債権問題の分析や、大手金融機関考査・リスク管理高度化、バーゼルIIの国内実施を主導すると同時に、バーゼル委員会傘下の多くの会議のメンバーとして、国際的な議論に参画する。現在は、主要金融機関に対するリスク管理に係るコンサルティング業務に従事する。2009年1月よりGARP（Global Association of Risk Professionals）東京地区理事。著書に『バーゼルIIIの衝撃』（東洋経済新報社）、"Banks At Risk"（共著、John Wiley&Sons）、『グローバル金融危機後のリスク管理』（金融財政事情研究会）、"Post Crisis Risk Management"（John Wiley&Sons）。

全体の編纂のほか、第1、2、3、7章を担当。

岡崎　貫治

有限責任監査法人トーマツ　マネジャー。

大手金融機関において市場業務に関するコンプライアンス、データベース機関にて信用リスクデータ分析を担当の後、2010年有限責任監査法人トーマツ入社。現在は、主に金融機関向けのリスク管理高度化支援を実施。特にストレステスティング実施態勢ならびにシナリオ構築、信用リスク管理態勢、各種計量分析に従事。

第4、6章を担当。

岸本　浩一

有限責任監査法人トーマツ　ディレクター。

大手損害保険会社において、資産運用・リスク管理分野でのアナリスト、システム開発等の運用関連実務、金融工学サービス会社において、リスク管理・ALM分野での理論研究、モデル開発を経験。現在は、リスク管理態勢の検証・構築支援を担当。

第8章を担当。

桑原　大祐

有限責任監査法人トーマツ　パートナー。
大手信託銀行にてデリバティブのトレーディングを担当した後、市場リスク管理およびALMに従事。その後、銀行を中心とする金融機関向けに、信用リスク・市場リスク管理に関するコンサルティングを実施するとともに、リスク管理関連の内部監査部門支援を実施している。
第4章を担当。

小西　仁

有限責任監査法人トーマツ　シニアマネジャー。
大手証券会社に勤務の後、大手監査法人系コンサルティング会社にてリスク管理高度化プロジェクトに従事。大手銀行、地方銀行、信託銀行、大手証券会社、大手保険会社向けに市場リスク管理、オペレーショナル・リスク管理高度化プロジェクトを実施。そのなかでCSA構築を数多く実施。また、市場リスク管理等に関する外部調査、内部監査支援を実施。
第9章を担当。

才田　友美

有限責任監査法人トーマツ　マネジャー。
日本銀行に入行後、調査統計局にて10年間マクロ経済調査、主に、不良債権問題、不動産価格の決定メカニズムに関する分析に携わる。また、バーゼルⅢにおける自己資本比率の基準策定分科会の日本銀行内分析チームに参画。2010年有限責任監査法人トーマツ入社。現在は、主に金融機関のストレステスト高度化支援業務に携わる。マクロ・ストレス・シナリオの構築、各種計量分析を中心に担当している。
第3章を担当。

田邉　政之

有限責任監査法人トーマツ　パートナー。
大手銀行において、デリバティブのミドル業務、開発業務に従事。現在は、金融機関に対するリスク管理態勢のレビュー、リスク管理システムの検証・構築支援、デリバティブ商品の時価評価、市場・信用リスク計量化モデルの構築支援を担当。
第5章を担当。

玉橋　準

有限責任監査法人トーマツ　シニアスタッフ。

デロイト・ロサンゼルス事務所勤務後、2007年に有限責任監査法人トーマツ入社。USGAAPおよびJGAAPの両基準における大手証券会社、大手銀行の監査に従事。また、大手金融機関のIFRS導入支援、信用リスク管理高度化支援、および外国銀行の内部統制構築支援を実施。

第7章を担当。

中山　貴司

有限責任監査法人トーマツ　シニアマネジャー。

日本銀行において、金融市場の調査、分析を担当。国際決済銀行主催の民間金融機関のリスク管理手法に関する調査プロジェクトにも参加する。その後、米系証券会社にてクレジット金融商品の組成およびマーケティング、新商品開発業務に従事した後、欧州系銀行の自己勘定投資部門において日本およびアジアのクレジット商品のトレーディングを行う。ABS、CMBS、RMBS等の証券化商品、企業向けローンやCDS等の売買、不動産ノン・リコース・ローンの実行等を手がける。

第7章を担当。

久永　健生

有限責任監査法人トーマツ　シニアマネジャー。

大手銀行において、デリバティブのミドル業務、開発業務に従事。現在は、デリバティブ商品や証券化商品の時価評価モデルの検証・構築支援、リスク管理システムの検証・構築支援を担当。

第6章を担当

村上　泰樹

有限責任監査法人トーマツ　マネジャー。

大手監査法人を経て2000年4月に有限責任監査法人トーマツ入社。銀行・損保等の監査業務および内部監査、内部統制、リスク管理に関するコンサルティング業務に従事。

第1、3章を担当。

目　次

第1部　ストレステスト総論

第1章　ストレステストとは〔大山剛、村上泰樹〕………………3
第1節　ストレステストの概念整理……………………………………3
1. ストレステストとは何か……………………………………3
2. ストレス程度の決め方による整理…………………………5
3. CGFSレポートの分類 ………………………………………7
4. ストレス発生の蓋然性に係る考え方………………………9
5. ストレステスト結果の活用に着目した整理………………10
6. リバース・ストレステストとは……………………………11
7. マクロ・ストレステストとは………………………………13
8. ストレステストの整理――要約……………………………14

第2節　金融機関におけるストレステストの従来の活用……………14
1. "Stress Testing by Large Financial Institutions：Current Practice and Aggregation Issues"（2000年）……………15
2. "A survey of stress tests and current practice at major financial institutions"（2001年）………………………………19
3. "Stress testing at major financial institutions：survey results and practice"（2005年）…………………………21

第3節　金融危機前の当局の考え方……………………………………27
1. 第一の柱で求められるストレステスト……………………28
2. 第二の柱で求められるストレステスト……………………32

第4節　金融危機が示した問題点………………………………………34
1. 各金融機関のストレステストの状況………………………34
2. 問題点への対処………………………………………………42

3　ストレステストが真剣に活用されてこなかった背景……………46
　第5節　ストレステストとバーゼルⅢ………………………………48
　　1　カウンターパーティ・リスク……………………………………48
　　2　流動性リスク………………………………………………………50
　　3　市場リスク…………………………………………………………51
　　4　その他………………………………………………………………52

第2章　ストレス・シナリオに基づくストレステストの実行〔大山剛〕…55
　第1節　はじめに………………………………………………………55
　第2節　ストレステストの目的決定やストレステスト実行の枠組み
　　　　　の構築…………………………………………………………56
　第3節　ストレス・シナリオに求められる条件……………………59
　第4節　客観的でフォワード・ルッキングな、さらに網羅的でダイ
　　　　　ナミックなシナリオを作成する方法………………………61
　　1　ストレス・シナリオの条件の決定………………………………61
　　2　リスク・アピタイト／ストレスの程度の決定…………………62
　　3　自行のウィーク・スポットの決定………………………………68
　　4　想定すべきストレス・シナリオの選定(1)──有用なストレス
　　　　情報の整理…………………………………………………………71
　　5　想定すべきストレス・シナリオの選定(2)──早期警戒指標の
　　　　活用…………………………………………………………………80
　　6　ストレス・シナリオの展開(1)──過去のストレス・イベント
　　　　情報の活用…………………………………………………………81
　　7　ストレス・シナリオの展開(2)──マクロ経済モデルの活用……88
　　8　ストレス・シナリオへの展開(3)──マクロ経済から地域経済
　　　　への落とし込み……………………………………………………95
　第5節　シナリオからリスク・パラメータへの変換………………97
　第6節　シナリオの活用方法…………………………………………100

第7節　ストレス・シナリオに係る検証や内部監査 …………… 103

第3章　マクロ・ストレステスト〔大山剛、村上泰樹、才田友美〕………… 111
　第1節　マクロ・ストレステストとは ………………………………… 111
　　1　登場の背景と現在の状況 ……………………………………… 111
　　2　マクロ・ストレステストの流れ ……………………………… 113
　　3　システミック・リスクへの注目 ……………………………… 113
　第2節　マクロ・ストレステストの代表的な手法 …………………… 114
　　1　テストを行う主体 ……………………………………………… 114
　　2　外生的ショックの与え方 ……………………………………… 115
　　3　外生的ショックがマクロ経済にもたらすインパクトの把握手
　　　法 ……………………………………………………………………… 115
　　4　外生的ショックの大きさの決め方 …………………………… 116
　　5　シナリオの作成 ………………………………………………… 117
　第3節　各国ごとの具体的な例 ………………………………………… 117
　　1　各国のマクロ・ストレステスト一覧 ………………………… 117
　　2　金融システムの安定性評価を目的としたマクロ・ストレステ
　　　スト ………………………………………………………………… 118
　　3　個別金融機関の自己資本充実度評価のためのマクロ・ストレ
　　　ステスト …………………………………………………………… 131
　第4節　マクロ・ストレステストの課題 ……………………………… 147
　　1　当局シナリオの利用に伴う金融機関独自シナリオへの関心の
　　　低下 ………………………………………………………………… 148
　　2　共通シナリオ利用に伴うシステミック・リスクの増幅 …… 149
　　3　危機時に実行するストレステストにおけるストレス程度の恣
　　　意性 ………………………………………………………………… 150
　　4　政策の失敗を想定することの困難性 ………………………… 151
　　5　早期警戒指標としての機能の困難性 ………………………… 151

第2部　各リスク・タイプのストレステスト

第4章　信用リスクのストレステスト〔桑原大祐、岡崎貫治〕……157
第1節　はじめに ……157
第2節　モデルの前提条件と与信集中リスク ……159
1. バーゼルⅡ・第一の柱の前提条件 ……159
2. 信用VaRモデルの前提条件 ……161
3. 伝播（コンテージョン）とフィードバック効果 ……162
4. モデルリスクとストレステストによる補完 ……163
第3節　信用リスクのストレステストの枠組み ……166
第4節　ストレス・パラメータの推計 ……168
1. 内部格付制度におけるパラメータ ……168
2. ストレス時のPDおよび格付遷移 ……168
3. ストレス時のLGD ……192
4. ストレス時のEAD ……199
5. ストレス時の相関係数 ……201
6. リテールのストレス・パラメータ推計 ……204
第5節　信用リスクのストレステストのアウトプット ……208
1. ストレス環境下において発生する損失額の把握 ……208
2. ストレス環境下における自己資本比率の把握 ……209
3. ストレス環境下において必要となる経済資本の把握 ……210

第5章　市場リスクにおけるストレステスト〔田邉政之〕……213
第1節　市場リスクにおけるストレステストの目的と意義 ……213
1. VaRとは何か ……213
2. VaRの計測手法 ……214
3. 保有期間と信頼区間の設定 ……219
4. VaRモデルに内包される問題点 ……220

第2節　バーゼルⅡにおけるストレステスト ……………………226
  1　マーケットリスク相当額の算出 …………………………226
  2　バーゼルⅡにおけるストレステストの目的 ……………226
  3　ストレステストの要件 ……………………………………227
  4　ストレステストの実施 ……………………………………238
第3節　バンキング勘定におけるストレステスト ………………240
  1　バンキング勘定におけるVaRの活用状況 ………………240
  2　バンキング勘定におけるVaRの問題 ……………………240
  3　バンキング勘定のストレステスト ………………………245
第4節　ストレステストの活用 ……………………………………246
  1　従来のストレステストの活用状況 ………………………246
  2　今後のストレステストの活用方法 ………………………247

第6章　市場性信用リスクに関するストレステスト〔久永健生、岡崎貫治〕……………………………………………………253
第1節　市場性信用リスクとは ……………………………………253
第2節　市場性信用リスクの具体例 ………………………………254
  1　原資産価値が信用リスクにさらされているもの ………255
  2　カウンターパーティ・リスクにさらされているもの …255
第3節　市場性信用リスクに係るストレステストの留意点 ……256
第4節　ストレスシナリオ生成における留意点 …………………257
  1　市場リスクと信用リスクの同時シナリオ ………………257
  2　パラメータの変動シナリオ ………………………………258
第5節　証券化商品等のストレステスト …………………………259
  1　センシティビティを用いたストレステスト ……………259
  2　モデルリスクに対するストレステスト …………………260
  3　証券化商品のストレステストの具体例 …………………261

第7章　資金流動性リスクのストレステスト〔大山剛、中山貴司、玉橋準〕……263
第1節　はじめに……263
第2節　資金流動性リスクに係る概論……263
1　資金流動性リスクとは何か……263
2　金融機関の資金繰り手法……266
3　資金流動性リスクのリスクファクター……281
第3節　これまでみられた資金流動性リスク顕現化の事例……287
1　コンチネンタル・イリノイ銀行（1984年5月）……288
2　北海道拓殖銀行（1997年11月）……294
3　ノーザンロック（2007年9月）……299
4　リーマン・ブラザーズ（2008年9月）……304
5　その他の事例……310
第4節　今次金融危機前後における、主要行等での資金流動性リスクに係るストレステストのプラクティス……312
1　資金流動性リスクに係るストレステストの考え方……312
2　従来のプラクティスと金融危機後の変化……313
第5節　資金流動性リスクに係るストレステストの今後の課題……324

第8章　市場流動性リスクのストレステスト〔岸本浩一〕……335
第1節　市場流動性リスクの概念……335
第2節　市場流動性ストレス・シナリオ作成時の留意点……336
1　市場流動性の指標……336
2　市場流動性の分析例……337
第3節　市場流動性ストレス・シナリオ作成の考え方……340
第4節　おわりに……343

第9章　オペレーショナル・リスクのストレステスト〔小西仁〕…………347
　第1節　オペレーショナル・リスク管理におけるストレステストの
　　　　　位置づけ ……………………………………………………347
　　1　オペレーショナル・リスク管理におけるストレステストとは …347
　　2　オペレーショナル・リスク管理の概要 ……………………………348
　　3　規制の要請 …………………………………………………………350
　　4　VaRとストレステストの境界 ……………………………………351
　　5　想定しうるストレステスト ………………………………………352
　　6　オペレーショナル・リスクのストレステストを考えるうえで
　　　の今後の留意点 ……………………………………………………353
　第2節　統合リスク管理におけるストレステストに対するオペレー
　　　　　ショナル・リスク管理の利用 …………………………………354
　　1　統合リスク管理におけるストレステストの課題 ………………354
　　2　オペレーショナル・リスク管理におけるシナリオ分析 …………355
　　3　シナリオ分析の利用 ………………………………………………356
　　4　ストレステストの活用 ……………………………………………358

おわりに ………………………………………………………………………361

第 1 部

ストレステスト総論

第1章

ストレステストとは

大山　剛、村上泰樹

第1節　ストレステストの概念整理

1　ストレステストとは何か

　金融機関に勤めている者であれば、サブプライム危機に始まる今次のグローバル金融危機やそれ以降の時期において、少なくとも1度は、「ストレステスト」という言葉を聞いているのではないだろうか。また金融機関に勤める者以外であっても、新聞紙上に「米国のストレステスト」「欧州のストレステスト」あるいは「原発のストレステスト」といった文字が躍るのを、何度か目にしたはずだ。それだけ、「ストレステスト」は、今次金融危機や、さらには東日本大震災との関連で、有名な言葉となった。

　またストレステストは、今次金融危機を境に、単に「有名」になっただけではない。実は、今次金融危機が、金融機関のリスク管理にもたらした最大の変化の一つが、ストレステストの積極的な活用だといわれている。ストレステストは、もちろん従来から存在していたし、金融機関のリスク管理のなかでもなんらかのかたちで用いられてきた。もっとも、今次金融危機の発生を許してしまった、金融機関のリスク管理上の最大の問題の一つが、このス

トレステストの活用が十分ではなかったことの見方が強いのである。

　このように、今次金融危機の結果、がぜん世界の注目を浴びるようになったストレステストとは、いったいいかなるものなのであろうか。金融機関にとっては比較的なじみのあるこの言葉ではあるが、必ずしも、一般の人々が深く理解しているとは言いがたい面もある。また仮に金融機関内であっても、同じ言葉を口にしても、人によっては、時に随分と異なる概念を思い描いていることもある。そこで本章ではまず、そもそもストレステストとは何なのか、その概念を整理することから始めたい。

　たとえば、ストレステストとは、一般的には、通常以上の負荷をシステムに加えた場合に、同システムが正常に機能するか否かを試すものとされており、製品の品質やITシステムの機能をチェックするために活用されてきた。負荷の変動可能性をある程度考慮したうえで、一定の発生蓋然性がある、通常以上の負荷が仮に生じたとしても、製品等が問題なく機能することを確認する作業だといえる。それでは、金融機関の場合は、どうであろうか。

　グローバル金融システム委員会（Committee on the Global Financial System：以下、CGFS）が2000年に公表したレポート「大規模金融機関におけるストレステスト：ストレステストの現状とテスト結果の集計に関する論点」によれば、「ストレステスト」という用語は、「例外的ではあるが、起こり得るイベントに対して金融機関がどの程度脆弱であるかを測るために用いられてきた様々な手法の総称」となっている。換言すれば、銀行のバランスシートやポートフォリオに、通常想定される程度以上のストレスを掛けて、その際の損失や自己資本の状況（受動的結果）等をみる、あるいは、組織としての対応可能性（能動的結果）をみるものをストレステストとしてとらえているケースが多い。何のために、そのようなストレス状況下での結果をみるのかというと、いざというときでも、金融機関の経営が傾くことのないように経営の耐久力をつけるためである。そういう意味では、先にみた一般的な用法とほぼ同じだといえる。唯一の違いは、金融機関の場合、特定の製品やビジ

ネスにとどまらず、組織全体の安定性もチェックの対象となっていることであろう。

2　ストレス程度の決め方による整理

　このように定義されるストレステストであるが、「通常想定される程度以上のストレス」の「決め方」によって、その姿は大きく異なってくる。先のCGFSレポートも指摘しているが、ストレステストの負荷の程度としては、通常「例外的ではあるが起こり得る」(exceptional but plausible) という表現が用いられている。もっとも、この「文学的」表現を、どのように実際の数字に落とし込んでいくかは、かなりの難問である。「例外的」というのであるから、やはりそれは「通常想定される程度以上」ということになる。それでは、通常想定される程度とは、どの程度か。これは、リスク管理において「リスク」としてとらえられている事象、つまり統計的に一定の確率で起こりうる損失額をリスクとして把握しているのであれば、これが通常想定される程度の負荷ということになる。したがって、「通常以上」、あるいは「例外的」ということになると、これを少なくとも上回ることが求められる。

　この負荷を決めるいちばん単純な方法としては、たとえばリスク計量化手法であるバリュー・アット・リスクで想定している仮定、具体的には信頼水準といったものを、より厳しく設定することが考えられる。たとえば、通常99％（シミュレーションを100回試行すれば、2番目に悪い結果）でリスクを計測しているのであれば、これを99.9％（シミュレーションを1,000回試行した場合の2番目に悪い結果）に設定し直したうえで、あらためてリスクを測る手法である。これにより、損失分布のテール部分の形状がファットになっている（つまり、損失額が非常に大きくなればなるほど、本来その発生確率は限りなくゼロに近づいていくところ、なかなかゼロにはならないケース）のであれば、99％ではわからなかったリスクもわかるようになるかもしれない。ただしこの場合、信頼水準を厳しく設定することにどのような意味合いを与えるのかがむずかしい。さらに、正しいとは限らない損失分布のテール部分の形状を所与

としていることも、この手法の限界だといえる。

一方、ポートフォリオが有しているリスク・エクスポージャーに対し、たとえば、過去において記録した最も大きな（損失額が大きくなる方向への）変化を適用してみるといった方法もある。バリュー・アット・リスクのような統計的手法でとらえたリスクの場合、サンプルに用いるデータが比較的最近のものに限られるため、たとえば過去20年間で最大の変化幅を用いて算出した損失額のほうが、バリュー・アット・リスク（たとえば99％の信頼水準）の値を上回ることもある。この手法は、非常にわかりやすく、また限られたサンプルデータに基づく統計的手法の限界を補完することもできるが、一方で、「過去に起きた事象とまったく同じものが、将来再び発生することはない」という議論に反論できない弱さも抱えている。いわゆる、バックワード・ルッキングなシナリオといわれているゆえんである。

通常以上の負荷を決める、さらに別な手法としては、上記のように、リスク要因の変化幅を過去実際に起きた事象に頼るのではなくて、足許入手可能なストレス事象に係るさまざまな情報から、将来一定の蓋然性で起こりえそうなストレス事象を自ずから想定して、この事象に基づき、リスク要因の変化幅を考える方法もある。いわゆるシナリオ作成といわれている手法である。この手法により、ストレステストはバックワード・ルッキングの呪縛から解放され、はじめて、フォワード・ルッキングな性格を帯びることになる。ただしその一方で今度は、シナリオが、担当者がつくった「単なる絵空事」とみられてしまうリスクも出てきてしまう。「それはお前が勝手につくったシナリオだろ」といわれてしまうリスクである。この点シナリオ作成では、いかにシナリオ・ストーリーの客観性なり、説得性なりを高めるかという課題が残る。

なお、これまでの手法は、ストレスの程度を決定するにあたって、主にストレスイベントの発生頻度、あるいは発生可能性に重きを置いていたが、これに対し、逆にイベントが発生した結果を基準にシナリオを考え、その後同シナリオの蓋然性を評価するという、従来のストレステストのプロセスの方

図表1−1　ストレスの程度を決める手法

〈頻度に基づく手法〉
① リスク計量化手法における条件の変更
　　例：信頼水準の変更（99％→99.9％）
② 過去のイベントの活用
　　例：過去20年間で最大の変化幅を用いて算出した損失額の採用
③ 将来起こりそうなイベントのシナリオ作成
　　例：将来一定の蓋然性で起こりえそうなストレス事象に基づいて算出した
　　　　損失額の採用

〈結果に基づく手法〉
① リバース・ストレステスト
　　例：経営危機を招くような事態を想定
② リスク・アピタイト・フレームワークにおけるストレス程度の設定
　　例：今後3年以内に自己資本比率が8％を切るような事態を想定

向とはまったく逆のストレステストも現れている。こうした考え方に立つものの一つが、後述するリバース・ストレステストである。ここでは、まさに、金融機関の経営が危機的状況を迎えるという「結果」から出発し、そうした「結果」を導くストレスイベントとは何かを考え、最後に同イベントの蓋然性を評価するというプロセスをたどることになる。またリバース・ストレステスト以外でも、最近金融界のなかで注目を集めつつあるリスク・アピタイト・フレームワーク（次章参照）のなかでは、リスク・アピタイトやリスク許容度を決める基準として、やはり「頻度」のみではなく「結果」も重視されるようになっている。この場合、リバース・ストレステストのように非常に厳しい「結果」ではなくても、たとえば、「自己資本比率が今後3年以内に8％を切る」という結果がはたして生じうるか否かを、シナリオの作成や同シナリオの蓋然性評価を通じて確認する作業が行われている（図表1−1）。

3　CGFSレポートの分類

　ちなみに、先に紹介したCGFSレポートでは、ストレスを掛けるスコープ

図表1−2 CGFSレポートにおけるストレス手法の分類

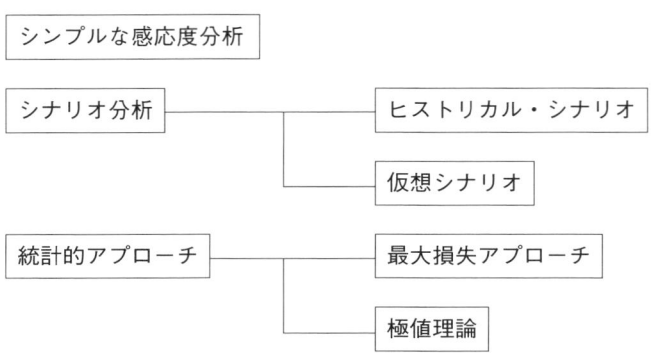

出所：CGFSレポート（2000）をもとに作成。

の違いにより、ストレステストの手法を、以下の二つに分類している（図表1−2）。

① ある特定の市場性リスクファクターの変動が金融機関全体や各部署のポートフォリオに与える影響を計測する手法（シンプルな感応度分析）
② 将来発生しうるとリスク管理者が考えているイベントについて、これを複数のリスクファクターが同時に変動するかたちで表現し、ポートフォリオに与える影響を計測する手法（シナリオ分析）

上記のうち①は、ストレスを掛ける対象を一つ、あるいは少数のリスク要因に絞ったうえで、これが金融機関のポートフォリオに与える影響をみるものである。手法として非常にシンプルであり、また結果もわかりやすい一方で、実際のストレス事象においては、複数のリスク要因が同時に大きく変動する可能性が大きいなかで、こうした状況の評価を取り込めないという弱点も有する。一方②は、多くの変数へのショックを同時に取り込むことで、より現実感のあるストレス状況が想定できる一方で、こうした状況を想定するためには、より複雑で高度なテクニックが求められるという難点がある。

CGFSレポートでは、そのうえで、②をさらに、過去に経験したイベントに基づくヒストリカル・シナリオと、まだ生じていないが起こりうるであろ

う一連のイベントを想定する仮想シナリオ、の二つに分類している。また、極端なイベントに対するエクスポージャーを捕捉するための手法として、最大損失アプローチ（ポートフォリオに最も大きな被害を与えるような市場変動の組合せをリスク管理者が推定する方法）や極値理論（収益率の分布の裾の振る舞いに注目した統計理論）の活用も紹介されている。これらについては、まさに前節で紹介した三つのストレス程度の決め方、すなわち、過去のイベントの活用、将来起こりそうなイベントのシナリオ作成、および、リスク計量化手法における条件の変更、にほぼ対応しているといえる。なお、これら三つの手法は、厳密には、シナリオ分析のみではなく、シンプルな感応度分析におけるストレス程度を決める手段としても有効だといえよう。

4　ストレス発生の蓋然性に係る考え方

　既述のとおり、ストレステストで想定されるストレスの程度は、上記でみたように「例外的」であると同時に、「起こり得る」ものでなければならない。換言すれば、そうしたストレスが実際に実現する、相応の蓋然性が存在する必要がある。もっとも、ストレス程度をめぐる「文学的」表現を真面目に解釈しようとすると、そもそも「例外的」であるにもかかわらず、「起こり得る」とはいったいどういうことなのかということで、多分多くの方が悩んでしまうのではないか。

　そこでここでは仮に、「例外的」という表現が既存のリスク計測手段等、既存の考え方に基づいた場合にリスク管理の射程圏内に入りづらいことを示し、一方で「起こり得る」という表現が、こうした既存の考え方にとらわれずに将来の発生可能性を考えた場合、心配事としてその発生を無視できない程度の蓋然性があることを表していると解釈しよう。このように解釈すれば、ストレス程度を巡る「文学的表現」もわかりやすくなる。たとえば、上記で説明した三つのストレス程度の決め方のうち、最初の信頼水準を高める考え方であれば、統計的な視点に縛られた考え方では「例外的」であっても、同視点を緩めた場合には「起こり得る」ということになる。2番目の、

ヒストリカル事象を用いるという考え方であれば、データの観測期間という制約に縛られた既存の考え方では「例外的」でも、こうした制約を外せば「起こり得る」ということになる。そして最後のフォワード・ルッキングなシナリオの作成であれば、過去に実際に起きたイベントを起点に考える枠組みのなかでは「例外的」であっても、その枠組みの一歩外に出れば「起こり得る」ということになる。

5　ストレステスト結果の活用に着目した整理

　上記では主に、金融機関のバランスシートやポートフォリオに対し、「どのようにして通常想定される程度以上のストレスを掛けるのか」に注目して、いくつかの手法を紹介した。これに対し、通常想定される程度以上のストレスを掛けた結果を「どのように用いるのか」に注目して、手法を分類することもできる。その一つは、想定以上のストレスが生じた際の、金融機関の自己資本や流動性の状況を確認するものである。つまり、非常に大きなストレス、そして結果としての損失が生じたとしても、それを吸収して余りある自己資本や流動性バッファーがあれば、金融機関があえて特別な行動をとらなくても、その危機を乗り越えることができるからである。一方で、そのような場合に自己資本が不足するということになれば、内部留保で自己資本を積み増したり、新規に資本を調達したり、あるいは、リスク量を削減する必要に迫られる。

　上記の手法に対し、金融機関がより能動的に行動することで、通常以上のストレス下にあって、その結果を自ら変えようとするものもある。典型的には、たとえば地震の際のコンティンジェンシー・プランのようなものである。また金融危機のような事象において、生じえそうな事態をそのまま受け入れるのはではなく、そうした事態に対し機先を制するかたちで機動的に対処し、生じうる損失額を抑制することも考えられる。この手法の最大の目的は、経営なり、組織なりが、いざというときにどのように行動すれば、最悪の事態のなかでの最善の結果を導くことができるかを、訓練やシミュレー

ションを通じて体得するところにある。想定以上のストレスがもたらす効果に対し、組織としての行動が加わって最終的な結果が生じるため、想定以上のストレスの程度を決める手法としては、その自由度が高い「シナリオ作成手法」が主に用いられる。

6　リバース・ストレステストとは

　これまで紹介した手法以外に、最近よく耳にする新手（？）のストレステストが二つある。その一つはリバース・ストレステストであり、もう一つはマクロ・ストレステストといわれるものである。まずリバース・ストレステストであるが、これは、英国の監督当局であるFSAが考え出し、その後日本を含む世界に広まった手法であり、通常以上のストレス程度の決定手法に特徴がある。リバース・ストレステストでは、先にみたケースのように、ストレス程度が一定の蓋然性等から導き出されるのではなく、「金融機関の経営が立ち行かなくなる」程度という、事態の「結果」から導き出されている。金融機関の破綻を最初から想定してしまえば、金融機関としては完全にお手上げであり、このような手法にどのような意味があるのかといぶかる向きもあろう。

　もっとも、この手法の目的は、必ずしも自己資本の充実度を確認することではない点に注意する必要がある。この手法の最大の目的は、金融機関自らが経営危機に陥るのがどのような事態なのかを明確に理解すると同時に、そうした事態に対し経営や組織としてどう対処すべきなのか考えることを促すものだといえる。そもそも英国のFSAがこのような手法を編み出した背景として、金融危機前に彼らが実施した英国金融機関のストレステストのレビューの結果、ストレステストで使用するストレス程度がまったく不十分であったとの認識がある。つまり、金融機関にストレス程度の判断を任せていては軽いものを選ぶバイアスがあるため、そうしたバイアスを排除することを目的に、一度最初から最悪のケースを考えてもらい、その後、その蓋然性なり対処策を考えてもらうという思考順序の逆転を図ったのである。もちろ

ん、リバース・ストレステストの結果として、自らが破綻するシナリオは「世界終末シナリオ」しかないとあらためて確認するだけで終わるかもしれないが、それはそれで一つの結論である。そして実際には多くの場合、そうはならないようである。

　2011年3月11日に発生した東日本大震災および福島第一原発事故は、上記の視点から考えれば、格好のケースだといえるかもしれない。今回の震災では、当初想定した5.7メートルという高さをはるかに上回る14メートル以上の高さの津波が原発を襲ったために、未曽有の大惨事が発生してしまった。ここで、東京電力が当初想定した5.7メートルという津波の高さは、もしかしたら、過去歴史上の地震や津波の記録から考えれば、相当程度保守的な考えに立っていたのかもしれない。ただ同時に、たとえば、5.7メートルを大きく超える津波が来た場合いったいいかなる事態が生じるのかが、なぜまったく検討されていなかったのかという疑問も付きまとう。この点興味深い話が、2011年5月9日付の日本経済新聞「震災にみる日本の技術感」に掲載されていた。同記事によれば、上記のような疑問に対し、監督官庁である経済産業省の幹部は次のように弁明しているのだ。「当事者が最悪の事態を想定すること自体が、背徳的とみなされる。そんな可能性まで頭に描いているのかと逆に糾弾されてしまう」。仮にこうした考え方が、単に電力会社のみではなく、金融機関においても当てはまるのであれば、まさに「背徳的」というタブーを打ち破る手段として、リバース・ストレステストは格好のものだといえる。

　なお、リバース・ストレステストと非常に似通ったものとして、FSB・バーゼル銀行監督委員会では現在、G-Sifisと呼ばれる、グローバルな視点から非常に大きなシステミック・リスクを有していると考えられる金融機関に対し、経営再建計画の作成、および当局が当該行の破綻処理計画を作成する際に必要となる情報の提供を求めている。俗にRRP（recovery and resolution plan）、あるいはliving will（生前遺言）と呼ばれているものである（以下、RRP）。このRRPの最大の目的は、金融危機時の経験をふまえ、仮に大規模

な金融機関であっても、経営危機にひんした際には、政府による救済を受けなくても、重大なシステミック・リスクを顕現化することなく（つまり、金融システムが不安定化することなく）、経営を再建する、あるいは市場から退出していく準備をすることにある。要は、こうした大規模な金融機関のシステミック・リスクを大幅に削減し、当局が危機時における破綻を許容できるようにすることで、金融機関のモラルハザードを抑制することを意図している。このRRPのなかでは、まさにリバース・ストレステストのような、金融機関が経営危機を迎えるようなシナリオの作成が求められている。このシナリオに基づき、部門売却を含むいかなるリアクションが、金融機関を経営再建に向かわせるのか、あるいはスムーズな破綻処理を可能とするのかを、検討することになる。

7　マクロ・ストレステストとは

　次に、マクロ・ストレステストであるが、これは、主に銀行監督当局や中央銀行が、金融システムの安定性確認のために行うものである。つまり、一国の金融システムに通常想定以上のストレス（たとえば、景気の大幅な落ち込みや不動産価格の大幅下落等）を掛けた場合、金融機関にどの程度の損失が発生し、いくつかの金融機関が危機的状況に陥ることで、金融システム全体が不安定化する可能性を探ると同時に、仮に自己資本不足等が発見されれば、これに対する事前の対処を求めるものである。米国の当局が2009年、そしてこれに続き欧州の当局が2010年に行って有名になった。また日本でも、銀行危機が深刻化した1990年代後半には似たような評価が実行されたほか、国際通貨基金が加盟各国に対し実施している、金融システムの強靭性を評価するミッションでも、同じようなテストが実行されている。こうしたマクロ・ストレステストは、実行の主語は多くの場合、銀行監督当局であるが、個別金融機関が想定すべきストレスが、近年ますます「金融システム全体の不安定化」を前提にするようになっていることを考えれば、当局の用いる手法やその結果は、個別金融機関のストレステストにとってもおおいに参考となる。

図表1-3　さまざまなストレステスト

ストレステストのスコープ
- ・原則単一のリスク要因―感応度分析
- ・複数のリスク要因―シナリオ分析

ストレス程度の決め方
- ・頻度に焦点
  - ・統計的―ストレスVaR、極値理論、信頼水準の引上げ
  - ・歴史的事象―ヒストリカル・シナリオ
  - ・将来シナリオ―シナリオ分析・結果に焦点
- ・結果に焦点
  - ・破綻を前提―リバース・ストレステスト
  - ・リスク許容度を前提―自己資本比率の一定水準割れ等

ストレステスト結果の活用方法
- ・受動的―自己資本の充実度検証
- ・能動的―コンティンジェンシー・プラン
- ・政策的―マクロ・ストレステスト

第3章では、最近米国、欧州、および日本でなされたマクロ・ストレステストに関し、その前提条件の決定や、実際にマクロ経済や金融システムにストレスを掛ける手法を紹介する。

8　ストレステストの整理――要約

最後に、図表1-3には、これまで紹介したさまざまなストレステスト手法を、通常以上のストレスの程度の決定方法とテスト結果の活用、さらにはストレステストを行う主体等の違いに基づき分類整理したものを示す。

第2節　金融機関におけるストレステストの従来の活用

ストレステストは、リスク管理の重要な一手法として、今次金融危機が発生するずっと前から存在した。たとえば、先述のCGFSでは、2000年以降2005年に至るまで、邦銀を含む主要国際金融機関が実施しているストレステ

ストのタイプをまとめた以下の3本のレポートを公表している。

"Stress Testing by Large Financial Institutions：Current Practice and Aggregation Issues"（2000年）

"A survey of stress tests and current practice at major financial institutions"（2001年）

"Stress testing at major financial institutions：survey results and practice"（2005年）

　以下では、今次金融危機以前に、金融機関がいかなるストレステストをどのように実行していたかを知る手がかりとして、それぞれのレポートで紹介された内容の概要を示す。

1　"Stress Testing by Large Financial Institutions：Current Practice and Aggregation Issues"（2000年）

　まず、2000年3月に公表された"Stress Testing by Large Financial Institutions：Current Practice and Aggregation Issues"（「大規模金融機関におけるストレステスト：ストレステストの現状とテスト結果の集計に関する論点（日本銀行仮訳）」）の内容をみてみよう。この報告は、当時の大規模な金融機関（20先以上）が行っていたストレステストの現状に関する調査を、主にインタビューにより実施し、その結果をまとめたものである。

[レポートの概要]

　多くの金融機関では、調査が行われるかなり以前から、個々のトレーディング・デスクのマネジャーが自らイニシアティブをとってストレステストを行っていた。インタビューを行った金融機関の多くが、1997年のアジア金融危機および1998年秋の国際金融市場の混乱を契機として、ストレステストに関心をもつようになり、ストレステストの開発に、より多くの経営資源を投入するようになったことが明らかとなった。またストレステストは直観的に理解しやすいため、自己勘定でのポジション・テイクに係るリミットの設定

やトレーダーや各部署に対する資本割当て、リスク管理者が用いているモデル上の仮定の適切さの検証に用いられていた。

　この時点では、シナリオ分析がトレーディング分野におけるストレステストの主要な手法であり、たとえば最大損失アプローチは、数社において利用されていたにすぎなかった。これは、当時、最大損失アプローチを適用する場合のショックの組合せから恣意性を排除できないと考えられていたためである。また、極端だが蓋然性のある状況下で発生する損失について、より的確に捕捉するための手法として極値理論（Extreme Value Theory：EVT）を検討している金融機関もあった。

　インタビューされた金融機関の大半は、バリュー・アット・リスクのような統計的モデルの限界に対処するために、これを補完するものとしてストレステストを位置づけていた。つまり、ストレステストは、起こりうる極端なイベント下でのエクスポージャーを定量的に示すことで、バリュー・アット・リスクを補完したのである。

　インタビューした金融機関のリスク管理者は、経営者に対し（レバレッジの程度や性質といった）リスクテイク量とリスク許容量の間の戦略的な関係を理解させる必要があり、ストレステストは、そのための情報を収集・集約する役割を担っていると回答した。このようなリスク管理者は、経営者が極端ではあるが発生しうる状況下での金融機関の損失規模を考慮したうえで、リスクテイクに関する意思決定を下したいと考えていることを理解しており、ストレステストを、金融機関全体のリスク・エクスポージャーについて経営者レベルで決定を下す場合や、個々の事業部門レベルで決定を下す場合にも利用していた。

　インタビューした金融機関のうちいくつかの先では、金融機関全体としてのリスク管理機能が、リスクテイク行動にほとんど影響を与えていなかった。これらの金融機関のなかには、リスクテイクの状況やストレステストの結果が、リスクをコントロールするためではなく、単なる情報提供のために社内に知らされており、ストレステストの結果が経営者とリスク管理者との

間で共有されていない先もあった。別の先では、ストレステストのテスト結果が経営者に伝達されているものの、全社レベルでのリスク管理の枠組みでとらえられてはいなかった。こうした金融機関のうち、ある先では、ストレステストの開発を行わないという判断を下していた。この背景には、過剰なリスクテイクに対し事後的にペナルティを科すような報酬システムを経営者や職員に適用することで（つまり過剰なリスクテイクを抑制するインセンティブ体系を構築することで）、リスクテイクの状況をコントロールする方針を採用していたことがある。

　ストレステストが意思決定に影響を与えるための具体的な方法として、ワーキンググループがインタビューしたリスク管理者が言及した手法は以下のようなものであった。

・資金調達（ファンディング）リスクの管理
・テール・リスクの計量化
・モデルの仮定のチェック
・トレーダーに対するリミットの設定
・トレーディング部門のポジションに対する資本配分の決定

　インタビューを行った多くの金融機関では、経営者は資金調達リスクに関する判断の手助けとしてストレステストを利用していた。経営者は不利なニュースが突然飛び込んでくる状況に備え、リスク・エクスポージャーを管理する必要性を認めるようになっていた。こうした不都合なニュースが、資金調達や他の市場へのアクセスに悪影響を及ぼすのを最小限にとどめるために、リスク・エクスポージャーの管理が行われるようになったのである。

　またいくつかの金融機関では、リミットを設定するためにストレステストを使用していた。すなわち、シンプルな感応度分析が、各部署ごとのマーケットリスク・エクスポージャーに対して厳格な（ハード）リミットを設定するために用いられていた。インタビューした金融機関によると、OTCオプションやペイオフが非線形のその他の金融商品を常時取り扱っている金融機関にとって、ストレステストは重要な役割を担っており、そうした先では

ストレステストに基づくリミットを非常に重視している。また、ある金融機関では、部署ごとの資本割当て（capital charge）がストレス・シナリオによる仮想的な損失に基づいて行われていた。この損失は個々の取引ごとに測定される。こうした枠組みは、極端な損失が発生するリスクを減少させる経済的なインセンティブを各部署に与えるために設けられたのである。

インタビューを行った金融機関では、シナリオ作成にヒストリカル・シナリオと仮想シナリオの両方を併用する傾向がみられた。いずれの場合でも、リスク管理者はその金融機関固有の情報を考慮し、金融機関が深くかかわっている市場やビジネス分野についてのシナリオが選択されていた。また、ストレス・シナリオについては、同じような特徴をもつシナリオを使う先が多いことが判明した。たとえば、多くの金融機関は、「1987年の株式市場暴落」、「1994年の債券市場暴落」、「仮想的な質への逃避」などという共通したタイトルのシナリオを用いていると報告した。

さらに、主要銀行や証券会社などへのインタビューを通じて、ワーキンググループは、多くの金融機関が、アジア金融危機および1998年秋の金融市場の混乱以来、市場リスク・エクスポージャーに関する全社レベルでのストレステストを行う能力を向上させたことを確認した。今回インタビューした金融機関は少数であったが、そのうちのすべての先が、1996年に実施されたバーゼル自己資本比率規制の市場リスクに関する修正に対応するために、つまり規制上の要件として、全社的なストレステスト・プログラムを初めて導入していた。しかしながら、インタビュー対象のほとんどすべての先が、導入以来、ストレステストに対しより多くの経営資源を投入しつつあると述べており、これはストレステスト・プログラムの結果が経営陣から評価されるようになってきたことを示すものだ。

なお、最新かつ実用的で正確なエクスポージャー情報をリスク管理者に提供する情報技術（information-technology）システムが、全社ベースで存在している場合には、全社レベルのストレステストは一段と進展すると考えられる。

ストレステストを特定化する過程には数多くの判断が含まれるが、その判断はリスク管理者の経験と判断に依存している。したがって、リスク管理者が「正しい」シナリオを選択しているか、あるいはテスト結果を有効に解釈できているかという点については保証はない。また、ストレステストに要する計算コストは高く、特にさまざまな部署からデータを収集したり、複雑なオプション性の資産を含むポジションを評価するためのコストは甚大である。さらに、インタビューした金融機関のなかには努力を重ねている先も複数みられたものの、現時点では、ストレステストを行う際に市場リスクと信用リスクをシステマティックに統合する方法は開発されていない点も限界として指摘できる。

2 "A survey of stress tests and current practice at major financial institutions"（2001年）

次に、2001年4月に公表された"A survey of stress tests and current practice at major financial institutions"（「主要金融機関におけるストレステストとその実務に関する調査（日本銀行仮訳）」、以下、2001年調査）で報告された、当時のストレステストの実務状況について振り返る。この調査には、G10諸国から43の金融機関（商業銀行および投資銀行）が参加し、2000年5月31日時点でのストレステストが報告された。具体的には、一定の報告様式に基づき参加金融機関から回答を得て、必要な場合にはインタビューが実施された。

[レポートの概要]

調査に対する回答によれば、報告金融機関では、ストレステストが標準的なリスク管理技術として定着しており、すべての報告金融機関が、自社のリスクプロファイルを理解し、経営陣とリスク管理者がコミュニケーションを行うためにストレステストを用いていた。

ストレステストのデータを重視してリスク情報を定量化する方法は、エマージング諸国の債券市場や株式市場など、価格がジャンプする傾向が強い

市場や、アウト・オブ・ザ・マネーオプション等、非線形リスクを抱えている商品に対して、よく用いられていた。市場参加者は、ストレス時（危機発生時）のみならず平時においてさえも流動性が低い市場におけるエクスポージャーを把握するうえで、ストレステストは特に有用性が高いと考えていた。

半数以上の金融機関が、厳格なトレーディング・リミットを設定する手段として、ストレステストを用いていた。金額の大きい単発の取引を行う際に、ストレステストを実施し、これらの取引によって発生する最大損失限度額を評価することもあった。もっとも、リスク管理者に対するインタビューによれば、このような手法は、ビジネスユニットごとのリスク管理には用いられるが、金融機関（グループ）全体規模でリスク管理に用いられることは一般的ではないとのことであった。

約2割の金融機関が、資本配分のためにストレステストを用いていた。また、3分の2の金融機関が、ストレステストの結果をふまえて、ヘッジを行ったり、ポジションを直ちに、または、時間をかけて手じまったりしたことがあると回答した。ただし、その後のインタビューから、そうした行動は、決して機械的に行われるのではなく、その場の状況に応じて、金融機関によって対応が異なることが明らかになった。

大多数の金融機関は、いくつかのストレステストを高い頻度（日次もしくは週次）で実施していた。もっとも、インタビューにおいて、いくつかの金融機関は、より複雑なシナリオについては、実施コストが高いため、実施頻度は低くなる（月次もしくは四半期ごと）と回答した。4分の1の金融機関は、ストレステストにおいて、市場の変動と取引相手の信用（倒産）リスクとの相互作用について限定的ながら勘案していた。

2001年調査から得られたインプリケーションとしては、以下の点が注目された。

第一に、ストレステストは、金融機関のリスク管理において要としての役割を果たしているという点である。ストレステストを設計する過程におい

て、リスク管理者は、自社（自行）のエクスポージャーの特徴に加え、シナリオ分析およびその他のリスク管理技術（たとえばバリュー・アット・リスクや感応度分析）が有する相対的なメリットを認識していた。

　第二に、ストレステストの結果を解釈するうえで、金融機関は市場における自社（自行）のポジション、独自のストレステストの活用方針、およびリスク管理が有する相互作用的な側面を考慮していた。このため、ストレステストを通じて得られる情報に対する金融機関の対応はさまざまだった。この点について、タスクフォースは、バリュー・アット・リスクとストレステストの間に明確な差があると認識している。バリュー・アット・リスクを用いる際には、市場でのショックに対する金融機関の対応は機械的であり、ポジティブ・フィードバック・トレーディングが発生し、ボラティリティが高まったと指摘されることがあった。一方、ストレステストにおいては、金融機関ごとに対応が多様であり、フィードバック・トレーディングの発生を懸念させる証拠は調査結果からは得られなかった。

3　"Stress testing at major financial institutions : survey results and practice"（2005年）

　最後に、2005年1月に公表された"Stress testing at major financial institutions : survey results and practice"（「主要金融機関におけるストレステスト：調査結果とその実務（日本銀行解説）」、以下、2005年調査）を用いて、主に2001年4月調査結果からの変化についてみる。この調査は、16カ国の64金融機関から2004年5月末時点で実施している主要なストレステストを収集し、まとめたものである。2001年調査と同様に、一定の報告様式に基づき参加金融機関から回答を得て、必要な場合にはインタビューが実施された。

[レポートの概要]

　2001年調査と2005年調査を比較すると次のとおりである。2001年調査に比べ2005年調査は調査対象となった金融機関が21社増加して64社となっている一方、ストレステスト数は963本と2001年調査に比べ2倍以上に増加してい

る点が注目される（図表1－4）。調査対象金融機関ごとのテスト数は不明であるが、単純計算すると1金融機関当り約10本から15本にストレステスト数が増加しており、この間に金融機関でストレステストが浸透かつ充実していることがうかがえる。

　ストレステストの用途については、2001年調査と2005年調査の間には大きな違いはみられなかった。つまり、バリュー・アット・リスクでは把握することのできない例外的であるが蓋然性のある重大な損失を検証する手法としてストレステストが用いられる以外に、次のような分野でストレステストが利用されていることが判明した。一つ目は、過去のデータが存在しないような金融商品等についてストレステストを用いて計量化するとともに、そこから自己のリスク特性を把握することである。二つ目は、バリュー・アット・リスクや収益計画とともにストレステストを用いて、資本配分を行うことである。この場合には、割り当てた資本の水準の妥当性をストレステストによって検証するケースもみられた。三つ目は、年度の収益計画に対してどのような不確実性が存在するのかという評価を行うことによって、金融機関の経営者に対して意思決定の材料を提供するという、収益に関するリスクを対象

図表1－4　ストレステスト数

	2001年調査		2005年調査	
	テスト数	割合	テスト数	割合
シナリオ分析	293	69.1%	723	75.1%
感応度分析	131	30.9%	240	24.9%
総数A	424	100.0%	963	100.0%
金融機関数B	43	－	64	－
A/B	9.9	－	15.0	－

出所：Committee on the Global Financial System "A survey of stress tests and current practice at major financial institutions" 2001年4月25日および "Stress testing at major financial institutions：survey results and practice" 2005年1月18日をもとに作成。

とするストレステストである。

2001年調査および2005年調査のストレステストのシナリオの内容を、主な資産クラス別にみると次のとおりである（図表1－5）。なお、2001年調査では、全社規模で実施しているストレステスト（感応度分析を除く）を対象に集計していたが、2005年調査ではすべてのストレステストを対象として集計している（地域別ストレス・シナリオも同様）。また、2005年調査では、ヒストリカル・シナリオ、仮想シナリオ、感応度分析の資産クラス別および地域別内訳も集計している。

シナリオの内容を詳しくみると、1987年のブラックマンデーや1994年の世界的な金利上昇、1997年のアジア危機、1998年のロシア危機やLTCM破綻の際の市場の変化が、リスクファクターとして設定されている点は、2001年

図表1－5　資産クラス別ストレス・シナリオ

資産クラス	2001年調査		2005年調査	
	シナリオ数	割合	シナリオ数	割合
金利	71	24.2%	357	37.1%
株価	57	19.5%	130	13.5%
為替レート	30	10.2%	116	12.0%
商品（コモディティ）	15	5.1%	37	3.8%
クレジット	35	11.9%	174	18.1%
不動産注	―	―	32	3.3%
その他注	―	―	66	6.9%
複合	85	29.0%	51	5.3%
合計	293	100.0%	963	100.0%

注：2001年調査では不動産およびその他は明示されていなかった。
　　これらは2001年調査では複合シナリオとして扱われていたと思われる。
出所：Committee on the Global Financial System "A survey of stress tests and current practice at major financial institutions" 2001年4月25日および "Stress testing at major financial institutions：survey results and practice" 2005年1月18日をもとに作成。

調査および2005年調査と同じである。2005年調査の特徴は、シナリオ全体を通じて、テロの発生が多く扱われていることがあげられる。テロの発生に際しては金融機関の業務全般に幅広い影響が表れるため、ストレステストでは金利ボラティリティの期間構造といったきめ細かなリスクファクターが設定されている。テロに関するストレステストは、2001年の米国同時多発テロ以降、活発に行われるようになったもようである。

2001年調査および2005年調査のストレステストのシナリオの内容を地域別にみると次のとおりである（図表1－6）。

2005年調査では2001年調査より、地域が細分化されているが、広義のエマージング市場をテーマとするシナリオの数の多さと内容の多様さは、二つの調査の双方で特徴的である。これは、エマージング市場に関するストレステストが数多く報告されたことと、ストレステストによって捕捉可能なリス

図表1－6　地域別ストレス・シナリオ

地　域	2001年調査		2005年調査	
	シナリオ数	割合	シナリオ数	割合
北米	26	8.9%	186	19.3%
欧州	37	12.6%	86	8.9%
日本	40	13.7%	50	5.2%
アジア（除く日本）注	—	—	124	12.9%
エマージング市場	56	19.1%	48	5.0%
その他注	—	—	92	9.6%
グローバル	134	45.7%	377	39.1%
合　計	293	100.0%	963	100.0%

注：2001年調査ではアジア（除く日本）およびその他は明示されていなかった。
　　これらは2001年調査ではエマージング市場として扱われていたと思われる。
出所：Committee on the Global Financial System "A survey of stress tests and current practice at major financial institutions" 2001年4月25日および "Stress testing at major financial institutions：survey results and practice" 2005年1月18日をもとに作成。

クの特徴との間には関係があるためと考えられる。つまり、エマージング市場は一般的に市場データの蓄積が先進国に比べて十分ではなく、市場規模も小さく流動性が乏しいため価格変動も大きく、カントリーリスクの影響を直接受けるため、ストレステストになじみやすいと考えられる。

なお、以下に示すように、注目する論点として、信用リスク、リスク管理の統合、市場流動性の枯渇リスク、資金調達リスクのそれぞれに対するストレステストが、2005年調査報告書で取り上げられている。特に、信用リスクを扱うストレステストについては、さらなる高度化の必要性が強調されている。

① 信用リスク

信用リスクについては、信用リスクを統合的に把握するストレステストの構築が課題としてあげられた。

金融機関はさまざまな資産形態で信用リスク資産を保有しており、これらは社債やクレジット・デリバティブなど原則として時価評価をするものと、融資や保証など原則として会計的には時価によって計上しないものとに大別できる。前者に対するストレステストでは、社債スプレッドやクレジット・デフォルト・スワップのプレミアムといったリスクファクターが設定されている一方、後者については、債務者の倒産確率や回収率、担保価値や格付遷移行列の要素等のリスクファクターが設定されている。

これら二つのグループの信用リスクを統合するうえでの課題としては、それぞれに異なるリスクファクターが設定されていること、および、それらのリスクファクターのいくつかは客観的なデータを直接的に参照できないことがあげられる。すなわち、流通市場が存在する信用リスク資産は、その保有目的にもよるが原則として会計上は時価評価されるために、市場価格を用いてリスクファクターを設定することができる。一方、会計上は貸倒引当金の計上等が行われるが原則として取得原価で評価される融資（貸出金）等の信用リスク資産は、流通市場は未発達であることが多く、リスクファクターを客観的に推計することがむずかしい。

こうした課題への一つの対応例として、すべての信用リスク資産に対して時価評価を行う手法がある。すなわち、会計上は時価評価をしない融資（貸出金）等の信用リスク資産についても、リスク管理のために時価評価を行うことによって、他の信用リスク資産と直接比較できるようにするというものである。この手法の利点は大きいが、実際に導入しようとすると時価の推計方法の決定や推計の際の計算負荷が大きいなど、実務的にはさまざまな困難を伴う。

② リスク管理の統合

　市場リスク、信用リスク、オペレーショナル・リスクといった異なるリスクの統合的な測定にも、多くの金融機関が取り組んでいる。このようなストレステストを行う場合には、リスクの種類ごとに所管部署が異なるといった管理体制面の制約や、複雑かつ莫大な計算が必要となるために発生するIT面の制約に直面する。もっとも、どこまで統合を進めるかは金融機関によってさまざまであり、金融コングロマリットでは業種を超えた統合管理手法も課題にあげられている。

③ 市場流動性の枯渇リスク

　市場流動性の枯渇に対するリスクをストレステストに織り込む努力は従来よりなされているものの、いまだ明快な解決方法は見出されていない。2005年調査報告書では、(i)流動性枯渇を反映していると考えられる過去の価格データを利用する、(ii)流動性が回復するのに要する時間を加味して保有期間を長めに設定する、(iii)流動性の枯渇リスクに由来するプレミアムを勘案してリスクファクターの変化幅を大きめに設定する、といった対策が例示されている。

④ 資金調達リスク

　資金調達リスクに関するストレステストでは、自社（自行）の格下げ、資金調達コストの上昇、コミットメントライン契約に基づく引出し急増や預金の減少が想定されている。

　ストレステストは優れたコミュニケーション・ツールであり、金融機関の

リスク管理において重要な役割を果たすようになった。ストレステストの結果が経営判断の材料となるケースもあり、ストレステストによって金融機関の経営者とリスク管理部門との結びつきが強まっていると考えられる。また、こうした関係が強まると、リスク管理情報が金融機関の行動を通じて、金融市場に影響を及ぼす可能性が高くなる。このような金融機関からのフィードバックがあるため、リスク管理に関する知識を深めることは、金融市場を理解するための一つの重要な要素になりつつある。

このほか、すべての金融機関にとって単一の理想的なストレステストの枠組みは存在せず、ストレステストは個々の金融機関のリスク特性やデータの蓄積状況、市場の発展状況や経営者とリスク管理部門の関係に応じて作成されるべきであることも2005年調査の結論として示された。特に、発達した金融市場は価格データの提供という観点から、ストレステスト、ひいてはリスク管理の高度化に必要不可欠な要素である。一方で、機動的なリスク管理に基づく金融機関の取引行動によって、市場の流動性が増すという側面も存在する。2005年調査は、このような金融市場と金融機関のリスク管理の相互作用メカニズムをより深く理解するための一つの試みとしても位置づけられる。

第3節　金融危機前の当局の考え方

金融機関がストレステストの開発に試行錯誤する一方で、監督当局は金融機関のストレステストに対し、従来どのような姿勢で臨んできたのであろうか。たとえば、市場リスクについては、すでに1996年にバーゼル自己資本比率規制（バーゼルⅠ）が修正されたことを受けて、所要自己資本の算定に係る内部モデル導入先に対し、全社レベルでストレステストが行われるといった規制上の要件が導入された。このストレステストでは、信用リスク、市場リスク、オペレーショナル・リスクといった金融機関にとっての三つの主要リスク・エクスポージャーがすべてカバーされてなくてはならず、金融機関

は、自己資本を評価するうえで考慮すべき「イベントやその影響」を特定するためにストレステストを行うことが求められた。また、その他にもバーゼルⅠは、金融機関に対し、トレーディング・ポートフォリオの価値に重要なインパクトを与えうる要因や、トレーディング・ポートフォリオのリスク管理を非常に困難化させる要因をストレステストでカバーすることを求めていた。

また2006年より実施されているバーゼルⅡにおいても、信用リスクに係るストレステスト（たとえば、第一の柱のもとでのマイルドな景気後退の想定、および第二の柱のもとでの、経済構造変化等に基づくより大きなショックの想定等）をはじめ、市場リスクやカウンターパーティ・リスクにおいても、さまざまなストレステストを行うことが、規制上の要件として定められている。具体的には、次のような点に関し、ストレステストの実行が求められている（図表1－7）。

1　第一の柱で求められるストレステスト

まず、バーゼルⅡの第一の柱で実施が求められているストレステストに関し、各個別リスク・カテゴリーごとに「銀行法第十四条の二の規定に基づき、銀行がその保有する資産等に照らし自己資本の充実の状況が適当であるかどうかを判断するための基準（以下、告示）」に沿ってみてみよう。

信用リスクに係るストレステストはさまざまな側面で実施することが求められている。告示188条では、格付付与およびプール割当てにおける要件としてストレステストの実施が示されている。つまり、事業法人等向けエクスポージャーに対する債務者格付の付与およびリテール向けエクスポージャーのプールについてPDおよびLGDの推計を行うにあたって、特定の適切なストレス・シナリオを利用することが求められている。このストレステストは、経済状況の悪化、市場環境の悪化および流動性の悪化、その他の内部格付手法採用行の信用リスクに係るエクスポージャーに好ましくない効果を与える事態の発生、または経済状況の将来変化を識別するものであって、か

図表1-7　バーゼルⅡにおけるストレステスト

	リスク・カテゴリー	項　目	参照文書
第一の柱	信用リスク	レポ取引に対するエクスポージャー変動額推計モデルを使用するための承認基準	告示107条（Basel合意：178）
		格付付与およびプール割当てにおける要件	告示188条（Basel合意：415）
		自己資本の充実度を評価するためのストレステスト	告示199条（Basel合意：434）
		信用リスクのストレステスト	告示200条（Basel合意：435）
		株式等エクスポージャーに対する内部モデル手法の承認基準	告示241条（Basel合意：527）
		証券化エクスポージャーに対する内部評価方式を採用するための運用要件	告示265条（Basel合意：620）
	市場リスク	一般市場リスクを算出するリスク計測モデルの承認の基準	告示274条（Basel合意：718（Lxxiv））
		個別リスクを算出するリスク計測モデルの承認の基準	告示277条（Basel合意：718（Lxxxix））
	カウンターパーティ・リスク	期待エクスポージャー方式（IMM）を用いる場合の要件	Basel合意：ANNEX 4 55-56
第二の柱	統合リスク	自己資本充実度評価のためのストレステスト	Basel合意：726
	市場リスク	市場リスクにおけるストレステスト	Basel合意：738
	信用リスク	与信集中リスク評価のためのストレステスト	Basel合意：775
	カウンターパーティ・リスク	カウンターパーティ・リスクに対するストレステスト	Basel合意：777(ⅷ)
	信用リスク	証券化エクスポージャーに対するストレステスト	Basel合意：804

つ、こうした好ましくない変化に対する内部格付手法採用行の対応能力の評価を含むものでなければならないとされている。

また、告示200条では、プロシクリカリティ作用の緩和を目的に、内部格付手法採用行に対して、少なくとも緩やかな景気後退シナリオの効果を考慮した有意義かつ適度に保守的な信用リスクのストレステストを定期的に実施することを求めている。このストレステストを実施するにあたっては、次に掲げる要件を満たさなければならない（ちなみに告示199条は、後述するように、第二の柱のもとで、プロシクリカリティ作用の緩和を求めている）。

・内部のデータを利用して、少なくともいくつかのエクスポージャーが変化した場合に内部格付がどのように遷移するか予測すること。
・信用環境がわずかに悪化した場合に自行の内部格付にどのような影響があるか検討し、信用環境がより悪化した場合の影響について考慮すること。
・自行の内部格付と外部格付をひも付けることにより外部格付の格付推移の実績を反映すること。

さらに、内部格付手法採用行が、154条の2の規定（ダブル・デフォルト効果の勘案）を適用する場合は、このストレステストを実施するにあたって、さらに次に掲げる要件も満たさなければならない。

・保証人又はプロテクション提供者が格付の変化により第154条の2条第2項第3号の要件（信用リスクの削減を目的とする保証又はクレジット・デリバティブを業として行っている金融機関等であり、かつ、信用リスク区分等が一定以上であること）を満たさないこととなるときの影響を考慮すること。
・保証人若しくは被保証債権の債務者のいずれか又はプロテクション提供者若しくは原債権の債務者のいずれかがデフォルトした場合の影響を考慮すること。

なお、上記の「緩やかな景気後退」の一つのメルクマールとして、「バーゼルⅡに関するQ&A」では、バーゼル銀行監督委員会による最終文書 "International Convergence of Capital Measurement and Capital Standards：A Revised Framework (June 2004, Updated November 2005)" のパラグラフ435に

おける 2 四半期連続ゼロ成長程度（two consecutive quarters of zero growth）の状況を想定したシナリオが例示されている。

これ以外にも、レポ取引に対するエクスポージャー変動額推計モデルを使用するための承認基準（告示107条）、株式等エクスポージャーに対する内部モデル手法の承認基準（告示241条）および証券化エクスポージャーに対する内部評価方式を採用するための運用要件（告示265条）においてもストレステストの実施が求められている。

第一の柱の市場リスクにおいては、一般市場リスクを算出するリスク計測モデルの承認の基準（告示274条）として、バック・テスティングとともにストレステストを定期的に実施し、それらの実施手続を記載した書類を作成することが求められている。ここでのストレステストとは、リスク計測モデルについて、将来の価格変動に関する仮定を上回る価格変動が生じた場合に発生する損益に関する分析を行うことをいう。また、個別リスクを算出するリスク計測モデルの承認の基準（告示277条）として、片側99パーセントの信頼区間および10営業日の保有期間を超えるイベント・リスクのうちリスク計測モデルによって把握されていない部分について、銀行が、当該リスクの自己資本に与えうる影響を、ストレステスト等の適切な手法により把握することを求めている。

一方、カウンターパーティ・リスクについては、バーゼルⅡの第一の柱で、期待エクスポージャー方式（IMM）を用いる場合の要件として以下の点があげられている。

・金融機関は自己資本充実度を評価するための健全なストレステスト・プロセスを適切に備えなければならない。こうしたストレス計測値はEPE（Expected Positive Exposure）の計測値と比較されるとともに、金融機関により内部の自己資本充実度評価プロセスの一環とみなさなければならない。ここで、EPEとは、一定期間の期待エクスポージャーの平均値である。ストレステストは、金融機関の信用エクスポージャーに悪影響を与える可能性のある事象あるいは将来における経済状況の変化を特定するとともに、

かかる変化に対して金融機関が対応できる能力を有するかの評価を含むものでなければならない。使用される可能性のあるシナリオの例は(i)景気あるいは業界環境の悪化、(ii)市場でのイベント、あるいは(iii)流動性状況の低下などである。

・金融機関は、マーケットリスク要因と信用リスク要因に同時にストレスを与えることを含む、カウンターパーティ・エクスポージャーのストレステストを実施しなければならない。カウンターパーティ・リスクのストレステストは（単一カウンターパーティあるいはカウンターパーティ・グループに対する）集中リスク、マーケットリスクと信用リスクにまたがる相関リスク（たとえば、大きな相場変動によって、あるカウンターパーティのエクスポージャーがふくらむこと、信用度が大きく悪化すること、あるいはその双方）、カウンターパーティのポジションを清算することによって相場が動くリスクを考慮しなければならない。かかるストレステストでは、かかる相場動向が金融機関自身のポジションに与える影響も考慮し、この影響をカウンターパーティ・リスクの評価に組み込まなければならない。

2 第二の柱で求められるストレステスト

バーゼルⅡの第二の柱では、業務によるリスクを支えるのに十分な自己資本を保有していることを確保する第一義的な責任が金融機関の経営陣にはあり、このため、ストレステストを統合（的）リスク管理の観点から自己資本充実度評価のために用いることが求められている。具体的には、金融機関は、自ら設定した自己資本の目標が十分に根拠のあるものであること、およびこの目標が当該金融機関全体のリスクプロファイルや現時点での業務を取り巻く状況と整合的であることを説明できなければならない。自己資本の充実度を評価する際、金融機関の経営陣は、現下の経済が景気循環のどの段階にあるかに注意を払う必要があり、金融機関に悪影響を与えうるような事象や市場環境の変化を識別できるような、厳格でありかつフォワード・ルッキングなストレステストを実施することが求められている。

上記のバーゼルⅡの考えを受け、告示199条では、内部格付手法採用行に対して、自己資本の充実度を評価するための適切なストレステストの実施を求めている。具体的には、ストレステストの内容が、経済状況の悪化、市場環境の悪化および流動性の悪化その他の内部格付手法採用行の信用リスクに係るエクスポージャーに好ましくない効果を与える事態の発生、または経済状況の将来変化を識別するものであって、かつ、こうした好ましくない変化に対する内部格付手法採用行の対応能力の評価を含むものでなければならないとされている。先述の告示200条に基づくストレステストが景気サイクルに伴う景気後退を強く意識したものであったのに対し、この告示199条に基づくストレステストは、マクロ経済の構造的な変化や金融危機の発生等、より深刻なストレス事象を対象とすることが想定されている。

　このほか第二の柱では、個別リスク・カテゴリーに対しても、以下のようなストレステストの実行を求めている。たとえば、市場リスクに係るストレステストでは、すべての金融機関は自己のトレーディング活動に適したストレステストがその評価に組み込まれる必要があるが、特に先進的な銀行の場合には、市場リスクに対する内部自己資本の評価は、集中リスクの評価やストレス状況下の市場シナリオを想定した場合の流動性リスクの評価を含めて、バリュー・アット・リスク・モデルとストレステストに基づいて実施すべきとされている。その際、金融機関が適用するストレステストと自己資本評価の基礎となる前提（たとえば、市場のストレスおよび流動性の枯渇が長期化しても、ポジションに関しあらかじめ規定された制限内で取引ポートフォリオを管理するのに十分な資本を確保すること、あるいは所与の信頼水準や保有期間を前提に、すべてのポジションの流動化あるいはリスクの体系的なヘッジを確実に行うのに十分な資本を確保すること）とが整合的であることが求められている。特に、ストレステストで想定されるストレスの程度等と、自己資本評価における前提条件とが整合することが重要である。また、テストに適用されるマーケット・ショックは、ポートフォリオの性質や、深刻な市況のもとでリスクをヘッジする、あるいは管理するために要する時間を反映しなければ

ならないとされている。

　カウンターパーティ・リスクに対するストレステストでは、金融機関は、自行のリスク計測モデルの日々の出力に基づくカウンターパーティ・クレジット・リスク（CCR）分析を補完するものとして、日常的に実施されるストレステスト・プログラムを備える必要がある。このストレステストの結果は、経営陣によって定期的に検討され、経営陣や取締役会によって設定されるCCRの方針やリスク枠に反映されなければならない。ストレステストの結果が、特定の環境に特に弱いことが明らかになった場合、経営陣は、ヘッジあるいは自行のエクスポージャーの削減などの適切なリスク管理戦略を明確に検討するべきとされている。

　信用リスクに対するストレステストは、与信集中リスクおよび証券化エクスポージャーを評価するために用いられる。金融機関の経営陣は、主要な信用集中リスクについて定期的なストレステストを行い、このテスト結果を検討して、金融機関の業績にマイナスの影響を与えるかもしれない市況変化の可能性を特定し、それに対応すべきだとしている。また、金融機関は証券化プールの実績に対する理解を深めるために、証券化プールの現金回収に関する静態分析やストレステストなどの手法を利用することが求められている。

第4節　金融危機が示した問題点

1　各金融機関のストレステストの状況

　前節でみたように、ストレステストは、バーゼルⅡの第一の柱および第二の柱の各種リスク・カテゴリー評価の多くの場面でその実施が求められている。つまり、金融危機前であっても、銀行監督当局がストレステストの重要性を軽んじていたわけでは、決してないのである。

　それではなぜ、今次金融危機がストレステストの活用に、これほどの脚光を浴びせることとなったのか。その一つの回答はまさに、これほど大きな金

融危機が現に発生してしまったという事実にある。すなわち、個別金融機関におけるストレステストの実施は、こうした危機的な状況が発生しても経営として耐えられる、さらにその結果として破綻が次から次へと伝播するような危機の発生を防ぐことを一つの目的として行われてきたのに、こうした期待が多くの金融機関で見事に裏切られたのである。なぜ、このような事態が生じたのであろうか。

a　2006年当時の英国FSAの指摘

この点、今次金融危機が実際に発生する直前の2006年に、英国の銀行監督当局である英国FSAが公表した、英国の主要10金融機関のストレステスト実施状況に関する評価レポート"Stress Testing Thematic Review"が非常に参考となる。同レポートでは、たとえば、多くの金融機関では、経営陣が、ストレステストの実施やストレス・シナリオの作成に深く関与しておらず、結果的に、ストレス事象を乗り切る経営の「武器」として活用されていなかった点を問題点として指摘している。また全般に金融機関がストレステストにおいて想定するストレスの程度について、当局が期待する水準に比べあまりに弱く、ストレステストとしては「不十分である」との評価を下している。具体的な内容は、次のとおりである。

[レポートの概要]

リスク管理フレームワークにおいて、(金融機関がリスク管理を行っていくうえで望ましいと英国FSAが考える)包括的アプローチ(Comprehensive Approach)を全面的に採用している金融機関はわずかであり、ほとんどの金融機関は開発や改善の途上である。一部には包括的アプローチのすべての面で不十分な金融機関もあった。

ここでいう包括的アプローチは、次の六つの特徴を有している。
① シニア・マネジメントが金融機関のリスク許容度を識別および明瞭に表現し、ストレス事象の含意を理解していること。
② シニア・マネジメントがストレス・シナリオの特定に積極的役割を果た

していること。
③　シニア・マネジメントに対してストレステストの結果がわかりやすい形式で報告されていること。
④　明確な集計が困難な場合でも、シニア・マネジメントは、全社的なリスクおよびストレスを概観し、全体リスクを把握していること。
⑤　シニア・マネジメントは、ストレステストの結果を金融機関の戦略や事業特性を検討する際に正式に考慮していること。
⑥　ITシステムが、シニア・マネジメントがグループに影響を与えるストレスを効率的に特定、計量、管理するのに貢献していること。

英国FSAの結論は次のとおりである。

・CEOまたはCROのいずれかが直接関与している金融機関はみられたが、CEOおよびCROの双方のシニア・マネジメントがストレステストの実施に直接関与している金融機関は少なかった。

・企業全体のストレス・シナリオはマイルドなものになっていた。配当が減額されたり、当期損失を計上したり、規制資本を下回るというシナリオを採用した金融機関は皆無であり、金融機関がより厳しいシナリオを過小評価している可能性がある。

・ストレステストおよびシナリオに係るサウンド・プラクティスは、①複数年の時間軸で、②マトリックス形式で事業横断的に結果を示し、③ストレス・シナリオに対するマネジメントの対応を同じマトリックスで提供するものである。

・グループ全体のストレステストを実施していない金融機関も存在した。また、自己の金融機関が直面するリスクに関する見解をシニア・マネジメントが示すことができない先もあった。

こうした指摘を考えあわせると、従来のストレステストの多くは、金融機関において、どうやら自ら率先してリスク管理や経営の手段として用いてきたというよりは、どちらかというと、当局に促されて、仕方がなく実行してきた側面が強いようだ。

b 金融危機以降の指摘

次に以下では、今次金融危機以降、バーゼル銀行監督委員会等の当局側、あるいはIIFといった民間側が指摘してきた、金融機関のストレステストに係る問題点をみてみたい。

(a) バーゼル銀行監督委員会の指摘

まずバーゼル銀行監督委員会であるが、2009年5月に出された、ストレステストに係るサウンド・プラクティスをまとめたペーパー "Principles for sound stress testing practices and supervision"（「健全なストレス・テスト実務及びその監督のための諸原則（金融庁／日本銀行仮訳）」）では、以下のような点を問題点として指摘している。

［レポートの概要］

バーゼル銀行監督委員会は、後述する健全なストレステストの諸原則を取りまとめる調査の過程で、①ストレステストの活用およびリスク・ガバナンスへの反映、②ストレステスト手法、③シナリオの選択、ならびに④個別のリスクおよび商品のストレステストの4分野において、今般の金融危機以前に行われていたストレステストの実務に弱点があることを見出した。

① ストレステストの活用およびリスク・ガバナンスへの反映

金融機関のリスク・ガバナンスおよび資本計画策定へのストレステストの適切な活用を確保するためには、取締役会および上級管理職の関与が重要であるにもかかわらず、大半の金融機関のストレステスト実務は、内部的な議論を促進したり、新規に資本調達する場合のコスト、リスクおよび調達期間（スピード）または（保有資産の）ポジションのヘッジもしくは資産売却といった点に関する従来の前提に対する疑問を喚起するには至らなかった。また、今般の金融危機は、ストレステスト・プログラムの組織的側面における弱点も明らかにした。危機発生以前は、一部の銀行のストレステストは主に、リスク担当部署における孤立した作業として、フロント部署との意思疎通がほとんどないままに実施されていた。さらに、一部の金融機関では、ス

トレステスト・プログラムは機械的な作業と化していた。

　危機発生以前、多くの金融機関は、包括的なストレステスト・プログラムを有しておらず、特定のリスクまたはポートフォリオに対するストレステストを別々に行っており、それらの金融機関レベルでの統合は限られていた。また、ストレステストの枠組みは、基本的に、危機の進行に迅速に対応するための十分な柔軟性をもつものではなかった（例：エクスポージャーの迅速な合算、新たなシナリオの適用やモデルの修正ができなかった）。

② ストレステスト手法

　今般の危機では、ストレステスト手法のいくつかの弱点が明らかになった。そのうち、最も基本的なものとしては、インフラの脆弱性が、金融機関横断的にエクスポージャーを特定し、合算する能力を制限したことがある。また、長期にわたって安定した期間が続いたことで、ヒストリカル・データに基づく統計的手法を用いたストレステストを含むリスク管理モデルは、今般の危機で発生したようなシステミック・リスクの顕在化を想定することができず、そうした手法のみに依存することの深刻な欠陥を明らかにした。

　さらに、多くの金融機関の経営陣は、ストレステストの結果を得るために用いられる、より伝統的なリスク管理モデルの限界について十分に疑問を呈することなく、また、よりフォワード・ルッキングな創造的な不定期のストレス・シナリオを策定するために求められる専門家の定性的な判断を十分に勘案しなかった。また、危機発生以前、多くの金融機関は、さまざまなリスクおよび異なる勘定にわたる包括的な金融機関横断的観点に基づくストレステストを実施していなかった。仮に実施していたとしても、さまざまなリスクを特定および合算するためには不十分なものであった。

③ シナリオの選択

　多くの金融機関のストレステストは、実際に起こった極端な市場イベントを捕捉するように設計されていなかった。多くの金融機関は、ストレステストのいくつかの側面が、実際の市場の展開と大まかにですら一致していなかったことを発見した。特に、採用されていたシナリオは、緩やかなショック

が反映され、より短い期間が想定され、システム横断的な相互作用およびフィードバック効果に起因するさまざまなポジション、リスクの種類および市場の間の相関関係を過小評価する傾向がみられた。また、多くの金融機関において、より厳しいシナリオを実施することについて、リスク管理担当者が上級管理職の同意を得ることは困難であった。極端あるいは創造的とされたシナリオはしばしば、取締役会および上級管理職から起こりえないシナリオとみなされていた。

④ 個別のリスクおよび商品のストレステスト

多くのストレステストにおいて、次のリスクが十分に捕捉されていなかった。すなわち、ストレスが掛かった流動性環境下における複雑なストラクチャード商品の動き、パイプライン・リスクや証券化リスク、ヘッジ戦略に係るベーシス・リスク、カウンターパーティ信用リスク、偶発的なリスク、資金流動性リスク等がそれである。

(b) IIFの指摘

一方、民間金融機関の国際的業界団体であるIIFでも、2008年7月に出したレポート"Final Report of the IIF Committee on Market Best Practices: Principles of Conduct and Best Practice Recommendations — Financial Services Industry Response to the Market Turmoil of 2007-2008"のなかで、以下のような問題点が従来あったことを指摘している。

[レポートの概要]

リスク・マネジメントにおける全般的な問題点は、金融機関（グループ）全体のリスクをマネジメントする包括的なアプローチの欠如であり、主要なリスクが特定されず有効に管理されていなかったことである。その結果、ガバナンス面においては、金融機関（グループ）全体に一貫した「リスク文化」の醸成が必要なことが明らかになった。また、2007年から2008年にかけて発生した市場の混乱から、CROの役割拡大といったリスク・マネジメント組織の強化が必要なことも明らかになった。前例のない価格変動やテール・リスクのある市場環境においては、既存のリスク・マネジメント・ツールが

機能しなかったといえる。具体的な問題は次のような点である。
・リスク・マネジメントにおける経営者（特にCEO）の責任が明確になっていなかった。
・取締役会がリスク・マネジメントを最終的に監督していなかった。
・金融機関の活動をすべてカバーするようなリスク文化が形成されていなかった。
・金融機関全体を包含したリスク・アピタイトが考慮されたリスク戦略の立案やそのモニターが行われていなかった。
・ビジネスラインから独立したCROがリスク・マネジメントにおいて、十分な役割を果たしていなかった。

　ストレステストの運用にも欠陥があることが判明した。つまり、この市場の混乱で被った損失は、多くの金融機関でストレステストの手法の改善が必要なことを明らかにした。その問題点は、ストレステストが一貫して適用されておらず、硬直的に定義されており、適切に開発されていなかったことである。具体的には次のような点である。
・金融機関全体のリスクの集中を把握する仕組みが、リスク・マネジメントの枠組みに組み込まれていなかった。
・証券化業務における在庫リスクがストレステストの対象になっていなかった。
・高レバレッジの取引の相手方のカウンターパーティーリスクが十分に考慮されていなかった。
・ストレステストが機械的に適用され、十分に分析されておらず、経営の意思決定に織り込まれていなかった。
・自己の資金調達リスクに関するストレステストで、自己のビジネスモデルを十分に考慮していなかったり、保証債務などのエクスポージャーやストレス事象が発生したときの自己のバランスシートの拡大を分析していなかった。

　なお、その後、IIFが2009年12月に公表した"Reform in the Financial

Services Industry：Strengthening Practices for a More Stable System"は、シニア・マネジメントが利用可能なリスク情報の質が、リスク管理改革の一環で大幅に改善されたと指摘している。特に、2008年7月レポートの改善事項に沿ってリスク管理と流動性管理の両面で改善がなされ、金融機関はより包括的でシステマティックなストレステストを採用するようになったとされる。また、ストレステストが金融機関のリスク・アピタイトの設定に結びつけられるなど、リスク管理の枠組みに明確に組み込まれるようになったことも指摘されている。

c 金融危機が示したストレステストの問題点

　以上、英国FSA、バーゼル銀行監督委員会およびIIFの報告書での指摘事項をまとめると、典型的な問題点として、以下のようなものがあげられる。
① 　ストレステストのあり方やストレス・シナリオの作成プロセスにおける経営の関与が弱い（シナリオの作成がリスク管理部署の少数の専門家任せとなっている）。また、内部監査等外部による適切性のチェックも不十分である。
② 　ストレス・シナリオで想定するストレスの程度は、本来経営が決める「リスク・アピタイト」と整合的なものも含まれるはずだが、①の要因もあって、そうした考慮がなされていない。こうした要因もあり、ストレスの程度は全般的に非常に弱いものにとどまっている。
③ 　ストレステストの結果を起点として、いかなる対応が、経営の耐性を強める結果を導くかといった議論も十分なされていない。
④ 　リスク分野ごとにまちまちのシナリオが作成される一方で、組織全体を見渡した統一的考え方に基づくシナリオが作成されていない。
⑤ 　シナリオとして過去のストレス・イベントがそのまま用いられる結果、将来に焦点を当てたいわゆる「フォワード・ルッキング」なシナリオが作成されていない。
　上記をみると、①〜③までが、経営陣を中心とした、ストレステスト実施

をめぐる「ガバナンス」の問題であることがわかる。一方、最後の④、⑤は、ストレステストの方法論をめぐる問題だといえる。

2　問題点への対処

こうした問題点をふまえたうえで、先に紹介したバーゼル銀行監督委員会のレポートは、金融機関が従うべき原則として「ストレステストは、金融機関全体のガバナンス及びリスク管理文化の不可欠な一部を構成すべきである」とし、以下のような提言を行っている。

a　ストレステストの活用、リスク・ガバナンスへの反映

① 取締役・上級経営陣の関与

　ストレステストは、ストレステスト分析の結果が、取締役会および上級管理職の戦略的な業務上の意思決定を含む、適切な経営レベルの意思決定に影響を与えるよう、行動に直結するようなものであるべきである。取締役会および上級管理職のストレステスト・プログラムへの関与は、その効果的な実施のために不可欠である。つまり、取締役会および上級管理職が相互に連携して、ストレステストの目的の設定、シナリオの定義、ストレステスト結果についての議論、とりうる措置の評価および意思決定などに関与、主導することが求められる。

② さまざまな用途（リスク管理・コミュニケーション）への活用

　金融機関が実施するストレステスト・プログラムは以下の要件を満たすことが求められる。

・リスクの特定および統制を促すものであること

　　個別またはグループ単位の借り手や取引のリスク管理、ポートフォリオ・リスク管理、金融機関の業務戦略の調整のためのストレステストの活用が求められる。特に、ストレステストは、既存の、または潜在的に存在する金融機関横断的なリスク集中への対応に活用されるべきである。

・他のリスク管理手法を補完する、リスクの見通しを提供するものであるこ

と

　ストレステストは、たとえばバリュー・アット・リスク（VaR）や経済資本のような他のリスク管理手法を補完し、かつ独立したリスクの視点を提供すべきである。
・資本および流動性の管理を向上させるものであること
　ストレステストは、自己資本充実度の評価プロセス（ICAAP）の不可欠な一部を構成すべきである。また、ストレステストは、資金流動性リスクを特定、計測、統制し、特に金融機関に特有の、また市場全体のストレスイベント発生時の、金融機関の流動性特性および流動性バッファーの適切性を評価するための中心的な手法であるべきである。
・金融機関内外のコミュニケーションを強化するものであること
　ストレステストは、純粋な統計モデルと比べ、起こりうるフォワード・ルッキングなシナリオをとらえやすいことから、脆弱性の評価および対応策の実施可能性や有効性の評価の一助となるため、金融機関内部にとどまらず、監督当局との外部コミュニケーションにおいても重要な役割を果たすべきである。
③　さまざまな関係者の関与、さまざまな視点、さまざまな手法
　ストレステスト・プログラムは、組織内の各部門の見解を勘案すべきであり、またさまざまな視点およびテスト手法を含むべきである。つまり、関連するストレスイベントの特定、健全なモデル手法の適用およびストレステストの結果の適切な活用には、それぞれ、リスク管理担当者、エコノミスト、業務管理担当者およびトレーダーといったさまざまな金融機関内の専門家による共同作業を必要とする。ストレステスト・プログラム、特に金融機関横断的なストレステストにおいては、関連するすべての専門家の意見を勘案すべきである。また、金融機関は、ストレステスト・プログラムにおいて包括的な範囲を対象とするために、複数の視点およびさまざまな手法を活用すべきである。さらに、ストレステストは、定期的に実施されるべきであるが、一方で、ストレステスト・プログラムは、不定期のストレステスト実施の可

能性も考慮すべきである。
④　ストレステスト・プログラムを管理する方針および手続の文書化

金融機関は、ストレステスト・プログラムを管理する明文化された方針および手続を有するべきである。プログラムの実施は、適切に文書化されるべきである。特に、金融機関横断的なストレステストでは文書化が不可欠である。

文書化の対象は、(i)ストレステストの種類およびプログラムの各構成要素の主な目的、(ii)ストレステスト実施の頻度（テストの種類と目的により異なりうる）、(iii)関連するシナリオの定義方法および専門家による判断の役割等各構成要素の手法の詳細、(iv)ストレス状況下における改善措置の実現可能性の評価等を含む、ストレステストの目的、種類および結果に基づき想定されるさまざまな修正措置、である。また、金融機関は、各ストレステストの前提および基本的要素について文書化を行うべきである。

⑤　ITなどの十分なインフラ

金融機関は、さまざまなストレステストの実施およびその変更可能性に対応するため、十分な柔軟性をもった、適切で頑健なインフラを有するべきである。

⑥　有効性および構成要素の頑健性に関する定期的な独立レビュー

金融機関は、定期的にストレステストの枠組みを維持、更新すべきである。ストレステスト・プログラムの有効性およびその主な構成要素の頑健性は、定期的に独立性をもって評価されるべきである。

b　ストレステスト手法、シナリオの選択

①　さまざまなリスク・事業をカバーした銀行の全体像の把握

ストレステストは、金融機関横断的なレベルを含む、さまざまなリスクおよび事業分野をカバーすべきである。金融機関は、金融機関全体のリスクの全体像を得るため、さまざまなストレステストの取組みを、効果的に統合できるようにすべきである。その場合、すべての関連するリスク要素につい

て、リスク要素間の相互作用を考慮する必要があり、特に、リスク集中に関しては、シナリオが金融機関横断的かつ包括的なものであり、オンバランス・オフバランス資産、偶発・非偶発リスクを、それらの契約上の性質にかかわらず対象とすべきである。また、ストレステストの影響度は、通常一つ以上の指標によって評価される。代表的な指標は、資産価値、会計上の損益、経済上の損益、規制資本またはリスク・アセット、所要経済資本、流動性および資金調達ギャップなどである。

② さまざまなシナリオ

金融機関横断的に整合性のとれたストレステスト・シナリオを開発することは、さまざまなポートフォリオのリスク要素が大きく異なり、また時間軸も異なるため困難な作業であるが、事業モデルを効果的に検証し、意思決定プロセスを支援するためには、シナリオは、関連するリスクの性質をポートフォリオ横断的かつ時間横断的に評価しなければならない。

③ フォワード・ルッキングなシナリオ、相互作用・フィードバック効果の勘案

ポートフォリオ構成の変化、新しい情報、および過去のリスク管理や過去のストレスイベントの再現ではとらえることのできない新たなリスクを組み入れるため、ストレステスト・プログラムは、フォワード・ルッキングなシナリオを対象に含めるべきである。そのためには、「想像力の欠如」に陥ることなく、隠された脆弱性をより適切に特定するために、柔軟かつ想像力をもって行われるべきである。

今般の金融危機は、ストレスイベントが生じる確率の事前の見積りに問題があることを示した。当該確率を導き出すために用いられた統計的な相互関係は、ストレス状況下では崩壊する傾向がみられる。さらに、一連のマクロ経済ショックおよび金融ショックの潜在的な影響度を分析する際、金融機関は、システム横断的な相互作用およびフィードバック効果を考慮することを目指すべきである。

④ さまざまな厳しさのシナリオ(リバース・ストレステスト)

ストレステストは、損失の規模や評判の喪失を通じて、最も大きな損害が出るであろうイベントを含む、さまざまな厳しさのものを取り上げるべきである。ストレステスト・プログラムはまた、どのようなシナリオが銀行の存続可能性を脅かすか（リバース・ストレステスト）を特定し、それにより隠されたリスクおよびさまざまなリスク間の相互作用を明らかにすべきである。これにより、今般の金融危機以前では重要性が低いと考えられていた平時の事業環境を超えたシナリオを考案することを促し、伝播やシステミックな影響をもつイベントの考慮へとつながる。

⑤　市場を介したさまざまな相互作用（市場流動性等）の勘案

　ストレステスト・プログラムの一部として、金融機関は、資金調達市場および資産市場に対する圧力の同時発生、ならびにエクスポージャーの価値評価に係る市場流動性低下の影響を勘案することを目指すべきである。相互作用を考慮するべき要素は、特定の資産の価格ショック、資金調達に対応する資産流動性の枯渇、金融機関の財務力を損なう重大な損失の可能性、流動性コミットメントによる流動性需要の高まり、影響を受けた資産の自行による引取り、有担保・無担保資金市場へのアクセスの減少などである。

3　ストレステストが真剣に活用されてこなかった背景

　さてそれでは、なぜ経営陣はこれまで、監督当局がこれほどまでに重視するストレステストに対し、あまり深く関与してこなかったのか。経営陣には、経営陣なりの言い分もあるかと思う。著者が勝手に推し量った理由は以下のとおりである。

①　当局が主張するストレスの程度（換言すれば、当局が有するリスク・アピタイト）は、経営陣が経営戦略やリスク管理の指針として用いる程度（換言すれば、金融機関や株主が有するリスク・アピタイト）に比べあまりに強過ぎる。

②　ストレス・シナリオの内容がリスク管理に係る専門用語で満ちあふれて

おり、理解することがむずかしい。
③　情報システムが十分でなく、必要なストレステストを機動的に行うような体制ができていない。
④　そもそも、当局が求めるような、フォワード・ルッキングでありながら客観的であり、さらには網羅的でダイナミックなシナリオなど、つくることは不可能だと考えている。
⑤　ストレス・シナリオの蓋然性に関する情報が不足しており、蓋然性の高さを確認できないなかでは、ストレステスト結果に応じて、行動を起こすことができない。また、シナリオ自体が経営陣に十分にアピールできていなかった。

　上記はたしかに、金融機関にとって乗り越えるのが困難な問題ばかりである。それでも、①〜③は、解決に向けた道が比較的はっきりとしている。すなわち、①は、重要なステークホルダーである監督当局と株主が有するリスク・アピタイトの違いの調整であり、これは経営と当局、および株主との対話のなかで、その均衡点を見出していく以外方法はない。また②は、リスク管理部署の腕の見せどころであり、仮にリスク管理の専門家ではなくてもわかるような言葉で、いかに自らが有しているリスクを表現し、これに効果的に対処する術を議論するための道具を経営陣のために用意するかにかかっている。最後に③は、結局はシステム投資にどの程度お金を掛けるのかの問題であろう。

　一方、④は、そもそも解決に向けた道そのものを見出すことがむずかしい。いったいどうすれば、だれもが納得し（客観的）、将来起こりそうで（フォワード・ルッキング）、ありえそうなシナリオがすべてカバーされており（網羅的）、ショックが発生してから数年間にわたる波及プロセスをとらえた（ダイナミック）シナリオをつくることができるというのか。また⑤も、④の客観性やフォワード・ルッキング性と似通った問題を有している。蓋然性を納得できるかたちで具体的に示すことは、非常にむずかしい。これらの点については、次章であらためて、詳しく説明する。

第5節　ストレステストとバーゼルⅢ

　今次金融危機をふまえたうえで、監督当局から金融機関に対し、ストレステストの改善に係るさまざまな要請がきていることは、すでにみたとおりだ。これと同時に、バーゼルⅢ（含むバーゼル2.5）の所要自己資本を求めるプロセス内においても、ストレステストの実施が明示的に求められているものがいくつかある。本節では、こうしたものの代表的な事例として、カウンターパーティ・リスク、流動性リスク、市場リスクを取り上げ、それぞれに関し簡単に解説する。

1　カウンターパーティ・リスク

　バーゼルⅢでは、カウンターパーティ・エクスポージャーに対するストレステストの定性的な要件が明確化された。具体的には、2010年12月に公表された最終文書 "Basel Ⅲ：A global regulatory framework for more resilient banks and banking systems"（「バーゼルⅢ：より強靭な銀行および銀行システムのための世界的な規制の枠組み（全国銀行協会事務局仮訳案）」）第115項で、バーゼルⅡ付属文書4第56項（ストレステスト・プログラムに関し記述したもの）が以下のように改訂されている。

・金融機関は定期的なストレステストの実施にあたり、十分な期間をとり、カウンターパーティごとのレベルで、（OTCデリバティブのみならず）あらゆる種類のカウンターパーティ信用リスクに関し、すべての取引、エクスポージャーの合算を把握しなければならない。

・ある特定の方向への過度な感度の偏りを予防的に特定し、必要な場合には是正するために、金融機関は、少なくとも毎月、主要なマーケットリスク要因（例：金利、外国為替、株式、クレジット・スプレッドおよび商品価格）のエクスポージャーについてストレステストを実施すべきである。

・金融機関は、マルチ・ファクターのストレステストのシナリオを採用し、

少なくとも四半期ごとに、重大で、必ずしも特定方向のリスク要因変動に基づかないリスク（non-directional risks）（たとえば、イールドカーブ・エクスポージャーやベーシス・リスク等）を評価すべきである。複数の要因のストレステストは、最低限、①深刻な経済ないし市場の出来事が発生した場合、②広範に市場の流動性が極度に低下する場合、③大手仲介金融機関がポジションを解消した際のマーケットへの衝撃の場合、のシナリオについて想定しておくべきである。これらのストレステストは金融機関全体のストレステストの一環でもある。

- ストレスの掛かった市場動向は、カウンターパーティ・エクスポージャーだけでなく、カウンターパーティの信用の質にも影響を与える。少なくとも四半期ごとに、金融機関は、エクスポージャーおよびカウンターパーティの信用力の複合的な動向にストレス状況を当てはめ、ストレステストを実施すべきである。

- シングルファクター、複数のファクターおよび重大かつ方向性のないリスクを含むエクスポージャーのストレステスト、ならびにエクスポージャーおよび信用力へのストレスが同時に起きるストレステストは、特定のカウンターパーティやカウンターパーティ・グループ（例：業界や地域）で実施されるべきである。また、カウンターパーティ信用リスクは、金融機関全体のレベルで集計すべきである。

- ストレステストの結果は、定期的な上級管理職への報告に織り込まれるべきである。ストレステスト分析においては、ポートフォリオにわたるカウンターパーティ段階での大きなインパクト、ポートフォリオのセグメント（同一業界もしくは地域）における重大な集中、および関連するポートフォリオやカウンターパーティの固有のトレンドを捕捉すべきである。

- ファクターのショックの深刻さの度合いは、ストレステストの目的と平仄が合っているべきである。ストレス下での支払能力を評価する際、ショックの内容は歴史的に未曽有の市場の状況および／または極端ではあるもののありうるストレスの掛かった市場状況を捕捉するのに足る深刻さとすべ

きである。このようなショックが資本の水準にもたらす影響は、所要自己資本水準および収益への影響と同様に評価されるべきである。日々のポートフォリオのモニタリング、ヘッジおよび集中度の管理のためには、金融機関は深刻度が低い一方、蓋然性が高いシナリオも考慮すべきである。
・金融機関は、深刻な結果をもたらす可能性のある、極端だがありうるシナリオを発見するため、リバース・ストレステストも考慮すべきである。
・上級管理職は、リスク管理の枠組みや金融機関のリスク文化のなかにストレステストを取り入れるための主導的な役割を果たし、かつ、その結果が意味のあるかたちでカウンターパーティ信用リスクの管理に積極的に使用されるように保証しなければならない。最低限、大きなエクスポージャーに対するストレステストの結果については、金融機関のリスク許容度のガイドラインと照らし合わせ、過度もしくは集中したリスクが実在する場合には、議論や対策のために上級管理職に報告しなければならない。

なお、誤方向リスクに関する"Basel Ⅲ：A global regulatory framework for more resilient banks and banking systems"(「バーゼルⅢ：より強靭な銀行および銀行システムのための世界的な規制の枠組み（全国銀行協会事務局仮訳案）」)第100項では、バーゼルⅡ付属文書4第57項（ストレステスト・プログラムに関し記述したもの）を改訂し、カウンターパーティの信用状態と正の相関関係があるリスクファクターを特定するように、ストレステストやシナリオ分析を設計することを要請している。

2　流動性リスク

2010年12月に公表された最終文書("Basel Ⅲ：International framework for liquidity risk measurement, standards and monitoring")「バーゼルⅢ：流動性リスク計測、基準、モニタリングのための国際的枠組み（全国銀行協会事務局仮訳案）」第19項は、流動性リスクに対するストレステストとして、次のような点を監督当局および金融機関に対して要請している。
・流動性リスクに対するストレステストは、金融機関にとっての最低限の監

督要件として受け止められるべきであり、金融機関は、最低水準を上回る流動性の水準をどの程度保持する必要があるかを評価するために独自のストレステストを実施し、また、特定の業務に支障をきたすようなシナリオを設定することが期待される。
・このような、内部のストレステストは、このバーゼルⅢの基準で定められるものよりも長い期間軸を取り入れるべきである。
・金融機関は、こうした追加的なストレステストを、監督当局と共有することが望ましい。

また、2011年2月に公表された"International framework for liquidity risk measurement, standards and monitoring Updated as of 31 December 2010."（「流動性リスク計測、基準、モニタリングのための国際的枠組み」）第21項では、検討を要請しているストレス・シナリオの例示に、1998年ロシア金融危機、2000年ITバブル崩壊、2007年／2008年サブプライム危機を追加している（第718（Lxxxii）項参照）。

3　市場リスク

2011年2月の"Revisions to the Basel Ⅱ market risk framework Updated as of 31 December 2010"（「バーゼルⅡにおけるマーケット・リスクの枠組みに対する改訂（原文のみ）」）では、バーゼルⅡにおいてマーケットリスクに内部モデルを適用している金融機関に対し、ストレス・バリュー・アット・リスクの算出を求めている（第21項参照）。

具体的には、内部モデル方式を採用する場合、現在、金融機関が保有するポートフォリオがストレス事象に直面した場合を想定して、ストレス・バリュー・アット・リスクを算出し、現行のバリュー・アット・リスクの値と合算する必要がある（第718（Lxxvi）項(i)、(j)参照）。その留意点は次のとおりである。

・リスク評価期間は10日、信頼区間は片側99％を基準とする。
・モデルには、連続する12カ月間の重大な金融ストレス期のヒストリカル・

データによって調整した変数を使用する（ただし、この期間は当局が承認し、定期的に見直しが行われる必要がある）。
・多くのポートフォリオでは、2007〜2008年にかけての12カ月間がストレス期の例となっている（その他の期間も現在の銀行のポートフォリオに応じて当然考慮される）。
・ストレス・バリュー・アット・リスクの算出を行うにあたり、ボラティリティの計測を「変動率」ではなく「変動幅」で行うことを金融機関は検討すべきである。
・ストレス・バリュー・アット・リスクは少なくとも週次で算出されなければならない。

4　その他

2010年12月に公表された最終文書"Basel Ⅲ：A global regulatory framework for more resilient banks and banking systems"（「バーゼルⅢ：より強靭な銀行および銀行システムのための世界的な規制の枠組み」）では、上記以外にもストレステストに関して以下のような点に言及している。

① 景気循環の不況時に信用ポートフォリオが下方推移することを考慮したストレステストの実施（第20項）
② 流動性カバレッジ比率（LCR：Liquidity Coverage Ratio）の短期（3カ月）のストレス期間に想定する次のようなストレス・シナリオ（第40項）
　・個別金融機関の外部格付の大幅な格下げ
　・預金の部分的流出
　・無担保ホールセール調達の流出
　・有担保資金調達におけるヘアカット率の急上昇
　・デリバティブ取引およびオフ・バランス項目の追加担保

【参考文献】

- BCBS (Basel Committee on Banking Supervision), 2009. "Principles for sound stress testing practices and supervision (「健全なストレス・テスト実務及びその監督のための諸原則（金融庁／日本銀行仮訳）」)"
- BCBS (Basel Committee on Banking Supervision), 2010a. "Basel Ⅲ：A global regulatory framework for more resilient banks and banking systems (「バーゼルⅢ：より強靭な銀行および銀行システムのための世界的な規制の枠組み（全国銀行協会事務局仮訳案）」)"
- BCBS (Basel Committee on Banking Supervision), 2010b. "Basel Ⅲ：International framework for liquidity risk measurement, standards and monitoring (「バーゼルⅢ：流動性リスク計測、基準、モニタリングのための国際的枠組み（全国銀行協会事務局仮訳案）」)"
- Board of Governors of the Federal Reserve System, 2009a. "The Supervisory Capital Assessment Program：Design and Implementation"
- Board of Governors of the Federal Reserve System, 2009b. "The Supervisory Capital Assessment Program：Overview of Results"
- Board of Governors of the Federal Reserve System, 2011a. "Comprehensive Capital Analysis and Review：Objectives and Overview"
- CGFS (Committee on the Global Financial System), 2000. "Stress Testing by Large Financial Institutions：Current Practice and Aggregation Issues (「大規模金融機関におけるストレステスト：ストレステストの現状とテスト結果の集計に関する論点（日本銀行仮訳）」)"
- CGFS (Committee on the Global Financial System), 2001. "A survey of stress tests and current practice at major financial institutions (「主要金融機関におけるストレステストとその実務に関する調査（日本銀行仮訳）」)"
- CGFS (Committee on the Global Financial System), 2005. "Stress testing at major financial institutions：survey results and practice (「主要金融機関におけるストレステスト：調査結果とその実務（日本銀行解説）」)"
- European Banking Authority, 2011a. "2011 EU-Wide Stress Test：Methodological Note"
- European Banking Authority, 2011b. "2011 EU-Wide Stress Test Aggregate Report"
- Financial Services Authority, 2006. "Stress Testing Thematic Review"
- IMF (International Monetary Fund), 2011. "Global Financial Stability Report April 2011"
- IIF (Institute of International Finance), 2008. "Final Report of the IIF Committee on Market Best Practices：Principles of Conduct and Best Practice Recommen-

dations — Financial Services Industry Response to the Market Turmoil of 2007-2008"
・IIF（Institute of International Finance），2009．"Reform in the Financial Services Industry：Strengthening Practices for a More Stable System"
・日本銀行「金融システムレポート（2007年9月号）」2007年9月11日
・日本銀行「金融システムレポート（2008年9月号）」2008年9月30日
・日本銀行「金融システムレポート（2011年10月号）」2011年10月18日
・日本経済新聞「震災にみる日本の技術感」2011年5月9日付

第 2 章

ストレス・シナリオに基づく
ストレステストの実行

大山　剛

第1節　はじめに

　本章では、ストレステストを実行するうえで最も重要となる、ストレス・シナリオの作成方法や、前提条件の決め方に関し議論する。なぜ、これらがいちばん重要になるかというと、結局のところ、ストレス・シナリオの内容やストレステストの前提条件が、多くのステークホルダー（特に経営者／株主や監督当局）にとって受入可能であるか否かが、意味のあるストレステスト実行において決定的に重要だからである。

　そのためにはまず、いかなる目的のために、ストレステストを実行するのかを明確化する必要がある。そして次には、こうした目的をふまえたうえで、リスク管理や経営戦略の道具としてストレステストを実行するうえでの必要条件をしっかりと理解する必要がある。この点前章でもみたとおり、最近では、今次金融危機での教訓をふまえたうえで、多くのストレステストに係る提言が当局や民間サイドから出されており、これらを上手に取り込んだ必要条件の設定が必要となる。リスク管理や経営戦略の道具としてのストレステストを実行するための必要条件が特定化できれば、今度は、実際にこれらをいかに満たしながら、ストレステストを実行すればよいかを考えること

となる。そして最後は、ストレステストからでてきた結果を、組織としてどのように活用すべきかを決めることが求められる。また、ストレステストの質の維持・持続的改善を行っていくためには、こうしたストレステストの内容に対し、組織の内部で絶えず検証を行っていく必要がある。いうまでもなく、その役割を担うのが内部監査であり、内部監査がどのような視点から、ストレステストをチェックしていくのかも大きな課題となる。

　本章では、上記のテーマに関し、一つひとつ議論していくこととする。

第2節　ストレステストの目的決定やストレステスト実行の枠組みの構築

　ストレステストを実行するにあたり、まず最初にしなければならないことは、「いったい何のためにストレステストを実行するか」をしっかりと理解することであろう。この辺の理解があいまいなままでは、単に「当局が実行を促しているストレステストを実施する」という「当局対応」に終わってしまう。現実問題として、いまでは「当局対応」にすらならないであろう。それというのも、監督当局自身が、「経営にとって役に立つストレステスト」、あるいは「経営が主体となって取り組むストレステスト」という要素を、特に金融危機以降、最も重要なポイントとして強調しているからである。

　第1章でみたとおり、ストレステストの態様はさまざまである。これは一つに、ストレステストを用いる金融機関のニーズがさまざまであることに起因している。金融機関がストレステストをリスク管理等に用いる理由としては、主に以下の四つをあげることができる。なお、最初の①〜③に関しては、一定期間のサンプルデータに基づき、VaRをはじめとしたさまざまな手段で計量化されるリスクの「限界」に対応したものとなっている。

① 　データ制約等がある場合において、VaRを補完する手段として、個別リスクごとのリスクの大きさを測定する。
② 　経済資本運営において、組織全体の自己資本の十分性の確認を行う（従

前は、VaR等による計量化されたリスクによる自己資本充実度検証を補完するものとして用いられるケースが多かった)。
③　最近現れたいわゆる「リバース・ストレステスト」では、そもそも金融機関が破綻に陥る状況を出発点とすることで、これまでさまざまな理由からタブー視されてきたようなリスクに係る理解を深める。
④　ストレス事象が発生する「いざというとき」に備えて、組織としての対応の準備を行っておく(「コンティンジェンシー・プラン」が典型例)。

このうち、①や④は、今次金融危機の発生以前から、多くの金融機関がストレステストの目的としてあげてきたものである。前章でみたとおり、②も、いくつかの金融機関では、金融危機の発生前から実行していたこととなっているが、その本格的な実施がなされ始めたのは、今次金融危機以降ではないかと考えられる。また③は、金融危機以前は、ほとんどまったくといってよいほどなかった概念であり、金融危機を契機に生み出された、ストレステストの新しい目的だといえる。

各金融機関が、上記のいずれを、自らのストレステストの目的とするかは、各金融機関のニーズ次第だといえる。ただし、前章でもみたとおり、金融危機後の当局や、さらには民間サイドの考え方も、上記四つのいくつかを実行すればOKというよりは、これらすべてを目的としてストレステストを行うことが求められているのが現状だといえよう。特に②や③については、従来こうした目的に基づくストレステストの実施が弱かった分、とりわけその重要性が強調されている。各金融機関においては、いずれをストレステストの目的とするかというよりは、それぞれの目的を自らのリスク管理、あるいは経営戦略というコンテキストのなかで、どのように明確に位置づけるのかに関し、深く検討することが求められている。

次に、ストレステスト実行の枠組みに関して、考えてみよう。まずは、ストレステストに係る共通の認識を組織内に植えつけることが必要である。それというのも、ストレステストと一言でいっても、考える人によっては、必ずしも同じものを思い浮かべるとは限らないからである。たとえば、トレー

ディングのフロント部署のスタッフは、ストレスVaRのようなものを思い浮かべるかもしれないし、信用リスク部署のスタッフは、バーゼルⅡで求められる、プロシクリカリティ抑制のための景気サイクルを考慮に入れたストレステストを思い浮かべるかもしれない。さらに統合リスク管理部署のスタッフは、組織全体をまたいだストレステストとして、地震シナリオのようなものを考えるかもしれない。いずれについても、たしかにストレステストなのであるが、その内容は大きく異なる。したがって、組織内、あるいは組織外の者とのコミュニケーションにおいて、意思疎通をスムーズにするためには、こうした概念をしっかりと整理したうえで、いかなるストレステストを、いかなる部署やいかなる場面で実行していくかに関し、関係者間でしっかりとしたコンセンサスを形成する必要がある。

　こうしたコンセンサスを形成するうえで重要なのは、ストレステストに係る文書化作業である。文書化の対象としては、まずは、組織内におけるストレステストの「憲法」となるべき規定があり、さらにこれを実務レベルでこなせるよう詳述した規則や細則等がある。こうした文書化は、事務プロセスの標準化、安定化、さらにはストレステストの実行態勢に関し内部監査部署等外部からの検証を可能とするためだけに必要なわけではない。同時に、文書の作成過程において、組織内のさまざまな部署の者が議論しあうことで、さまざまなストレステストの実行に係る組織内の「コンセンサス」を形成するうえでも、非常に重要だといえる。

　ストレステストに係る規定に関しては、主に次のような項目を定めておく必要がある。具体的には、次のとおりである。
・ストレステストの目的
・ストレステストのガバナンス（具体的には、ストレステストのオーナーとしての経営陣のかかわり、ストレステストの実施部署・関与部署、ストレステストの枠組みの見直し体制等）
・既存のリスク管理体制や経済資本運営体制との関係
・実施するストレステストの概要（たとえば、組織全体に適用するストレステ

ストと、各部門ごとに実施するストレステストの区分等）
・リスク・アピタイト／リスク許容度指標
・ストレステストにおけるストレス程度を決めるにあたっての考え方
・ストレステストを実施するプロセスと部署間の役割分担
・ストレステストの具体的手法（対象とするリスク、ストレスの具体的決定方法〈含むフォワード・ルッキングで客観的なストレス・シナリオの選定方法や作成方法〉、ストレスのポートフォリオに対するインパクトの把握方法等）
・ストレステストの実施頻度、ストレス・シナリオの見直し頻度
・ストレステスト結果の報告体制
・ストレステスト結果の活用体制
・ストレステスト体制に係る検証や内部監査の体制

第3節　ストレス・シナリオに求められる条件

　本章では、前章でも指摘したストレステストの最大の課題の一つである、いかにして、フォワード・ルッキングで客観的、さらにはダイナミックで包括的なストレス・シナリオを作成すべきかに関し議論する。既述のとおり、これまでのストレス・シナリオ、あるいはストレステストの前提条件は、経営にとって重要な、いくつかの要素を欠いていた。そのうちの一つは、シナリオや前提条件の蓋然性であり、将来現実に起こりそうかという意味での「フォワード・ルッキング性」であった。これは統計的には、イベントや前提条件の発生確率の高さの問題だといえるが、いうまでもなく、（ストレステストが対象とする）統計処理の対象となるような観察データが十分に蓄積されていない世界では、別の方法を探す必要がある。

　一方で、こうしたフォワード・ルッキング性を重視して、将来生じそうな事象を一所懸命考えたとしても、経営の視点からは往々にして、「なぜそのようなシナリオが実際に生じそうだといえるのか」という、シナリオや前提条件の「客観性」に疑問符がついてしまう。たしかに、シナリオを作成した

担当者の視点からみれば、「これこそが、自分が長年培ったエキスパート・ジャッジメントが自信をもって示す、最重要シナリオ」であったとしても、これが第三者の目からみても同意を得られるような「検証可能性」や第三者による「再現性」がなければ、「客観性」があるとはいえなくなってしまう。従来のストレステストでは、こうした「客観性」を満たすために、たとえば、過去に実際に生じたストレスイベントの最大インパクトをそのまま用いることが多かった。これは、第三者による「検証」や「再現」が可能だという意味での客観性を備えているが、一方で、第一の要素である「フォワード・ルッキング性」が完全に失われた、いわゆる「バックワード・ルッキング」なシナリオや前提条件となってしまう。

　重要な要素の三番目は、シナリオや前提条件の「網羅性」である。仮にストレステストで用いるシナリオや前提条件が、フォワード・ルッキングであり、さらに客観的であったとしても、近い将来起こりえそう（フォワード・ルッキング的）だとだれもが納得する、（すなわち客観的な）非常に重要なストレス・シナリオ（あるいは前提条件）が複数あり、これらがすべてカバーされているのでなければ、やはりストレステストしては不十分ということになる。フォワード・ルッキング性と客観性を満たすシナリオを一つつくるだけでもむずかしいのに、世界中の状況を広く見渡しながら、世の中一般が重要だと考えていそうなストレス・シナリオをいくつも見つけ出し、これらをすべて「フォワード・ルッキング性」と「客観性」という二つの視点からふるい分けるのだから、並大抵の作業ではない。

　最後の重要な要素は「ダイナミック性」である。ダイナミック性とは、ストレス・イベントに係るシナリオが、トリガーとなるイベント発生を起点として、その後どのような波及・展開をたどるのかといった、時間軸上の広がり（ストーリー展開）をもつことを意味する。従来のストレス・シナリオは、トリガーとなるイベント発生が金融機関の財務に与える影響のみをみるケースが多かった。もっともこれでは、自己資本の十分性を判断することができても、ショックに対し経営がどのように対応し、これによって、ショッ

クからのダメージをいかに最小限に抑えることができるかといった、「経営の対応」を議論することができなくなってしまう。今次金融危機や、東日本大震災のケースをみてもわかるとおり、大きなストレス事象は、トリガーとなるイベントを契機として、さまざまな展開・波及を数年の時間軸のなかでみせるものであり、こうした「ストレス事象のダイナミズム」まで十分考慮しない限り、ストレス事象への対応は十分だといえないし、これに対する経営の積極的関与を促す議論も行うことができない。さらにいえば、トリガー・イベントのインパクトのみでは、もしかしたら同業他行と比べて、その差は大きくないかもしれないが、その後の対応の巧拙は、同業他行との違いを拡大する要素となる。この場合、当初のトリガー・イベントからのダメージは、他行も同様に被っているとの理由から、批判の対象にはならなくても、その不適切な対応からのダメージの拡大は、経営に対する批判の材料となりうる。これこそがまさに、経営が本来いちばんの関心をもつべき事項だといえよう。

第4節　客観的でフォワード・ルッキングな、さらに網羅的でダイナミックなシナリオを作成する方法

それでは、具体的に、どうすれば、客観的でフォワード・ルッキング、さらには網羅的でダイナミックなシナリオを作成することが可能なのだろうか。以下では、この点に関する著者の考えを示す。もちろん以下の手法に従ったとしても、上記の条件をすべて完全に満たすようなパーフェクトなシナリオは作成できないであろう。もっとも、それでも、少しでもパーフェクトなシナリオに近づくための手法としては、有効ではないかと考える。

1　ストレス・シナリオの条件の決定

シナリオ作成のための最初の手順としては、いきなりシナリオ作成に入る

前に、ストレス・シナリオの作成に求められる「条件」をあらかじめ決めておく必要がある。その条件とは、一つは、経営が有するリスク・アピタイトに合致するストレスの程度であり、もう一つは、自行のポートフォリオのウィーク・スポットを押さえることである。以下に、それぞれに関し詳説する。

2　リスク・アピタイト／ストレスの程度の決定

　まず、ストレスの程度であるが、これはリスク管理の視点からいえば、ストレス発生に伴う損失額と、ストレスが発生する蓋然性の二つの情報により、表現することが可能である。このうち、損失額は、さまざまな程度をストレス・シナリオのなかで想定することが可能であるし、また前章でもみたとおり、そうすることが当局からも推奨されている。もっとも、ストレステストを自行の自己充実度検証の目的に用いるためには、絶対欠けてはいけないストレスの程度がある。それは、経営者が有するリスク・アピタイトに対応したストレス程度である。

　リスク・アピタイトとは、日本語に訳せば「リスク選好度」ということになる。経営者が有するリスク・アピタイトとは、まさしく、経営として、どこまでのリスクであればとり、どこから先のリスクはとらないという基準を示したものである。それは、経営者の背後にいるさまざまなステークホルダーの考えを代弁したものだともいえる。ステークホルダーとは、株主や債権者、銀行監督当局のことだ。こうしたステークホルダーの意向を総合して、経営として、自行がとってもよいリスクの限度を示したものがリスク・アピタイトだといえる。

　リスク・アピタイトとリスク許容度という言葉は、時に同義語のように用いられ、実際に似た側面を有しているのであるが、厳密には異なるものである。すなわち、リスク許容度は、規制等を背景に、これ以上のリスクは「とってはいけない」リスクなのに対し、リスク・アピタイトは、リスク許容度の範囲内で、経営として、「とりたい」リスクを示したものだといえる。仮

に、元々のリスク・アピタイトがリスク許容度を常に上回るのであれば、リスク許容度が上限を画することから、リスク・アピタイトのモニタリングが常に適切に行われている限り、リスク・アピタイトとリスク許容度の水準は常に限りなく近いということになる。これに対し、リスク・アピタイトが、リスク許容度を時に誤って上回ってしまう可能性も考慮しながら慎重にリスク運営を心がけている場合は、リスク・アピタイトの水準は、リスク許容度の水準を相当程度下回っているかもしれない。

また単に水準の違いだけではなく、リスク許容度とリスク・アピタイトとでは、背後にある決定要因も異なってくる。リスク許容度の場合は、金融機関に関していえば、やはり当局規制が最も重要な決定要因となる。一方、リスク・アピタイトに関しては、その上限を画するという意味で、当然ながら、リスク許容度やその背後にある当局規制が大きな影響を及ぼすのであるが、その主要因はといえば、それはやはり、「収益を伸ばしたい」「事業を成長させたい」という経営者なり、出資者／株主なりの「アニマル・スピリット」ということになる。

このリスク・アピタイトを制御するという考え方は、2010年末に主要国の銀行監督当局の銀行監督実務者で構成されるSSG（Senior Supervisors Group）が対外公表した"Risk Appetite Framework"（リスク・アピタイト・フレームワーク）というペーパーのなかで明確に示されている。同ペーパーのなかでは、リスク・アピタイトが経営によって定義され、経営者の経営戦略をリスクというかたちで組織内で共有するための主要手段となるべきであることや、さらにこれによって、フォワード・ルッキングなかたちでリスクを評価し、外部環境の変化や想定外の事態に対しても即座に対応することが可能となるべきであること等が強調されている。ただし、同ペーパーは、リスク・アピタイト自体が、特にリスク許容度との対比で、どのように決定されるべきなのかに関しては、ほとんど触れていない。

この点に関しては、上記ペーパーよりもむしろ、より一般的な業種を対象とした、たとえば、irm（2011）等のペーパーのほうが詳しい。こうしたペー

パーをみても明らかなように、リスク・アピタイトを制御するという考え方自体は、今世紀初頭から、企業のガバナンス強化の一環として随分議論されてきたものなのである。むしろ金融機関以外の業種のほうが、監督当局による規制がないなかで、いかに一定の規律をリスクテイク行動に持ち込むかが大きな問題となりやすいのかもしれない。

　こうしたペーパーのなかでとらえられているリスク・アピタイトとは、まさに、経営戦略や経営目標を達成するためのビジネス展開そのものであり、経営目標の達成こそが、リスク・アピタイトの源泉ということになる。もっとも、当局規制等に支配されるリスク許容度と比べ、こうしたリスク・アピタイトを具体的に表現することが非常にむずかしいのも事実である。このため、特に金融機関を対象としたリスク・アピタイトの議論は、言葉としては、リスク・アピタイトを用いていても、その中身は実質的にリスク許容度とさして変わらないことのほうが多い。本書で用いるリスク・アピタイトという言葉も、そういう意味で、リスク許容度の意味合いと実質的に同じであることが多い点については、留意してもらいたい[1]。

　さて、リスク・アピタイトの表現方法、換言すれば、テイクするリスクの程度の表現方法であるが、これ自体はさまざまである。もっとも、その方法を大きく二分するとすれば、一つは、同リスクが顕現化する「蓋然性」の程度に焦点を当てたものであり、もう一つは、同リスクが顕現化した際のインパクトの大きさに焦点を当てたものということになる。

　まず、リスクが顕現化する蓋然性に焦点を当てた方法であるが、たとえば、VaRでリスクを計測し、これに基づきリスク・アピタイトを示すのであれば、VaRの信頼水準という計数を用いることが考えられる。たとえば、99％の信頼水準を用いたリスク量を自己資本充実度の検証用に用いるのであ

1　従来のリスク管理体制（たとえば経済資本運営体制）と比べたリスク・アピタイト・フレームワークの新しさは、正にリスク・アピタイトとリスク許容度を明確に区別することで、「経営戦略」をリスク管理の世界に取り込むことだとの議論もある。詳しくは大山（2012）を参照。

れば、毎年（同じようなリスクプロファイルを有した）100行のなかで2番目の最悪の結果になっても自己資本を枯渇させないという「リスク・アピタイト」の意思表示がなされたとみることもできる。また、VaRに比べれば、リスク・アピタイトに係る表現の自由度が高いストレス・シナリオを用いれば、たとえば、「10年に1度発生するイベント」「25年に1度発生するイベント」といったシナリオを想定することができる。こうした「何年に1度」という表現も、リスク顕現化の蓋然性を示す一つの方法である。

　これに対し、リスク顕現化のインパクトに焦点を当てた場合では、たとえば、自己資本比率が最低所要水準を下回るような程度を、ストレス程度の一つのメルクマールとして用いたり、あるいは、自己資本比率が、最低所要水準に安全バッファーを加えた水準を下回るような程度をメルクマールとするといった方法が考えられる。さらには、収益の赤字への転化をメルクマールとすることも考えられる。上記の選択は、基本的に銀行監督当局が求める最低水準を上回っている限りにおいては、経営の判断によって、自由に設定することができる。経営にとってみれば、自分たちが経営に関与する、たとえば10年間くらいのタイムホライズンにおいて、最悪のケースが生じたとしても、上記で示したようなメルクマール内に損失が収まることが重要である。これにより、経営は、経営者として、経営の安定面に責任をもつことができるのである。

　このように、リスク顕現化のインパクトに焦点を当てたリスク・アピタイトの表現方法は、リスク顕現化の蓋然性に焦点を当てたリスク・アピタイトの表現方法に比べ、より経営にとって理解しやすいという利点がある。もっとも、インパクトに焦点を当てたリスク・アピタイトの表現も、そのシナリオの蓋然性が小さければ、具体的なアクションには結びつかないという意味で、結局いずれかのタイミングで、そのシナリオの蓋然性を議論しなければならなくなる点には留意が必要である。つまりは、リスク・アピタイトの表現方法として、蓋然性を重視するのか、あるいはインパクトを重視するのかは、二つの要素が常に重要となるなかで、考慮すべきシナリオを選択する際

のふるいとして、単にどちらの要素を最初に用いるかの違いだといえる。

　なお、第1章でみたとおり、ストレステストのなかには、経営者のリスク・アピタイトに関係なく、最初からストレスの程度が「インパクト」の視点から、決められたストレステストもある。たとえば、ストレスの程度として、自行の破綻を求める「リバース・ストレステスト」がそれである。こうしたストレステストは、最近世界中の多くの銀行監督当局が金融機関に対し求めるようになってきているが、一方で、このテストによって自己資本の充実度を評価するわけではないことも明確に示している。そうした意味で、自己資本充実度検証用以外でも、さまざまな用途に用いられるストレステストの一つのタイプとして、こうした極端なストレス程度を用いることもある。ただし、注意しなければならないのは、ストレス程度が極端であっても、必ずしも蓋然性が常に極端に低いわけではないということである。実際にストレステストを実行する金融機関の側では、当初から「自行が破綻するシナリオ」イコール「ほとんどありえない」シナリオ、あるいは、本来であれば問うことさえ許されない「背徳的なシナリオ」だと思いがちではないだろうか。これは、今回の東日本大震災において明らかになった「原発神話」の弊害と似た側面を有している。タブーを破って一度その可能性を考えてみると、意外にそれなりの蓋然性を見出すことができるシナリオもあるかもしれない。この場合、リバース・ストレステストは、もはやリバースではなく、経営者のリスク・アピタイトを超過していることを示す通常のストレステストとなるのである。リバース・ストレステストは、まさに、上記のような「タブー」を打破することに最大の眼目があるといえる。

　ストレス程度の要素としては、仮にインパクト、あるいは「損失額」を重視する場合でも、「蓋然性」が重要になる点は先ほど指摘した。たしかに「蓋然性」に関し何の基準もなければ、ありとあらゆるシナリオの作成が可能となってしまう。たとえば、火星人の襲来や日本沈没、北朝鮮のテポドンミサイルの東京飛来まで、シナリオのなかに含まなければならなくなってしまう。それでは、ストレス・シナリオで用いるストレス程度の一要素である

「蓋然性」に関しては、どのように考えればよいのか。

シナリオの蓋然性のメルクマールにも、蓋然性を決めるための情報と、やはり経営者の意向が重要な影響を及ぼす。情報に関していえば、一般に特定のシナリオが生じるか否かに関し、それなりの説得力をもってその蓋然性を語る場合のタイム・ホライズン（情報の限界）は、著者のこれまでのさまざまな実務的な経験に基づけば、先行き5年間がせいぜいのところのように思う。たとえば今後5年間にどのようなことが最悪事態として起こりえそうかを一所懸命考えてみるのが、人間としての限界ではないか。実際に、銀行や企業、さらに多くの国際機関の将来経済予測も、その多くは、先行き5年程度のタイム・ホライズンにとどまっている。これは一つに、どんなに優秀なエコノミストがたくさん集まったところで、外部環境の変化が大きい昨今の世界にあっては、5年間程度の予測が限界であることを示しているのではないか。またこれくらいのタイム・ホライズンは、経営の在籍期間にも一致するケースも多く、経営の関心を引くためにも好都合だといえる。

もっとも、一部の銀行監督当局が、25年に1度発生するような事象まで勘案するように金融機関に対し指導している環境下にあって、先行き5年間では短か過ぎるのではないかとの議論も出てきそうだ。ただし、著者はこれが短か過ぎるとは思わない。それというのも、先行き5年間の予測には、5年に1度発生する事象のみではなく、最近発生していない25年に1度や、さらには50年に1度発生するような事象も含まれるからである。実際、たとえば地震のケースでも、それが仮に100年に1度発生する地震だからといって、過去100年以上発生していなければ、今後5年以内に発生する蓋然性はそれなりに高いということになろう。大事なのは、過去のサイクルの「大きさ」（たとえば、5年に1度、あるいは25年に1度）に頼ってストレス程度を決めるのでなく、これから先に生じうるさまざまなサイクルの「動き」（たとえば、一定期間の周期をもつサイクルであれば、前回発生時点からの経過時間を考慮したもの）に基づき、ストレス程度を決めることだといえよう。

なお、金融機関から聞かれることがいちばん多い質問の一つとして、スト

レス事象の蓋然性を具体的にどのように判断すればよいのか、というものがある。実際これは難問である。この点に関する著者の考えは、ストレス・シナリオ作成のセクションで説明することとする。

最後に、上記で説明したものは、あくまでも伝統的なリスク計測手法をベースにリスク・アピタイトにアプローチしたものだが、そうした手法では、経営者の「アニマル・スピリッツ」をとらえるうえで、まだまだ限界がある点も付言しておきたい。なぜなら、本来経営者のリスク・アピタイトとは、その経営戦略に潜む経営リスクにこそ、より強く反映されているからである。もっとも、現状の経済資本運営や規制資本の算出体系をベースとしたアプローチでは、こうした戦略リスクは、なかなか、対象とすべきリスクの範疇には入ってこない。そうしたなかで、今後はますます、①先行き展開される経営戦略の目指すべき目標の高さ（目標達成のむずかしさ）の程度、②目標の高さに応じた、潜在的なリスクの探索、等を通じて、経営者の真のリスク・アピタイトが、ストレス・シナリオに反映されることが求められるようになると考えられる。

3　自行のウィーク・スポットの決定

ストレス・シナリオの作成に入る前に決めておかねばならない条件がもう一つある。それが、自行ポートフォリオのウィーク・スポットの確認である。自行ポートフォリオのウィーク・スポットとは、その変動が自行の損益に対し非常に大きなインパクトをもたらすリスク要因を指す。まさに、そこを突かれては痛いようなポートフォリオの特徴をあらかじめ把握しておくことが、ウィーク・スポットの確認だといえる。

こうした作業は、実は、さまざまなリスク要因に対するポートフォリオの感応度分析というかたちで、従来から多くの金融機関でなされてきた。多くの金融機関にとっては、こうした感応度分析が、ストレステストの主流をなしてきたともいえる。もっとも、そこでなされてきたことは、たとえば金利が100 bp上昇したり、株価が10％下落すれば、どの程度の含み損が発生する

のかといった機械的な作業に近かった。その結果として、あるリスク要因の変化に対する自行のポートフォリオのエクスポージャーが大きいか否かといった大雑把な判断は可能となるが、大方のケースでは、「その結果をみる」だけで終わっていたきらいがある。

　ストレス・シナリオ作成の条件として、ウィーク・スポットを把握することは、換言すれば、こうしたウィーク・スポットをあえて突くシナリオを作成することを意味する。最も突かれては痛いポイントが実際に突かれる蓋然性がどの程度あるのかを、シナリオの作成を通じて示すことが最大の理由である。実は過去のストレス・シナリオをみると、一見、ストレスの程度が非常に高そうにみえる一方で、こうしたウィーク・スポットを巧妙に避けるようなシナリオを作成していたケースも多かったのではないかと思っている。こうしたシナリオは、いわゆる「当局対応」としては、立派なシナリオであっても、ストレス事象に対する自らの脆弱性を把握するためのシナリオという視点からは、まったく意味のないシナリオだといえる。本当に意味のあるシナリオを作成するためには、まずは自らのウィーク・スポットをしっかりと把握したうえで、そこをまさに突いてくるシナリオを作成する必要がある。

　具体的な作業としては、まずは、自行のポートフォリオの特性（取引先の特性、地域経済の特徴、資産タイプの特徴）に対応した重要なリスク要因（金利、株価、為替、不動産価格、債務者の格付に影響を与える債務者財務指標、各種金融市場価格等）を抽出し、その後のシナリオ作成過程では、こうした要因が大きな影響を受けるものを重視することになる（図表2－1）。

　なお上記で示した手法は主に、リスク要因を特定化したうえで、これがポートフォリオにもたらす影響をみる「演繹的」なアプローチであるが、これと同時に、不特定多数のマクロ変数とポートフォリオのパフォーマンスを見比べて、なんらかの関係がありそうか否かを確認する「帰納的」なアプローチも存在する。この帰納的なアプローチは、通常の場合、演繹的アプローチで重要だとみなしたリスク要因の重要性を確認するだけで終わるのだ

図表2−1　ウィーク・スポットの特定化

		ポートフォリオのウィーク度	Aシナリオ（イメージ）	Bシナリオ（イメージ）
	シナリオの蓋然性		大	中
信用リスク	ソブリンリスク	大	△	××
	製造業	大	××	×
	非製造業	中	×	×
	不動産	中	△	△
金利リスク（期間損益）		中	×	○
価格変動リスク	金利	中	○	×
	株式	小	×	×
為替リスク		小	円高	円安
流動性リスク		小	×	×

が、時には、それまでまったく「ノーマーク」であったマクロ変数が、ポートフォリオのパフォーマンスに大きな影響を与えていることを見出すこともある。この場合でも、多くは「みせかけの相関」等、必ずしも要因間の直接的な「意味のある」関係を反映したものでないが、それでも時には、事前に気づいていなかった相関が存在することもある。実際、今次金融危機では、従来まったく想定されていなかった相関の高まりから、リスク量や損失額が一気にふえる「リスク集中」が大きな問題となった。たとえば、金融市場におけるCDS取引が一部の金融機関に集中した結果、金融市場におけるカウンターパーティ・リスクの高まりと、同取引をヘッジするために行ったCDS取引に係る特定のカウンターパーティ先のリスクが、同時に上昇するといった事態が発生した。このように、帰納的アプローチのメリットは、演繹的アプローチでインプリシットに想定されているマクロ変数とリスク要因間の相関が本当に適切なのか、あるいは十分なのかをあらためて確認できることだといえる。

4 想定すべきストレス・シナリオの選定(1)――有用なストレス情報の整理

　上記で示したようなストレス・シナリオの条件の決定の後は、いよいよ想定すべきストレス・シナリオを選定する作業に入る。ここでは、これまでも指摘しているとおり、フォワード・ルッキングで客観的なシナリオを網羅的に選択する必要がある。

　フォワード・ルッキングで客観的なストレス・シナリオを選定するに際し、まずはいかなる情報を用いるかが問題となる。この点、筆者がいちばん有効だと考える方法は、各国の中央銀行や国際通貨基金等の国際機関が公表している分析資料を活用することである。現在日本銀行をはじめ、主要国の中央銀行や、さらにはグローバルなマクロ経済問題への対処をミッションとする国際通貨基金等の国際機関では、たとえば、図表2－2で示したようなマクロ経済や金融システムの分析レポートを定期的に公表しており、こうしたレポートには、これら機関が想定するさまざまなストレス・シナリオやリスク・シナリオに係る記述が満載されている。

　なお、国際機関や中央銀行が金融システム全体の安定性を評価するうえで行うストレス・シナリオ以外にも、たとえば最近では、英国や欧州、さらには米国において、銀行監督当局が個別金融機関の自己資本充実度を評価するために、当局が定めたマクロ・ストレス・シナリオに基づき、各金融機関が自行の自己資本の十分性を評価するプロセスが確立しつつある。こうした「当局シナリオ」も、たとえば本邦金融機関が、米国や欧州のストレス・シナリオを作成するうえでは参考になるであろう（この点について、第3章を参照）。

　こうした情報は、明示的に今後発生するかもしれないストレス事象に対し警告を発する目的で示されているという意味で、確実に「フォワード・ルッキング」だといえる。また、国際通貨基金等の国際機関、さらには、日本銀行をはじめとした主要国の中央銀行は、各国におけるまさにbest and bright-

図表2－2　各国中央銀行・国際機関の主要レポート一覧表

発行機関	レポート名	概　要	発刊頻度
日本銀行	金融システムレポート	日本の金融システムの安定性評価	年2回
	経済・物価情勢の展望	日本のマクロ経済や物価情勢の現状評価と先行き見通し	年2回
国際通貨基金	Global Financial Stability Report	グローバルな金融システムの安定性評価	年2回（アップデート版も含めれば年4回）
	World Economic Outlook	世界経済の現状評価と先行き見通し	年2回（アップデート版も含めれば年4回）
FRB	Monetary Policy Report to the Congress	米国経済の現状評価と先行き見通し	
ECB	Financial Stability Review	欧州の金融システムの安定性評価	年2回
BOE	Financial Stability Report	英国の金融システムの安定性評価	年2回

estなエコノミストたちを多数擁したうえで、マクロ経済や金融システムの安定に係るマクロの知見と金融機関経営に係るミクロの知見を融合して、今後起こりえそうなストレス・シナリオを示しているわけで、こうした当局の分析が常に正しいわけではないにしても、少なくとも分析内容の大きな方向性に関しては、識者の間でそれなりのコンセンサスが形成されやすいのではないか。これはストレス・シナリオのもう一つ重要な要素である「客観性」の確保につながるものである。

　もちろん、当局が示す分析については、「保守性」というバイアスや、ソブリン・リスクを甘めに評価するといった「利益相反」に起因するバイアス

図表 2 - 3　中央銀行・国際機関が指摘する今後警戒すべきマクロストレス・シナリオやリスク要因の例

発行機関	レポート名	警戒すべき事象
日本銀行	金融システムレポート（2011年10月）	・景気後退シナリオのもとでは、名目GDPは、2011年度に2％強のマイナス成長となった後、2012年度に2％台のプラス成長となる。株価（TOPIX）は、2010年度末の884ptから2011年度末に741ptまで下落した後、2013年度末にかけて反発する。長期貸出金利は、2013年度末にかけて0.2％pt程度低下する。銀行のTier1比率は現在の水準から0.7％pt押し下げられいったん10％前半まで低下し、その後は10％半ばまで回復する。 ・マイナス成長となった後も経済がプラス成長に復さない場合（長期停滞シナリオ）を想定し、これが銀行の自己資本に及ぼす影響も点検する。たとえば、米欧のバランスシート調整がさらに長期化するケースや、電力供給面の制約が長期化するケースなどが考えられる。長期停滞シナリオのもとでは、2011年度の名目GDPはベースライン・シナリオと同じ1％弱のマイナス成長となった後、2012年度と2013年度についてはゼロ成長を仮定する。 ・長期停滞シナリオのもと、2011年度の信用コスト率は、大手行・地域銀行とも大きく上昇する。大手行の信用コスト率は、その後緩やかに低下するが、地域銀行では高止まりし、損益分岐点を上回る信用コストが発生し続ける。信用コスト率の上昇（2013年度末時点）は、銀行のTier1比率を景気後退シナリオ対比0.2％pt押し下げる。こ

		うしたTier 1 比率の追加的な低下幅は、相対的に貸出債権の質が低い銀行のほうが大きい。
	経済・物価情勢の展望 （2011年10月）	マクロ経済の先行きにかかるリスク要因は次のとおり。 ① 欧州ソブリン問題を中心とする国際金融資本市場をめぐる動向。グローバル投資家のリスク回避姿勢が一段と強まる可能性がある。その結果として、円高や株価の下落が進めば、企業や家計のマインドを通じた影響も含め、わが国の景気の下振れ要因となる。 ② 海外経済の動向に関する不確実性。先進国経済の動向をみると、米国経済については、バランスシートの調整圧力が引き続き経済の重石となって作用しており、景気は上に弾みにくく、下に振れやすい状況にある。この間、多くの新興国・資源国は、物価安定と成長を両立するかたちでソフトランディングできるかどうか、なお不透明感が高い。 ③ 復興需要に関する不確実性。 ④ 企業や家計の中長期的な成長期待に関する不確実性。
国際通貨基金	Global Financial Stability Report （2011年9月）	主なダウンサイド・リスクは次のとおり。 ・一部の先進国におけるソブリンおよび銀行部門の脆弱性。特にユーロ圏は投資家心理が悪化すると銀行の資本不足に発展する可能性があり、その影響が、ユーロ資産に投資する機関投資家を通じて米国、さらに、世界全体に広がる可能性がある。 ・資金調達困難による銀行のデレバレッジ。特にスプレッドが高い欧州諸国で

		は、銀行の資金調達が困難化し、銀行の貸出金利が上昇したり、貸出条件が厳しくなり、信用収縮を招く可能性がある。 ・エマージング市場からの資金流出。エマージング諸国の比較的堅調な経済状況背景に多くの投資家が初めてエマージング市場に投資し始めたなかで、ファンダメンタルズが変化すれば投資フローが反転するリスクがある。
	World Economic Outlook （2011年9月）	下振れリスクは以下のとおりである。 ・一部の先進国におけるソブリンおよび銀行部門の脆弱性。 ・金融危機の後遺症に対処するには不十分な主要先進国の政策。ユーロ圏、日本、米国において、①公的債務からの投資家の逃避、②財政バランスの調整圧力の高まり、また政策余力の欠如から家計および企業心理が悪化し、貯蓄増大により経済活動が低迷する可能性がある。 ・一部のエマージング市場経済の脆弱性。外的要因により資本流入が鈍化する可能性がある。 ・商品価格の変動および地政学的緊張の高まり。サプライショックにより、たとえば食品価格が高騰すると家計の実質所得を低下させる可能性がある。
FRB	Monetary Policy Report to the Congress （2011年7月）	・2012年と2013年にかけて緩やかなGDP成長を予想するものの、物価上昇による実質所得および消費者心理への悪影響、労働市場の弱含み、住宅市場の回復低迷などにより、従来の見通しに比べ、2011年と2012年の見通しを引下げ。 ・予測に対する不確実な要因は、景気後

第2章 ストレス・シナリオに基づくストレステストの実行　75

		退の程度、金融政策のスタンス、財政政策の方向性、労働市場の構造転換。
ECB	Financial Stability Review (2011年12月)	先行きの主なリスク要因は次のとおり。 ① 公的および金融セクターならびに実体経済間における悪循環の拡大。ソブリンおよび金融セクターのリスクはユーロ主要国にまで拡大し、経済見通しにまで悪影響を及ぼすようになった。今後注意すべき要因は、脆弱国の政治的不安定性、ユーロ各国および銀行の格付、ギリシャ問題の民間負担、EFSFの拡充等。 ② 欧州圏の銀行の資金調達に係る緊張の高まり。 ③ マクロ経済活動低迷、銀行不振に伴う経済に対する信用供与の減少。非金融部門への貸出条件の厳格化や銀行資産の質の低下が生じる可能性。 ④ 主要国の不均衡および世界経済の急減速。
BOE	Financial Stability Report (2011年12月)	・英国の銀行は南欧諸国のソブリン債務の直接保有は少ないが、これら諸国の民間部門に多額のエクスポージャーがあると同時に、同様のリスクにさらされた主要な欧州銀行に対して多額のエクスポージャーを有する。 ・英国の銀行のリスクプレミアムは他のユーロ圏銀行より低いが、銀行の健全性および低収益見込みを反映して2008年のピーク時より高くなっている。 ・複雑なリスク・ウェイトの算定や不完全な開示が銀行の不確実性を増大させている。中央清算機関の利用増加は、資金繰り困難化の連鎖のリスクを抑制するが、同機関が危機に直面した場合の金融安定性リスクを大きく増大させ

			る点には注意が必要。 ・英国の与信環境は、銀行の調達コスト転嫁などにより悪化。

　が掛かっている可能性がある。また、多くの当局が示す分析が、必ずしも互いに整合的であるわけでもないだろう。もっとも、シナリオを作成する際のベンチマークとして、まずはある国際機関やある中央銀行が作成した分析結果を用い、その後個別金融機関が有する情報に基づきこれを調整するアプローチは、少なくともベンチマークに係る関係者間の争点を抑制するという意味で、「客観性」確保の視点からは効率的なアプローチだといえる。

　参考までに図表2－3には、最近の、国際機関や主要国中央銀行が分析した、今後警戒すべきマクロストレス情報の例をいくつか示した。

　こうした主要国際機関や主要国中央銀行が定期的に公表している分析情報をすべてカバーし、これらに基づきストレス・シナリオを作成することで、ストレス・シナリオの「網羅性」はかなり確保される。ただし、過去の歴史を振り返っても、当局が必ずしも、将来起こりうるストレス事象に対し適切な警報を鳴らしてきたわけでもないこともたしかである。したがって、そうした不足を補うためには、単に当局情報のみではなく、たとえば、メディア等が伝えるストレス関連情報も、幅広く収集しておくことが必要である。またその際には、その後のストレス・シナリオ作成を容易化するという意味で、収集した情報をイベントのタイプや、発生地域等をベースに区分しておくことが重要となる。

　以上のような当局情報やマスメディア情報を総合したうえで、少なくとも、国際機関・主要国中央銀行や、マスメディア等が、世界中のいったいどこに、どのようなタイプの大きなリスクが潜んでいるのかを、一目でわかるようなかたちで図表化することが、自らのストレス・シナリオを作成するうえで有効だと考えられる。逆にいえば、こうした図表（俗にヒートマップと呼ばれているもの）があれば、想定すべきストレス・シナリオのいくつかの

第2章　ストレス・シナリオに基づくストレステストの実行　77

図表2－4　リスク・ヒートマップ：2012年1月10日現在（例）

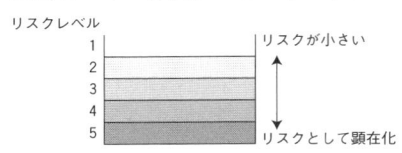

リスクレベル
1　リスクが小さい
2
3
4
5　リスクとして顕在化

	北　米	欧　州
実体経済	財政の脆弱化、雇用、2011年及び2012年成長見通しの下方修正（特に米国、欧／12） 景気二番底、企業収益下押し：メディア	
（米国経済二番底シナリオ）	雇用、景気回復の遅れ：FRB（11／07）、WEO（11／09）、メディア FRBツイスト・オペ：メディア 年末商戦好調、米失業率8.5％に改善：メディア	景気減速懸念の増大、ECB金利引下げ、物価上昇：メディア ユーロ圏の失業率96年以降最悪、欧州委・2012年成長率1.3ポイント下方修正（0.6％、13年1.5％）：メディア
ソブリン・財政	ソブリンリスクの上昇：GFSR（11／09）、ECB（11／12）、BOJ/FSR（11／10） ソブリンリスク、レバレッジの巻戻し（貸渋り）：WEO（11／09）	
（ユーロ危機シナリオ）	財政赤字削減を巡る与野党対立、給与減税延長に係る合意、地方政府の財政不安：メディア	S&Pに続きMoodysもベルギー国際格下げ、欧州協同債やECB役割強化の協議混乱、S&P独仏など15カ国を格下げ方向で見直し、ハンガリーの信用不安拡大／Fitchハンガリーを投機的水準に格下げ：メディア
銀行システム	国債保有リスク（特に欧州）：GFSR（11／09）、ECB（11／12） フィッチ欧米主要金融機関を格下げ、S&Pも欧州主要銀の格下げ検討：メディ	
	銀行短期債務の借換：GFSR（11／09）、ECB（11／12） 銀行貸渋り：メディア	
	不動産価格下落に伴う住宅ローン関連損失の拡大：GFSR（11／09） 欧州債務損失懸念金で投資銀行の株価急落、ムーディーズ、米銀大手3行を格下げ：メディア	欧州銀コアTier 1 比率9％に設定／全体で12兆円の資本不足：メディア 欧州銀行の資金調達困難化、日米欧中央銀行ドル資金供給の強化：メディア、ECBによる長期資金の供給／担保要件の緩和
金融市場	MFグローバル、欧州ソブリン債投資失敗で破産法11条申請：メディア	南欧諸国の新規発行国債の消化は順調、ただしイタリア国債のスプレッド高水準が続く：メディア CCP（清算機関）に対するリスク増大
為替市場		ユーロ安：メディア 中東欧通貨安：メディア
株式市場	欧州不安に伴う株価下落：メディア	ソブリン問題に起因する株価下落：メディア
不動産市場	住宅価格の下落傾向：GFSR（11／09）、FRB（11／07）	
商品市場	原油価格上昇（イラン制裁でWTIが100ドル超え）：メディア	

※セル内の矢印は前月からのリスク・レベルの変化を示す

日本	中国	アジア
州）：WEO（11／09）、ECB（11	資本流出懸念：GFSR（11／09） インフレーション（特に食料品）：WEO（11／09）	
円高による輸出企業の収益悪化および国内空洞化懸念：BOJ展望（11／10） 景況感半年振りの悪化：日銀短観 原発再稼働困難化、TTP交渉参加表明：メディア	景気減速、預金準備率0.5％下げ：メディア	景気減速懸念、インドネシア、タイ等 中央銀行、利下げ：メディア
	地方政府向け融資の不良化：メディア	
消費税増税に係る与党内、与野党協議の難航、消費税増税を柱とする社会保障と税の一体改革案を政府決定：メディア R&I日本国債格下げ：メディア		
ア TEPCO国有化をめぐる議論、TEPCOに対する追加融資の検討、東日本大震災の被災地における貸倒れ等の発生、金融円滑化法の延長：メディア	地方政府向け融資の不良化：メディア 中国4大銀行の預金流出増加、民間の貸出市場（シャドウバンク）へ：メディア	
円高：メディア		通貨下落：メディア
欧州不安に伴う株価下落：メディア	株価下落：メディア	
	不動産価格下落：メディア	不動産価格頭打ち傾向：メディア

中国不動産バブル崩壊シナリオ

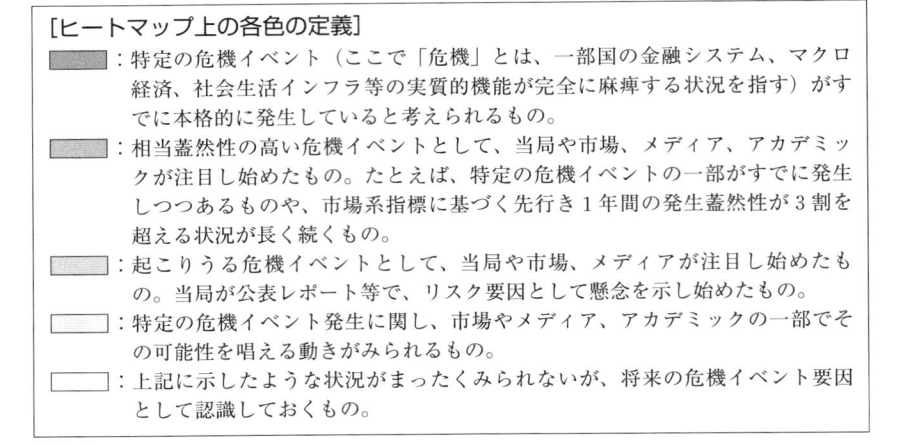

[ヒートマップ上の各色の定義]
■：特定の危機イベント（ここで「危機」とは、一部国の金融システム、マクロ経済、社会生活インフラ等の実質的機能が完全に麻痺する状況を指す）がすでに本格的に発生していると考えられるもの。
■：相当蓋然性の高い危機イベントとして、当局や市場、メディア、アカデミックが注目し始めたもの。たとえば、特定の危機イベントの一部がすでに発生しつつあるものや、市場系指標に基づく先行き1年間の発生蓋然性が3割を超える状況が長く続くもの。
■：起こりうる危機イベントとして、当局や市場、メディアが注目し始めたもの。当局が公表レポート等で、リスク要因として懸念を示し始めたもの。
■：特定の危機イベント発生に関し、市場やメディア、アカデミックの一部でその可能性を唱える動きがみられるもの。
□：上記に示したような状況がまったくみられないが、将来の危機イベント要因として認識しておくもの。

候補が、自然に浮かび上がることになる（図表2－4）。

たとえば図表2－4をみると、「ユーロ崩壊シナリオ」「米国経済二番底シナリオ」および「中国不動産バブル崩壊シナリオ」といった事象が、2012年初時点では、当局やマスメディア等が一致して、今後の展開に懸念を示すストレス事象として認識していたことがわかる。この場合、こうした事象が「実際に起こったら」と考えることが、ストレス・シナリオの作成につながることとなる。あるいはすでに、いくつかのストレス・シナリオを作成している先であれば、たとえば、既存のシナリオの蓋然性が高まる方向にあるのか否か、あるいは新しいシナリオをはたして作成すべきなのか等を判断する情報としても、こうしたヒートマップや、あるいはヒートマップの変化を用いることができる。

5　想定すべきストレス・シナリオの選定(2)──早期警戒指標の活用

上記以外の、想定すべきストレス・シナリオを選択する方法としては、たとえば、主要なストレス事象の蓋然性に関する早期警戒インディケータを作成して、これを用いることが考えられる。すなわち、主要なストレス事象に

深く絡むいくつかのイベントに関し、同イベントの発生蓋然性を示す早期警戒指標を作成し、この蓋然性が高まったイベントを、ストレス・シナリオの候補とする考え方である。先の、当局情報やマスメディア情報に基づくシナリオ選定が、どちらかというと、定性的な情報に基づくものであったのに対し、この手法は、定量的な情報に基づく手法だといえる。現在世界では、たとえば、次の金融危機を念頭に、さまざまなストレス・シナリオが議論されているが、「当局の分析」や「市場の噂」だけでは、必ずしも経営に対し十分にアピールするシナリオとはならないかもしれない。これに対し、たとえば、内外の研究成果をベースに推計した金融危機の蓋然性に基づく早期警戒指標を作成し、これをシナリオ選定や蓋然性決定の一助とすることも、一つの有効な方法として考えられる。

早期警戒指標の例としては、たとえば、各国において金融危機が発生する蓋然性を示すものが考えられる。これは、特に最近では、欧州において、次にどの国が危機的な状況に陥るのかを占ううえで重要な役割を果たす。こうした指標は、国際通貨基金や国際決済銀行、さらには日本銀行等ですでに開発済みのものである（たとえば日本銀行のケースではKato, Ryo and Shun Kobayashi, Yumi Saita 2010. "Calibrating the Level of Capital : The Way We See It" Bank of Japan Working Paper Series、国際決済銀行のケースではBorio, Claudio and Mathias Drehmann 2009. "Assessing the risk of banking crises—revisited, BIS Quarterly Review" March 2009を参照）。

複数のシナリオ候補のなかから、特定のシナリオを選択するに際しては、このようにして求められた早期警戒指標が示す、特定イベントの蓋然性の高さを用いることも一つの方法だといえる。

6　ストレス・シナリオの展開(1)——過去のストレス・イベント情報の活用

次のステップとしては、既述のような方法を用いて選定したシナリオのより具体的な展開（マクロ経済インディケータの推移等）を考えることがあげら

れる。危機のトリガーがひかれた後、ストレス事象がどのように展開するかは、経営の危機への実際の対応を考えるうえで、最も重要な部分である。ただし、これまでのストレス・シナリオは、往々にして、ストレスのトリガーを想定するにとどまり、そこから先の世界を「ストーリー」として描くことはまれであった。

このように、ストレス・シナリオのストーリーの作成は、シナリオのフォワード・ルッキング性を高めたり、経営としての対応を考えるうえで不可欠であるが、その一方で、主観的なロジックのみに基づくストーリーでは、経営や監督当局等第三者に対する訴求力も低下してしまう。このため、たとえば、過去に実際に生じたストレス事象の波及パターンや、内外の政府当局や中央銀行、国際機関が公表している、日本や海外諸国の経済構造に関するさまざまな分析を活用することで、ある地域におけるストレス事象の発生が、日本のみではなく、米国や欧州、さらには中国等の主要地域にどのように波及し、それが最終的にどのようなかたちで日本に跳ね返ってくるのかを、客観的に推計する必要がある。以下、これらについて、みていくこととしよう。

ストレス・イベントの「ストーリー」づくりを実現するための一つの手段は、過去に内外で生じた主要ストレス事象を要因別に緻密に分析し、ここから得られる教訓を用いることである。過去のストレス事象の発生要因や波及には、多くに共通する一定のパターンがある。そのいくつかの例に関し、簡単に概観してみよう。以下では、過去半世紀の間に世界で生じた、金融システムの安定性に係る大きなストレス事象を集めたうえで、それらを発生原因やその波及パターンに応じて、大きく九つのパターンに分類したものを示す（なおここでは、同じストレス事象が、複数のパターンに属するケースもある）。

[ストレス・パターンの分類]

① 第一パターン
　・ストレス・パターン名称……本格的金融危機型。
　・ストレス・パターンの特徴……複数の大手金融機関が破綻することで、

金融システムが極度に不安定化すると同時に、マクロ経済にも大きな打撃を与える事象。
- ・属するストレス・イベント……北欧における金融危機（1991〜1993）、日本の銀行危機（1990年代〜2000年代前半）、リーマンショック（2008）等。

② 第二パターン
- ・ストレス・パターン名称……本格的金融危機プレリュード型。
- ・ストレス・パターンの特徴……リスク性資産価格の急落等から、こうした商品・資産を有する可能性がある銀行のリスク・プレミアムも急上昇し、結果的に一部先が流動性危機、さらには破綻し、これがその後の本格的な金融危機につながる事象。
- ・属するストレス・イベント……住専問題（1995〜1996）、サブプライム危機（2007）等。

③ 第三パターン
- ・ストレス・パターン名称……政策対応失敗に伴う不確実性増大型。
- ・ストレス・パターンの特徴……金融システム安定に対する政策当局のコミットが揺らいだり、逆に不十分な対応にとどまることで、すでに深刻化していた金融市場における不確実性がいっそう増し、結果的に金融危機を助長する事象。
- ・属するストレス・イベント……山一／大手行の経営危機（1997〜1998）、リーマンショック（2008）等。

④ 第四パターン
- ・ストレス・パターン名称……マージナル金融機関破綻型。
- ・ストレス・パターンの特徴……金融自由化や規制アービトラージの影響から、金融機関のなかでも、特にリスク管理レベルが低く、また当局からの監督も十分ではない業種（ノンバンク、信用組合、特殊な銀行等）の多くの金融機関が、ずさんなリスク管理等を主因に、破綻する事象。
- ・属するストレス・イベント……英国セカンダリー・バンク危機（1973）、第1次S&L危機（1980）、米国テキサス銀行危機（1987）、第2次S&L危

機（1990）、住専問題（1995～1996）、サブプライム危機（2007）等。
⑤ 第五パターン
・ストレス・パターン名称……金融自由化型。
・ストレス・パターンの特徴……金融機関のリスク管理体制や監督当局の監督体制がいまだ不十分ななかにあって、金融自由化が推し進められる結果、リスクを軽視した金融機関間の過当競争が発生し、これが資産バブルの生成・崩壊を通じ、多くの金融機関の破綻を招く事象。
・属するストレス・イベント……北欧、日本、米英等の1970年～1990年代にかけての銀行危機等。

⑥ 第六パターン
・ストレス・パターン名称……不確実性増大に伴うリスク性資産価格急落型。
・ストレス・パターンの特徴……リスク性商品に対する不十分な情報や環境変化に対する不安から、市場のリスク回避型行動が顕現化し、リスク性資産価格が急落する事象。
・属するストレス・イベント……ブラック・マンデー（1987）、米国ジャンク債市場の崩壊（1989）、日本における株価急落（1989～）、ITバブル崩壊（2000）、サブプライム危機（2007）、パリバショック（2007）等。

⑦ 第七パターン
・ストレス・パターン名称……低金利反動型。
・ストレス・パターンの特徴……長期間の金融緩和維持の結果、低金利状況が長期間維持された後、金融政策の転換や国債需給の変化、あるいはこれらに対する思惑やインフレ懸念の台頭等から、長期金利が一時的に急上昇する事象。
・属するストレス・イベント……欧米における債券市場の急落（1994）、運用部ショック（1998）、VaRショック（2003）、量的緩和解除（2006）等。

⑧ 第八パターン
・ストレス・パターン名称……エマージング諸国デフォルト型。

- ストレス・パターンの特徴……将来の経済成長に対する高い期待等に基づく資本流入が、資産バブルの発生や通貨高・財政赤字の拡大を招き、こうした不均衡の拡大がなんらかのトリガー事象を契機に是正(デフォルト)される事象。
- 属するストレス・イベント……南米等途上国の累積債務問題(1982〜1989)、メキシコ危機(1994)、アジア危機(1997)、ロシア危機(1998)、アルゼンチン・デフォルト(2001)等。

⑨ 第九パターン
- ストレス・パターン名称……固定為替型。
- ストレス・パターンの特徴……十分に統一された金融、あるいは財政政策の枠組みがないなかで、一部国・地域の要因に基づく金融政策運営や、主要国からの最終的な財政移転を期待するモラルハザードの発生が、為替が固定されている(あるいは実質固定的な政策が採用されている)他国・他地域の不均衡の拡大および是正となって現れる事象。
- 属するストレス・イベント……ロシア危機(1990)、北欧金融危機(1991〜1993)、ポンド危機(1992)、メキシコ危機(1994)、アジア危機(1997)、アルゼンチン・デフォルト(2001)、ユーロ危機(2009〜)等。

　過去のさまざまなストレス事象に関し、上記のような分類をさらに進めるかたちで、それぞれの発生原因や波及パターンがしっかりと細かく整理されていれば、現在想定しているシナリオの異なる次元ごとの要因に関し、相似する要因が過去実際に生じたイベントのなかにないかを調べることが可能になる。そのうえで、仮にあれば、これら過去のイベントの波及パターンやインパクトの大きさを参考として、フォワード・ルッキングな調整を加えつつ、用いることができる。この際、過去に生じたストレス・イベントの表面的事象のみを追い、過去とまったく同じイベントを想定するのでは、結局バックワードなシナリオづくりとなってしまう。重要なのは、現在想定しようとしているイベントの異なる次元ごとの要因を明確に定めたうえで、これと類似する過去の複数のイベントを抽出し、これらを組み合わせることで、

シナリオをつくることだといえる。用いる個々の情報はバックワード・ルッキングであっても、これらを「フォワード・ルッキング」に組み合わせることで、フォワード・ルッキングなシナリオを作成するのである。

　たとえば、一つの例として、米国経済の二番底シナリオを考えてみよう。財政出動やQEⅡの効果もあり、米国のマクロ経済は2011年初頭辺りまでは堅調に推移してきたが、その後は、雇用の改善の足踏み、雇用不安や原油高を背景とした消費の低迷、さらには住宅価格の再軟化といった事象が生じており、2011年末現在、米国経済が二番底に陥るのではないかといった懸念が増している。このようなシナリオのイメージ自体は、先に説明した、足許有用なストレス情報を整理したり、早期警戒指標から得られる情報を活用した結果として、得られることになる。

　こうしてできあがった「二番底シナリオ」のイメージに関し、仮に本源的な要因が、バブル時代に積み上がった過剰ストックの調整、つまり企業の資本・雇用ストック調整や家計債務調整だとしよう。一方、ストレス・シナリオを惹起するトリガー・イベントとしては、米国経済が低迷を続けるなかでの不動産価格のさらなる下落や、これが米国金融システムに与えるネガティブな影響、さらにはこれらの結果としての米銀大手行の経営危機だとしよう。この場合、前者に関しては、要因の相似性という点で、たとえば、わが国における1990年代から2000年代にかけての銀行危機の要因や波及パターンが参考となるかもしれない。また後者に関しては、最近の例となるが、リーマンショックを契機とした世界的金融不安の深刻化が重要な情報をもたらしてくれる。

　このように、ストーリーづくりに際しては、日本の2000年代初頭の状況のように、まずは米国家計や企業部門の過剰債務／ストックが残存し、これが今後再び調整プロセスに入るとの想定を置く。こうした議論を強化するものとしては、日本における銀行危機時代のストック調整の情報を活用したり、最近の国際機関、中央銀行等の当局やアカデミックの分析を参考とする。必要となる、債務・資本ストック調整の幅としては、たとえば日本の銀行危機

時代の分析をベースに、足許の需給ギャップや歴史的トレンドに加え、潜在成長率の変化の可能性等も勘案しながら決める。また、調整の幅には当然不確実性が残るので、調整の幅をより厳しく見積もる際には、イベント実現の蓋然性をより低く考えるなど、ストレスの程度と発生可能性をトレードオフの関係に位置づけながら、各金融機関のニーズ（たとえば、リスク・アピタイトに対応したストレス程度）に応じて、最終的に、ストレスの根源要因である債務・資本ストックの調整の幅を決めることが考えられる。また金融危機がトリガーされるプロセスとしては、今次金融危機のように、不動産価格の新たな急落が米銀の不良債権を増大させ、結果的に一部の大手行が実質的に破綻し、これがリーマンショックと同じようなかたちで、瞬く間に世界の金融システムの不安を伝播させるシナリオを考えるのも一つの方法である（図表２－５）。

図表２－５　「米国二番底シナリオ」のイメージ図

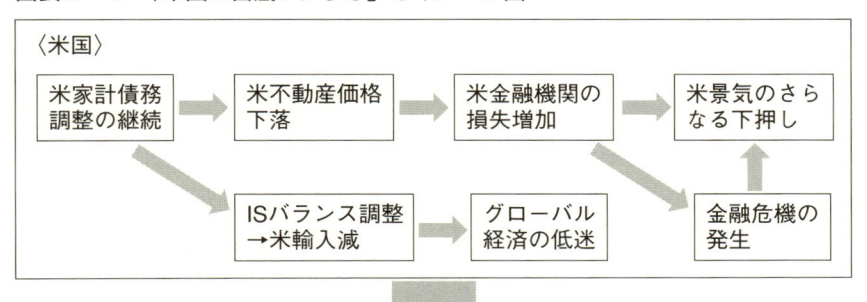

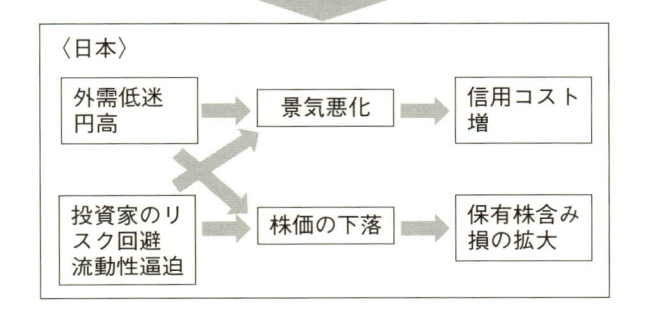

〈米国〉
米家計債務調整の継続 → 米不動産価格下落 → 米金融機関の損失増加 → 米景気のさらなる下押し
　　↓
ISバランス調整→米輸入減 → グローバル経済の低迷 → 金融危機の発生

〈日本〉
外需低迷円高 → 景気悪化 → 信用コスト増
投資家のリスク回避流動性逼迫 → 株価の下落 → 保有株含み損の拡大

第2章　ストレス・シナリオに基づくストレステストの実行

上記のような内容をもつシナリオ・ストーリーは、単に「米国経済が二番底に陥って、それが日本経済にマイナスの影響をもたらす」、あるいは「リーマンショックのようなイベントが再発する」といったストレス・シナリオに比べれば、経営層や当局に対し、格段に高い説得力をもつと思われる。なぜなら、そこにはなぜ米国経済が二番底に陥るのか、さらには、なぜリーマンショックと同じような事態が再び生じるのかに関する説得力ある議論が展開されているからである。具体的には、過去に実際に起きたイベントが、足許の情報と組み合わされるかたちで示されている点があげられる。過去に起きたイベントの背後にあるさまざまな要因のいくつかが、足許の情勢を勘案する限り今後再び発生する可能性があることを示すことで、過去に起きたストレス・イベントのパターンや発生の蓋然性、さらには想定すべきストレスの程度が、説得力あるかたちで経営者や銀行監督当局の頭のなかに入っていくのである。

7　ストレス・シナリオの展開(2)──マクロ経済モデルの活用

　このようにしてできあがったストレス・シナリオのストーリーであるが、実はまだこれだけでは、実際にストレステストを実行しようとしても情報が不足している。ストレス・シナリオが各金融機関が有するポートフォリオに具体的にどのような影響を及ぼすか、換言すれば、有するポートフォリオのリスク・パラメータにどのような影響を及ぼすかを明らかにするには、まず、ストレス・シナリオのストーリーを、マクロ経済変数の変遷というかたちで、実際の数字に落とし込む必要があるからである。マクロ経済変数とはすなわち、実質GDP成長率であり、失業率や消費者物価消費率、為替レートであり、さらに金融変数ということであれば、たとえば長短金利や株価等が必要となる。さらに、ダイナミックなシナリオにするという意味では、こうした変数を、トリガー・イベントが発生後、たとえば短くても2年以上にわたって置くことが求められる。さらに、現状のグローバル経済の相互依存

度を考えれば、たとえば単に日本経済のみではなく、米国や欧州、さらには中国経済に関しても、同様の想定を置くことが求められる。

　上記のような「波及」の想定は、今次金融危機前から、主要国金融機関において、大きな課題として認識されてきたものでもある。すなわち、トリガー・イベントが発生した後の波及やフィードバックを、単にお話のレベルだけではなく、具体的な数値としてどのように想定するかである。いくつかの欧米の大手金融機関は、こうした課題に答えるために、各国の中央銀行がマクロ経済予測に用いるのと同様の、壮大なマクロ経済モデルを構築し、これを用いて、特定の外生ショックが自国経済や他国経済に与える影響を、時系列的に把握したといわれる。もっとも、多くの金融機関では、マクロ経済のリサーチのために、そこまでの資金と時間を投入する余裕はないであろうし、さらにこうしたモデルが、開発した費用に見合うほど、素晴らしいパフォーマンスを発揮してくれるかというと、これはかなり疑問である。実際、こうしたモデルを用いている中央銀行にしても、それでは、その経済予測が他の民間機関に比べてより正確かというと、これも必ずしも明らかではない。時には、主要エコノミストの予想の平均値をとらえたコンセンサスのほうが、中央銀行の予測よりもよく当たるとの声すら聞こえるほどだ。

　そうしたなかで、各金融機関に求められるのは、必要最低限の経済理論的ロジックや整合性（マクロ経済の世界における最低限のお約束事）は守りつつ、最小限の労力を用いながら、各シナリオ下における主要国の主要マクロ経済変数の変遷を想定することである。そのためには、まずは各国のマクロ経済の今後の推移に関し、最もありうると想定される「ベースライン・シナリオ」を考える必要がある。こうしたシナリオはすでに、各国の中央銀行や、IMF等の国際機関が定期的に公表しているので、こうしたものを適宜用いるのが、最も簡便な方法だといえよう。そのうえで、各シナリオごとに外生的ショックのタイプとショックの大きさを決めることになる。

　次に、外生的ショックが、マクロ経済変数にどのように波及するのかを考えるためには、簡単なマクロ経済モデルを構築する必要がある。ここでは、

図表2－6　主要マクロ経済変数間の関係

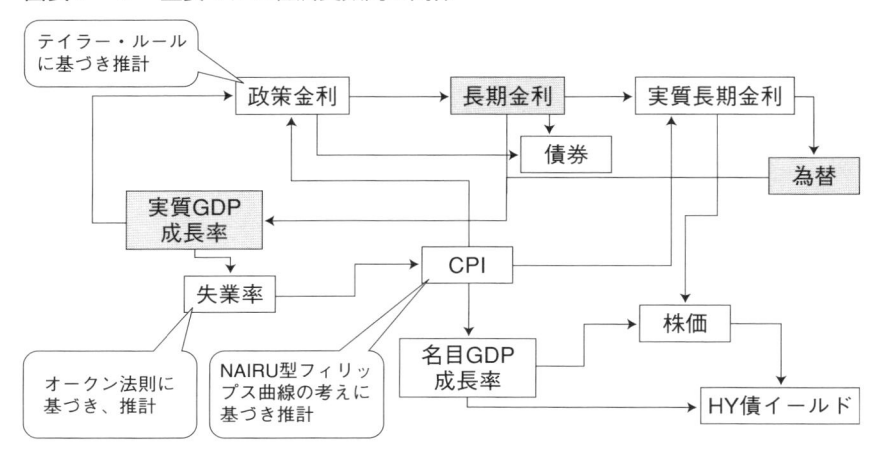

```
テイラー・ルール
に基づき推計
        ↓
      政策金利 → 長期金利 → 実質長期金利
        ↑  ↓       ↓              ↓
        │  └──→ 債券            為替
        │                          ↓
    実質GDP ←────── CPI ──────→ 株価
    成長率              ↓          ↑
        ↓               │          │
      失業率         名目GDP    HY債イールド
                      成長率

オーケン法則に    NAIRU型フィリッ
基づき、推計      プス曲線の考えに
                  基づき推計
```

あくまでも、たとえばエクセルを用いた、非常に簡単なモデルを想定している。そのなかで、たとえば、図表2－6のような主要経済変数が、典型的な経済理論をベースに相互に連関するかたちとなっている。

次に、各国ごとのマクロ経済モデルを、相互に結びつける作業が必要となる。そのためには、各国ごとのマクロ経済がどのようなかたちで結びついているのかを特定化しなければならない。この点に関しても、すでに多くの公的機関やアカデミックな分析が、日米欧、さらにはこれに中国を加えた経済の相互依存関係を明らかにしており、こうした分析を基礎に簡単な相互依存関係をエクセル上で表現する方法が考えられる。もっとも、既述のように、中央銀行が用いるマクロ経済モデルのような複雑なものを用意する必要はまったくない。基本的には、実体経済部分であれば、経済成長率や為替レートの変化が貿易を通じて他国経済の経済成長率に及ぼす影響、金融部分であれば、長短金利の変化が他国の長短金利や為替レートに与える影響や、リスクプレミアムの変化に伴う株価やハイイールド債券スプレッドの変化が他国の株価やハイイールド債券スプレッドに与える影響等を定式化するだけで十分であろう。

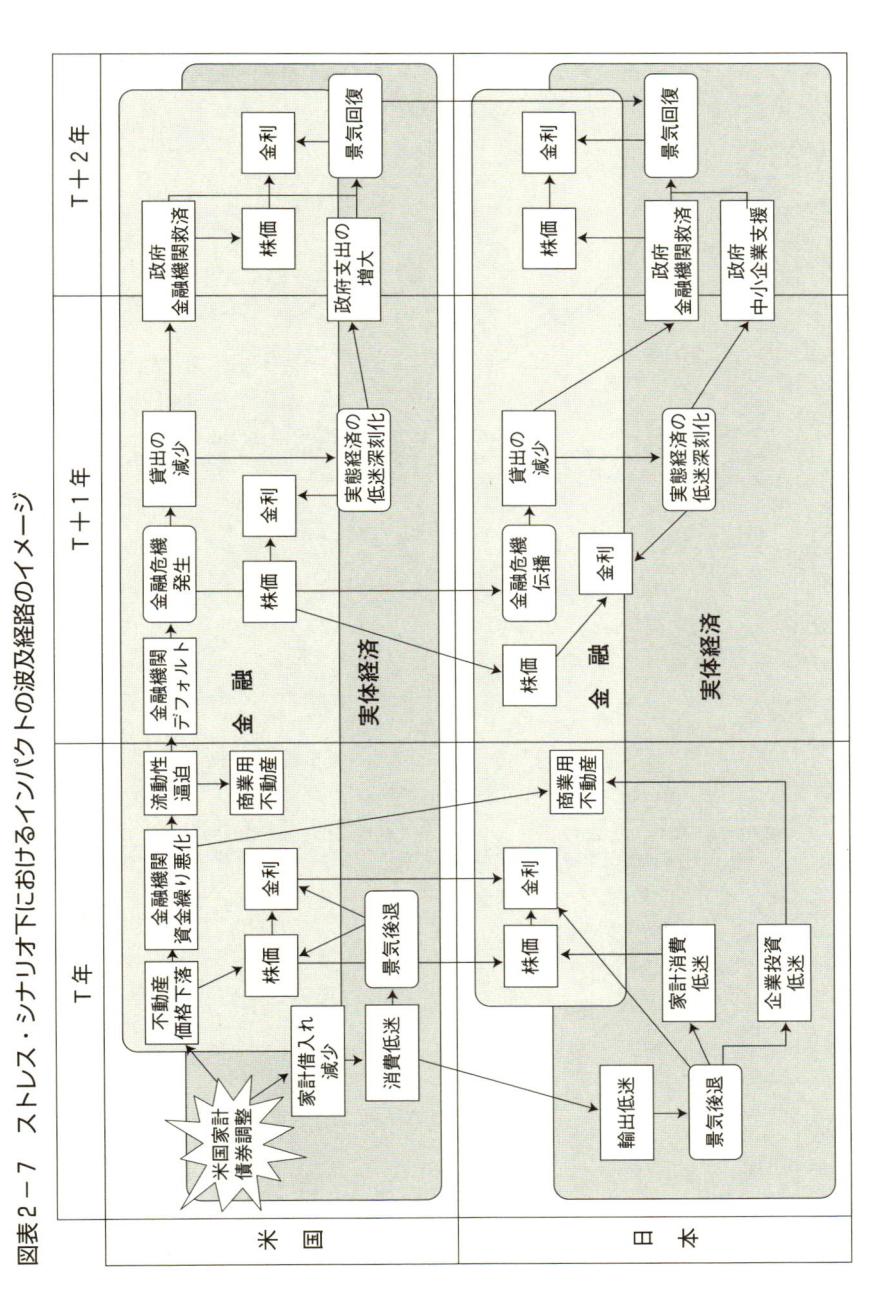

図表2−7 ストレス・シナリオ下におけるインパクトの波及経路のイメージ

第2章 ストレス・シナリオに基づくストレステストの実行

図表2−8 ストレス・シナリオ下におけるマクロ経済変数の推移のイメージ

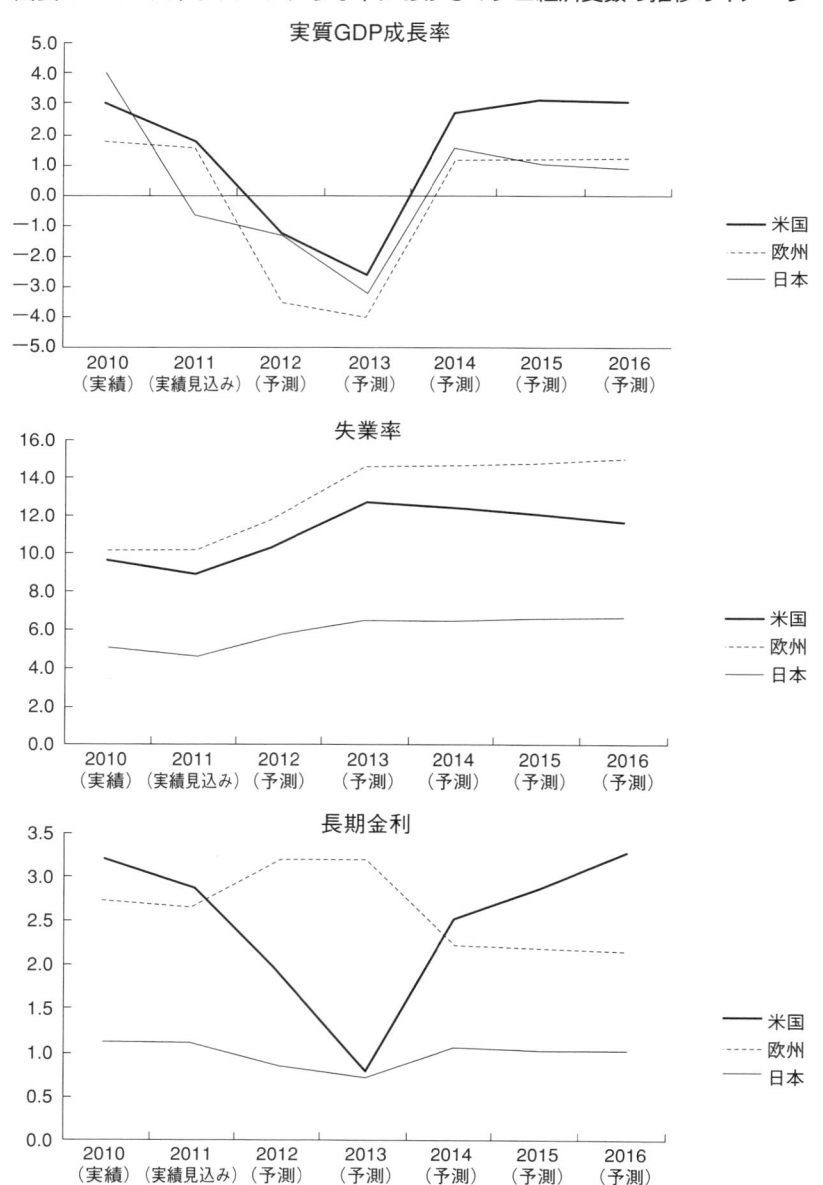

実質GDP成長率

― 米国
--- 欧州
― 日本

失業率

― 米国
--- 欧州
― 日本

長期金利

― 米国
--- 欧州
― 日本

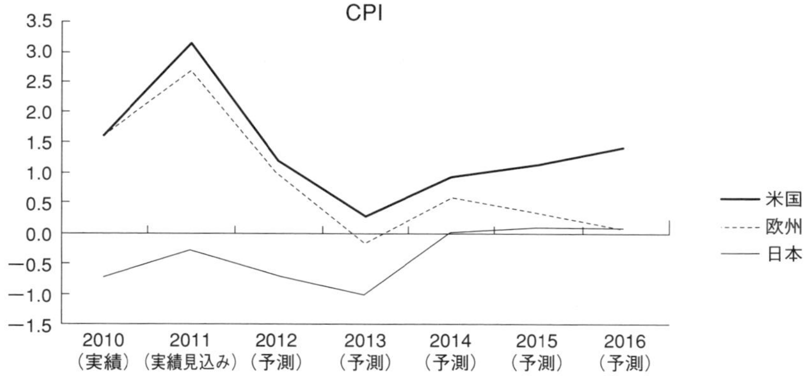
CPI
3.5
3.0
2.5
2.0
1.5
1.0
0.5
0.0
−0.5
−1.0
−1.5
2010（実績）
2011（実績見込み）
2012（予測）
2013（予測）
2014（予測）
2015（予測）
2016（予測）
米国
欧州
日本

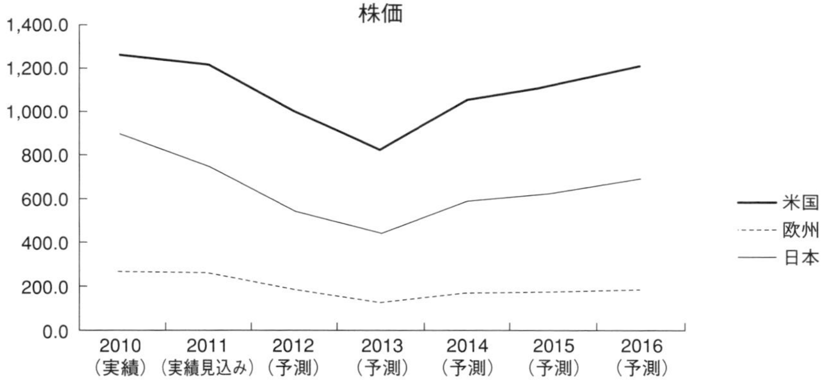
株価
1,400.0
1,200.0
1,000.0
800.0
600.0
400.0
200.0
0.0
2010（実績）
2011（実績見込み）
2012（予測）
2013（予測）
2014（予測）
2015（予測）
2016（予測）
米国
欧州
日本

図表２－７には、特定のシナリオ下におけるインパクトの波及経路のイメージ、また図表２－８にはマクロ経済変数の推移に関するイメージを示してみた。

なお、これまで示してきた、特定シナリオ下におけるマクロ経済変数の推移の推計手法は、経済学的な用語を用いれば、構造型アプローチに基づくといえる。構造型アプローチとはすなわち、経済理論や一般的な経験則に基づいて、その因果関係が広く認知されているリスクファクターについて、同因果関係に係る調査・定式化を試みる手法を指す。こうした手法は、マクロ経済の分析を担う機関が有するマクロ経済モデルの基本となっており、理論が

ベースとなっているという意味では、異なる事象間の因果関係に係る理解も容易であるし、さらに外部に対する説得力も高いといえる。その一方で、経済理論や一般的な経験則が常に正しいとは限らず、特にマクロ経済に構造変化等が生じている場合には、構造変化前の過去の事象を前提とした経済理論はかえってミスリーディングな結果をもたらすかもしれない。また、モデルが単純な構造になればなるほど、考慮できるマクロ経済変数の数も限られるようになることから、結果的にいくつかの重要な経済的影響がマクロ経済モデルから落ちて、マクロ経済変数間の整合性がとれなくなるケースもある。

　こうした構造型アプローチに対し、誘導型アプローチというものも存在する。これは、構造型アプローチとは対照的に、経済理論や経験的に広く認知されている既存の因果関係の枠組みにとらわれることなく、さまざまなマクロ経済指標や市場関連指標との関係性を探る手法を指す。要は、経済理論を前提とするのではなく、データの動きそのものに、マクロ経済変数間の因果関係を語らせる手法である。代表的なものとしては、VAR（Vector Auto regression）等の手法がある。こうしたアプローチを用いることで、たとえば主要なマクロ経済変数が、時系列のなかで、いかに互いに影響を及ぼしあっているかが明らかとなる。またこうした手法を用いれば、たとえば、米国の実質GDP成長率に外的ショックが加わって下方に押し下げられた場合、これが自国の他のマクロ経済変数や、さらに他国のマクロ経済変数にどのように影響し、これがまた、自国の実質GDP成長率等に再びどのように跳ね返ってくるか等が、時系列データのなかでわかる。

　このように誘導型アプローチは、マクロ経済モデルを構築するうえで非常に有効な武器となりうるのだが、一方で、①サンプル期間のデータの動きに縛られ過ぎる、②サンプル期間の長さや時期によっては、マクロ経済変数間での有意な関係がなかなか観測されない可能性や、観測されても、なかなか合理的には説明できない関係しか出てこないこともある、等の問題も抱えている。したがって、その使用方法としては、あくまでも、構造型アプローチで導出したマクロ経済変数の推移に関し、たとえば変数間の整合性で不自然

なものがないか否か等をチェックする補完的な役割が望ましいかもしれない。

8　ストレス・シナリオへの展開(3)――マクロ経済から地域経済への落とし込み

　これまでみてきたマクロ経済シナリオは、日本全国をビジネスの対象とする金融機関にとっては、望ましいシナリオであったといえる。もっとも、地域経済を主たるビジネスの対象とする多くの地域金融機関にとっては、マクロ経済シナリオが地域経済にどのような影響を与えるのかといったところを見定めることができなければ、このシナリオが自行のポートフォリオに与える影響の推計もむずかしくなってしまう。

　それでは、上記で作成したマクロ経済シナリオを、どのようにして、地域経済のシナリオとして落とし込めばよいのか。マクロ経済シナリオで想定したマクロ経済変数のうち、その多くは、実は金利や株価のように、日本全国と地域の間で違いがないものである。一方で、全国と地方で大きな違いが出てきうる変数としては、たとえば、実質GDP成長率や日本銀行が公表する短期経済観測調査（以下、短観）の業況判断DIのような景況を表す指数、さらには失業率や地価といったものがある。これらを、日本全国を代表するマクロの変数から、地域の変数として落とし込んでいくためには、まずはこうした変数に関するマクロと地域の関係を特定化する必要がある。

　マクロと地域の経済変数の特定化には、多くの場合、日本銀行が公表している短観のDIの計数を用いることが有効である。たとえば、製造業や非製造業の業況判断DIに関し、全国と地域の動きを比較することで、その特徴をつかむことができる。また、日本銀行の短観は、地域によっては、業種別のDIの件数まで公表されているので、こうした地域では、業種にまで下りて、精緻な分析をすることも可能である。

　一方で、地域によっては、日本銀行が当該地域のみを対象とした短観を公表していないケースもある。たとえば、日本銀行の支店が存在しない県で

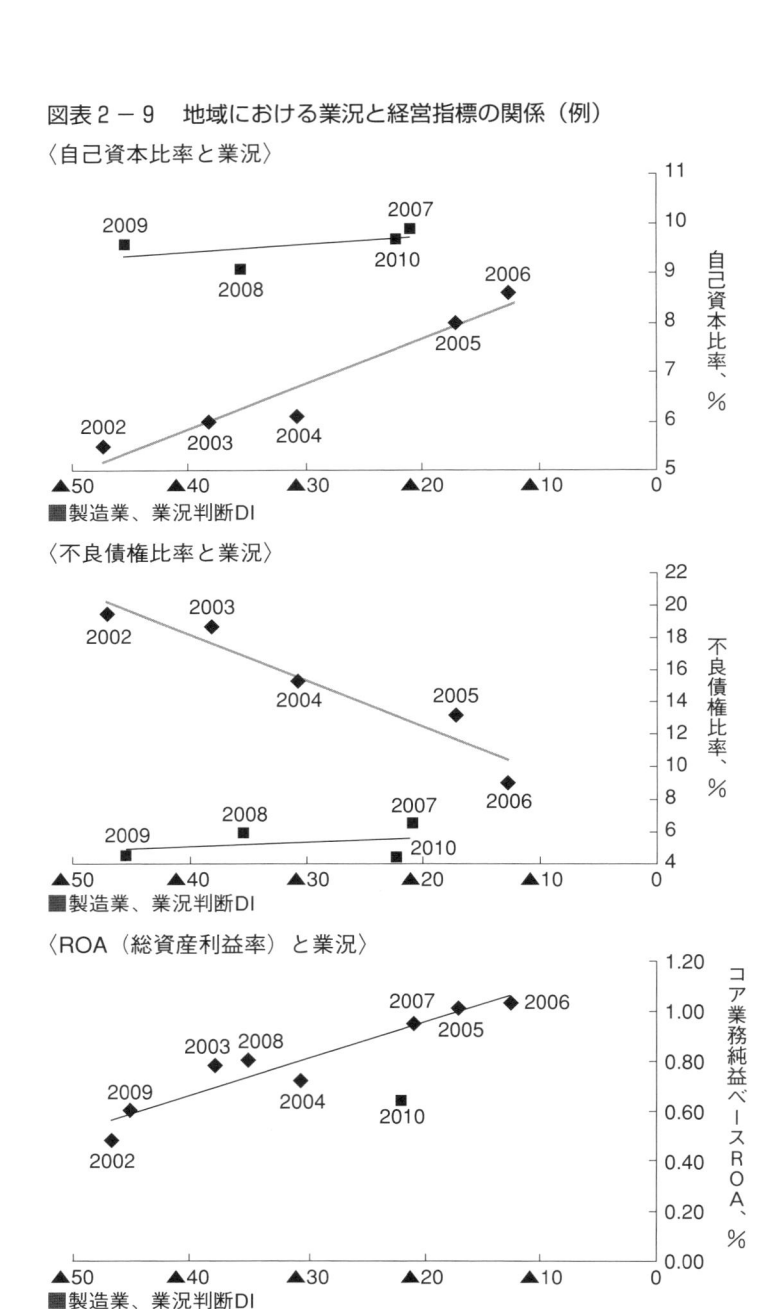

図表2－9　地域における業況と経営指標の関係（例）

〈自己資本比率と業況〉

〈不良債権比率と業況〉

〈ROA（総資産利益率）と業況〉

は、同県を対象とした短観は存在しない。この場合は、当該地域が属する、より広範囲な地域の短観を用いるか、あるいは県等が公表している経済統計を用いる必要が出てくる。たとえば、県別のGDP等がそれであるが、対外公表のタイミングが遅いため、なかなかタイムリーな分析がむずかしいという難がある。したがってこうした場合は、たとえば、県別のGDP成長率と全国のGDP成長率との関係を特定化したうえで、足元の未公表の県別GDP成長率は、全国のGDP成長率等を用いて推計し、これをストレス・シナリオの計数として用いるという方法も考える必要がある。

　図表2－9には参考までに、ある地域の業況判断DIと、同地域で営業する金融機関のコア業務純益ROAや不良債権との関係をプロットしてみた（なお、一部数値にはあえて架空の数値を用いている）。これをみると、業況判断DIとコア業務純益ROA間の関係がきれいな線形となっている。こうした例は、この金融機関に限らず、実は他の多くの地域金融機関にも当てはまるものである。また、不良債権と業況判断DIの関係をみると、リーマンショック前の2006年頃までは、業況判断DIが悪化すれば不良債権がふえるというきれいな線形を描いていたが、これが2007年以降完全にフラット化し、業況判断DIがどんなに悪くなっても、不良債権比率は一定となっていることがわかる。この現象も、多くの地域金融機関で観察されているのだが、この点に関しては、「金融円滑化法」が不良債権の発生を抑制している可能性が考えられる。もっとも、抑制といっても、それは貸出先の業況悪化という実態が変わらないなかで、債務者区分等の変更により、見た目をよくしているだけであるから、こうした「隠れ不良債権」が今後一定のシナリオ下で顕現化するといったストレス・シナリオを作成することも可能であろう。

第5節　シナリオからリスク・パラメータへの変換

　前節では、自行のウィーク・スポットを突き、蓋然性がそれなりにある

「フォワード・ルッキング」なシナリオを、経営層や銀行監督当局等、さまざまなステークホルダーが納得してくれるような客観性をもたせるかたちでいかに作成するか、さらに作成したさまざまなリスク・シナリオのもとでの、マクロ経済変数の推移をどのように置いていくかを述べた。これに対し本節では、こうして置かれたマクロ経済変数を、どのようにして、各金融機関が有するポートフォリオのリスク・パラメータに変換していくかを議論したい。結局のところ、金融機関にとっては、自らのリスク・アピタイトを代表している指標である、たとえば自己資本比率や収益が各ストレス・シナリオ下で、どのような影響を受けるかが最大の関心事なのであり、これを明らかにするためには、マクロ経済変数の変化がポートフォリオのリスク・パラメータにどのような影響を及ぼすかを明らかにする必要がある。この点に関する詳細な議論は、各リスク・タイプごとのストレステストを対象とした第2部の各章で展開されるが、ここでは、マクロ経済変数からリスク・パラメータへの変換が特に重要な、信用リスクに関し、簡単にそのイメージのみを示したい。

　信用リスクに関し、まず企業向け貸出のデフォルト率については、大きく分けて以下の四つのアプローチがあると考える。具体的には、ストレスを受けた景気指標に関し、①PDへの影響を直接的に推計する、②格付遷移行列への影響をみる、③格付付与に用いるスコアリング・モデルへのインプット変数への影響をみる、④大口貸出先の財務や結果としての格付への影響を個社ごとにみる、といった方法である。

　最初のアプローチ（PDへの影響を直接的に推計）では、景気サイクルやGDP成長率と業種別PDの関係を特定化し、GDP成長率の変化が直接的に業種ごとのPDの変化に結びつくようにする。こうした手法は、比較的単純だということもあり、金融機関の間でも最も広範に用いられているが、一方で、すべての業種のPDが必ずしもGDP成長率等の景気指標と強い関係にはないという問題も抱える。

　2番目のアプローチ（格付遷移行列への影響を推計）では、景気の局面ごと

に格付遷移行列の下方遷移のスピードが異なることに着目し、景気後退局面、あるいは過去の危機時の格付遷移をストレス時格付遷移として用いたり、さらには、景気指標と下方遷移のスピードを直接結びつけることで、景気指標の悪化が格付の下方遷移のスピードを高めるようにする。1番目のアプローチに比べれば、デフォルトに至る前の信用度の変化まで含めて、景気との関係を明示化できるというメリットがある。一方で、この手法の問題点は、格付遷移そのものが、景気以外の要因（たとえば、金融検査の影響や与信審査方針の変化等）の影響を受けやすく、必ずしも景気指標との関係がきれいに出るわけではないことである。

3番目のアプローチ（格付付与に用いるスコアリング・モデルへのインプット変数への影響の推計）では、格付付与に用いるスコアリング・モデルに投入される企業の財務変数が、各ストレス・シナリオ下でどのような影響を受けるかを推計し、これらストレス下で財務変数をスコアリング・モデルに投入することで、ストレス下における債務者への格付への影響をとらえる。上記二つのアプローチと比べ、景気から一気に債務者の信用度への影響に行くのではなく、その中間変数として、格付のためのスコアリング・モデルに用いる債務者企業のさまざまな財務変数への影響をみるのが特徴である。影響をとらえる手法としては、たとえば、それぞれの金融機関の業種ごとの債務者企業の財務変数との関係をパネル分析で特定化したり、あるいは、日本全国の企業の業種・規模別の財務変数とマクロ変数との関係を特定化した後、自らのポートフォリオに属する債務者企業との関係をマッピングしたうえで、これを活用することが考えられる。

こうした財務変数としては、たとえば売上高であったり、経常利益率であったりと、スコアリング・モデルのインプット変数のなかでも、格付決定に対し影響力が大きい変数が選ばれることとなる。このような中間変数を用いることで、景気以外の要素を含むマクロ経済変数が、債務者企業の財務指標を通じて、ポートフォリオの信用度にどのような影響を与えるかをとらえることが可能となる。なお、この手法の問題点は、マクロ経済変数の影響のみ

で必ずしもきれいに債務者企業の財務変数を説明することができない点である。また債務者の格付も、こうした定量的なデータに加えて、定性的な情報も重要な役割を果たしており、こうした情報を勘案できないなかで、格付の動きが非常に不安定、不自然になる可能性がある点もこの手法の問題点だといえる。

　最後の4番目のアプローチ（大口貸出先の財務や結果としての格付への影響を個社ごとにみる）は、3番目のアプローチをよりミクロの個社にまで落としたケースである。すなわち、それぞれのストレス・シナリオが、たとえば大口貸出先上位30社の財務にどのような影響を与えるかを、過去のデータ等を用いながら、個社ごとにみていくものである。この手法では、与信担当者のみが知っているような、個社ごとへのインパクトに関する定性的情報も織り込むことが可能である。この結果、貸出を実行したり、あるいは与信を審査する部署からみても、納得感や説得力のある結果を得やすいという利点がある。また、邦銀の場合、まだ与信の集中リスクが高い先が多く、仮に大口貸出先30社であっても、こららの先が信用リスクのなかに占める比率は高い場合が多い。こうした場合においては、マクロ経済変数が与信ポートフォリオ全体に与える影響を不確実性の高いフォーミュラのなかで推計するよりは、仮に全体ではなくても、重要な一部の貸出先に焦点を絞って、非常に精度の高い手法でその影響を分析するほうがより効率的だとみることもできる。ただし、与信分散が効いているような先では、かえって非効率な作業となる可能性もある。さらに、上記のような手法を頻繁に繰り返すことは、なかなか実務上むずかしいかもしれない。

第6節　シナリオの活用方法

　本節では、作成したストレス・シナリオの活用方法について、考えてみたい。仮に経営が気にするようなリスク・アピタイトをヒットするようなシナリオが作成できたとして、この結果をリスク管理のなかで、現実にどのよう

に活かしていくのかは、むずかしい問題だといえる。特に、その蓋然性がはっきりとしないなかで、ストレス・シナリオの結果が、経営が示すリスク・アピタイトを超えているということだけで、たとえば、現状収益性の高い資産を売却するといったアクションを経営やフロントに促すことはむずかしいであろう。その一方で、単に結果が厳し過ぎるという理由だけで、きちんとした議論を経ることもなく、「このシナリオの蓋然性は低い」という判断を下し、結果として、ストレステストが示す内容に対して、経営が特に理由も示さないまま、なんらリアクションを起こさないことも問題だといえる。

　このように、実際に導き出されたストレス・シナリオが示す結果に対し、どの程度深刻に、あるいはどの程度迅速に経営が対応すべきか否かは、ひとえに同シナリオが実際に発生する蓋然性がどの程度高いのかに依存するといえよう。それでは、ストレス・シナリオが実現する蓋然性をどのように判断するのか。一つの方法は、第4節の5でも示したとおり、特定のシナリオに対する早期警戒指標を設定する、あるいは開発し、これによって、当該シナリオが発生する蓋然性を常時チェックしていくというものである。そのうえで、以前に示したように、ある特定の事象の発生確率を直接導出してくれるような早期警戒指標であれば、たとえば同確率が一定の閾値を超えた時点で、経営としてのアクションの内容をより深刻度の高いものに変えるという対応が考えられる。また特定イベントの発生確率まで直接導出できない場合でも、たとえば第4節の4で示したようなヒートマップに基づき、当局やメディア情報等に基づく限り、その蓋然性が非常に高まっている（ヒートマップ上、限りなく▆▆▆に近い状況となっている）場合には深刻度の高い対応を行う一方で、ヒートマップ上の色が薄まるに従い、対応の緊急性も下げていくという方法も有効であろう。

　特定のイベント発生の蓋然性に対応した経営としてのアクションであるが、たとえば一つの例として、以下のようなフェーズごとの具体的対応をあらかじめ設定しておくことが重要であろう。これは、従来、流動性リスク管理のなかで用いられてきた手法と近似したものである。

① フェーズ１……特定のイベント発生に関し、市場やアカデミック等でその可能性を唱える動きがまだ少ないもの。たとえば、ヒートマップの例では□□□がこれに該当する（ヒートマップ上の各色の定義は第4節の4参照）。
② フェーズ２……特定のイベント発生に関し、市場やアカデミックの一部でその可能性を唱える動きがみられるものの、全体としてみれば蓋然性はまだ低い状況。たとえば、ヒートマップの例でいえば、□□□がこれに該当する。また、発生確率を示す早期警戒指標では0～5％付近のものが、このフェーズに該当する。この状況下では、当該イベントの蓋然性が、フェーズ3に移行していないか否かをモニタリングすることが求められる。
③ フェーズ３……特定のイベント発生の蓋然性はまだ高くないものの、起こりうるイベントとして、当局や市場、メディアが注目し始めた状況。たとえば、ヒートマップ上では□□□で示されたもので、発生確率を示す早期警戒指標では5～30％のものが、このフェーズに該当する。この状況下では、同シナリオを用いた自己資本の十分性検証の結果に対するアクションの検討（追加的な自己資本の調達、あるいはリスクの削減）や、当該イベントの発生にかかわるモニタリング指標の設定や定期的モニタリングの開始が求められる。
④ フェーズ４……特定のイベント発生の蓋然性がかなり高くなっている状況。たとえば、ヒートマップ上では□□□で示されたもの、発生確率を示す早期警戒指標では30～50％以上のものが、このフェーズに該当する。この状況下では、同シナリオを用いた自己資本の十分性検証の結果に対する即座のアクション（追加的な自己資本の調達、あるいはリスクの削減）や、当該イベントの発生にかかわるモニタリング指標のさらなる充実化、より頻繁なモニタリングが求められる。
⑤ フェーズ５……特定の危機イベントが発生しつつある状況。たとえば、ヒートマップ上では□□□で示されたもの、発生確率を示す早期警戒指標

では50％以上のものが、このフェーズに該当する。この状況下では、フェーズ4でとられた即座のアクションの状況を確認すると同時に、追加的なアクションの必要性に関する検討が求められる。

上記のようなフェーズをあらかじめ定め、経営がリスク管理部署と一緒になって、現状がいったいどのフェーズに属するのかを、できるだけ客観的な指標に基づき判断することで、ストレステストの結果を有効に活用した経営主導のリスク管理——それはまさに経営戦略そのものであるが——が可能になるといえる。

第7節　ストレス・シナリオに係る検証や内部監査

第1章で指摘したように、ストレステストが今後、VaRと並ぶ、あるいはVaRを凌駕するようなリスク管理上の主要手段として浮上してくるようになれば、当然ながら、こうした非常に重要なプロセスが、ストレステストを実際に行うチーム、さらにはリスク管理部署や経営陣のみで完結することが許されなくなってくる。換言すれば、リスク管理部署内における検証や内部監査部署等、業務執行部署とは独立の関係にある部署が、株主や監督当局等他のステークホルダーの視点に立って、ストレステストのプロセスに対し絶えずチャレンジを加え、これにより、多くのステークホルダーが満足できるような高い質の業務執行が維持されることが期待される。

ただし多くの金融機関では、リスク管理部署内における検証や内部監査の視点から、従来、ストレス・シナリオに基づくストレステストに対するチャレンジを必ずしも重視してこなかったのも事実である。もちろん、仮にリスク管理規定に、「ストレス・シナリオを年に1回策定し、これに基づきストレステストを実行する」とあれば、これが実行されているか否かを確認することくらいはなされていたであろう。もっとも、そこで策定されたストレス・シナリオの妥当性や、ストレステスト結果の活用の妥当性にまで判断が及ぶことは少なかったのではないだろうか。

こうした背景には、リスク管理におけるストレステストの重み自体が、軽かったという事実があろう。またその裏腹のものとして、たとえば、ストレス・シナリオの適切性を判断する座標軸や、ストレステスト結果の活用の適切性を判断する座標軸が、しっかりと金融機関実務のなかに確立されてこなかったという側面もある。こうしたなかでは、いくらリスク管理部署や内部監査部署で、その必要性を感じていたとしても、なかなか現場部署の抵抗にあらがうかたちで、ストレステストのプロセスにチャレンジすることはむずかしかったと想像される。

　ただし、金融危機を契機に、ストレステストの重要性に脚光が当たるとともに、監督当局を含め、外部のステークホルダーが、ストレステストに係る新しい実務の早急な確立を求めるなかでは、単にこの実務の執行にあたるストレステスト実行チーム、リスク管理部署や経営陣が頑張るだけでは不十分だといえる。同プロセスに対しチャレンジを与え、ストレステストの実務をより堅確なものとする検証や内部監査の積極的な役割が、これまで以上に強く求められているのである。

　ストレス・シナリオに基づくストレステストに対する主な検証手法としては、次のようなものが考えられる。

　（i）　規則遵守の確認
・ストレステストに係る内部規則等の遵守状況の確認。
　（ii）　ベンチマーキング
・当局が示すサウンド・プラクティスとの比較。
・先進他行事例との比較。
　（iii）　レプリケーション
・同じインプット・データや規則等に定められた手法を用いて同じ結果に至るかの確認（詳細は後述参照）。
　（iv）　バックテスティング
・（データ不足から厳密な意味でのバックテスティングはむずかしいながらも）実績結果をベースに過去のストレス・シナリオ等の妥当性を検証（詳細は後

述参照)。

　次にストレス・シナリオに基づくストレステストに係る、リスク管理部署内における検証や内部監査の具体的な視点(およびこうした視点を確認する主な手法)であるが、まずは以下のような点を確認していくことが重要となろう。

① ストレステストの目的
・明確に定められているか。
・自行の業務規模や複雑性にかんがみ、その目的が、ステークホルダーの期待に比べ、十分なものとなっているか。
(主な検証手法はベンチマーキング)

② ストレステストのガバナンス
・経営陣が、ストレステストのオーナーとして主体的に関与する仕組みとなっているか。
・ストレステストの枠組みの見直し体制が明確に定められているか。
(主な検証手法はベンチマーキング)

③ ストレステストの実施
・既存のリスク管理体制や経済資本運営体制との関係が明確となっているか。
・組織全体に適用するストレステストと、各部門ごとに実施するストレステストの区分・関係・それぞれに期待される役割が明確化されているか。
・経営陣の意向を反映したリスク・アピタイト／リスク許容度が設定されているか。
・ストレステストにおけるストレス程度を決めるにあたっての考え方が明確化されているか。同ストレス程度に、経営陣のリスク・アピタイト／リスク許容度は反映されているか。
・自行の経営やポートフォリオのウィーク・スポットが明確に認識されているか。そのうえで、同ウィーク・スポットに焦点を当てたシナリオを作成しているか。

・ストレステストを実施するプロセスや部署間の役割分担が明確化されているか。
・ストレステストの実施頻度は十分か。ストレス・シナリオの見直し頻度は十分か。
・ストレステスト結果は、経営陣に対し、タイムリーであると同時に、わかりやすいかたちで報告されているか。
・ストレステストの結果が、リスク管理運営のみならず、経営戦略の策定等に十分活用されているか。

（主な検証手法は、規則遵守の確認、およびベンチマーキング）

④　ストレス・シナリオに基づくストレステストの具体的手法

・対象とするリスクが明確化されているか、対象とするリスクの範囲は十分か。
・ストレス・シナリオの選定プロセスが明確化されていると同時に、フォワード・ルッキング性、客観性（納得性）、網羅性等の条件を満たすものとなっているか。
・ストレス・シナリオに経営のリスク・アピタイト／リスク許容度が反映されているか。
・ストレス・シナリオが、トリガー・イベントの伝播・波及をとらえたダイナミックなものとなっているか。
・ストレス・シナリオが自行の経営戦略や、自行が有するポートフォリオに与えるインパクトの把握方法が確立されているか。
・ストレス・シナリオが適切にマクロ経済変数に変換されているか。
・マクロ経済モデルが適切に構築されているか。
　　　✓投入データの適切性（データタイプ、サンプル期間、データ更新の頻度等）
　　　✓マクロ経済モデル構造の妥当性（構造型vs.誘導型、見直しの更新頻度等）
　　　✓マクロ経済モデルに用いられる変数間の関係式推計の妥当性（推計に

用いたデータの適切性、理論的視点からみた関係式の適切性等）
　✓マクロ経済モデル構築の妥当性（仕様書どおりのモデルが構築されているか等）
　✓マクロ経済モデルからのアウトプットの適切性（他の機関による推計結果等との比較、マクロ経済変数間の動きの比較等）
・マクロ経済変数が適切にリスク・パラメータに変換されているか。
　✓投入データの適切性（データタイプ、サンプル期間、データ更新の頻度等）
　✓リスク・パラメータ推計モデル構造の妥当性（推計に用いたデータの適切性、理論的視点からみた関係式の適切性、見直しの更新頻度等）
　✓リスク・パラメータ推計モデル構築の妥当性（仕様書どおりのモデルが構築されているか等）
　✓リスク・パラメータ推計モデルからのアウトプットの適切性（過去の実績データとの比較、他の機関による推計結果等との比較等）
（主な検証手法は、規則遵守の確認、ベンチマーキング、レプリケーション、バックテスティング）

　なお、これまで説明した検証方法のなかには、レプリケーションやバックテスティング等、ストレステストの世界では従来あまり聞かれない手法も含まれているが、これらの具体的な活用方法としては、たとえば以下のようなものが考えられる。
① ストレステストの具体的手法に係るレプリケーション例
・シナリオ作成に係らなかった第三者による、同じストレス情報（足元のストレス・イベントに係る情報およびウィーク・スポット情報等）に基づくシナリオ選定。
・モデル開発に関与しなかった第三者によるマクロ経済モデルのベースとなる変数間の関係式の再現。
・モデル開発に関与しなかった第三者によるマクロ経済モデルそのものの（上記関係式を用いた）再現。

・モデル開発に関与しなかった第三者によるリスク・パラメータ推計モデルの再現。
② ストレステストの具体的手法に係るバックテスティング例
・過去のストレス・シナリオ（ベースライン・シナリオ、およびストレス・シナリオ）結果と実績値との比較。
・ストレス・シナリオ（ベースライン・シナリオ、およびストレス・シナリオ）結果と他機関が予測する結果との比較。
・過去のマクロ経済モデルの推計結果と実績値との比較。
・過去のリスク・パラメータ推計結果（推計マクロ経済変数ベース、および実績マクロ経済変数ベース）と実績値との比較。

　以上はあくまでも一例にすぎない。金融機関ごとの業務の規模や複雑性等に応じて、上記の内容をよりふくらませたり、あるいはより簡素化させながら、それぞれの金融機関の特性に合った、ストレステストの検証体制や内部監査体制を確立していくことが望ましいといえる。

【参考文献】
・BOE（Bank of England），2011."Financial Stability Report" December 2011
・Borio, Claudio and Mathias Drehmann 2009."Assessing the risk of banking crises ―revisited, BIS Quarterly Review" March 2009
・ECB（European Central Bank），2011."Financial Stability Review" December 2011
・FRB（Federal Reserve Board），2011."Monetary Policy Report to the Congress" July 2011
・IMF（International Monetary Fund），2011."Global Financial Stability Report" September 2011
・IMF（International Monetary Fund），2011."World Economic Outlook" September 2011
・irm，2011."Risk Appetite and Risk Tolerance"
・Kato, Ryo and Shun Kobayashi, Yumi Saita 2010."Calibrating the Level of Capital：The Way We See It" Bank of Japan Working Paper Series
・大山剛「グローバル金融危機後のリスク管理」（2009年3月）

・大山剛「バーゼルⅢの衝撃」(2011年3月)
・大山剛「リスク管理と経営の一体化をもたらすリスク・アピタイト・フレームワーク」金融財政事情2012年3月27日号
・日本銀行「金融システムレポート」(2011年10月号)
・日本銀行「経済・物価情勢の展望」(2011年10月号)

第3章

マクロ・ストレステスト

大山　剛、村上泰樹、才田友美

第1節　マクロ・ストレステストとは

1　登場の背景と現在の状況

　マクロ・ストレステストとは、「例外的だが蓋然性のある（exceptional but plausible）マクロ経済ショック」に対する金融システムや個別金融機関の耐性を分析するものである。個々の金融機関におけるストレステストは1990年代初頭から始まっていたが、金融システム全体のストレス耐性という視点が取り入れられるようになったのは、より最近のことである。国際通貨基金（以下、IMF）および世界銀行によって1990年代後半に導入された金融セクター評価プログラム（Financial Sector Assessment Program：FSAP）の一部として行われたのが始まりであり、その後、各国中央銀行や国際機関が主導するようになった。

　マクロ・ストレステストを、個別金融機関が行うストレステストと比べた場合、主に次のような違いを指摘することができる。

① 　実施の主体者が、国際機関、中央銀行のようなマクロ経済政策を担う当局か、あるいは金融機関の監督を担う当局であること。

② ストレステストの目的が、金融システム全体の安定性の確認、あるいは当局が設定するマクロ・ストレス・シナリオ下における個別金融機関の健全性の確認であること。
③ ストレスを掛ける対象が、主にマクロ経済要因等、システマティックな要因であること（この点に関しては後述）。

なお、②の目的にも関連するが、マクロ・ストレステストの結果の活用をみると、国際機関や中央銀行が行うものについては、一般に金融システム全体の安定性評価にとどまる傾向がある。これに対し、金融機関監督当局が行うものは、その結果に基づき、個別金融機関の自己資本充実度を評価し、自己資本が不足していると認定された先に対しては、追加的自己資本の確保や、あるいはリスク・アセットの削減を求めるといった具体的なアクションを伴うものが多い。わが国においても、1990年代後半の銀行危機下にあって、個別大手金融機関の自己資本不足状況を当局が確認するにあたり、不良債権に係る共通のストレス・シナリオを想定し、これに基づき各行に必要な公的資本注入額が決定された。これと同じようなことが、金融危機後の欧米において、ストレス・シナリオの条件やストレステスト結果を示すなど、より透明性の高いかたちで、2009年以降行われたきたのである。

このように、前者が主に平時において、金融システムの潜在的な脆弱性を指摘し、これの是正を促すのに対し、後者はまさに金融危機下で、市場や預金者の過度の不安を鎮めることを主な目的に、通常の早期是正措置の基準よりもやや厳しい基準に基づき、経営の早期是正を促す手段だとみることもできる。ただし、後述するように、米英においては、金融危機を脱する今後においても、金融機関の自己資本充実度を評価する道具として、恒常的に、当局が定めるマクロ・ストレス・シナリオに基づくストレステスト結果を用いていくこととなっている。また、こうした当局が設定した共通のマクロ・ストレス・シナリオに基づくマクロ・ストレステストの実行は、実は、2009年にバーゼル銀行監督委員会が出した「健全なストレステスト実務及びその監督のための諸原則」ペーパーのなかでも、「監督当局は、共通のシナリオに

基づくストレステストの実施を検討すべきである」として慫慂されている。

2　マクロ・ストレステストの流れ

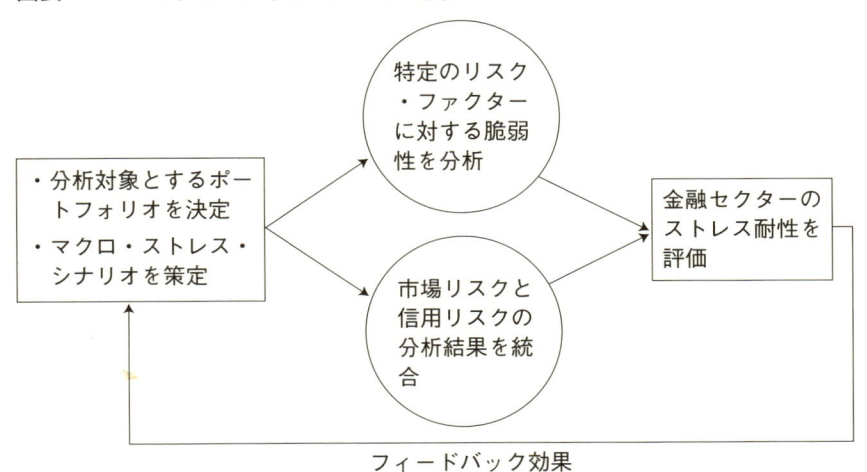

通常のマクロ・ストレステストの一連の流れは次のとおり（図表3－1）。
① テストの対象を設定する（対象金融機関およびアセット・クラス）。
② マクロ・ストレス・シナリオを構築する。
③ 金融セクターのバランスシートへの直接的な影響を定量的に評価する。
④ 金融システム全体（あるいは個別金融機関）のストレス耐性を分析する。
⑤ 金融システム内、および実体経済へのフィードバック効果を勘案する。

3　システミック・リスクへの注目

既述のとおり、マクロ・ストレステストと、個別金融機関が行うストレステストの大きな違いの一つが、システミック・リスクに対する注目度である。金融危機が生じる以前の各国監督当局によるストレステストは、個々の

図表3－1　マクロ・ストレステストの流れ

出所：Sorge (2004) "Stress-testing financial systems: an overview of current methodologies," BIS Working Papers No.165をもとに著者が作成。

金融機関の健全性の維持、すなわちミクロプルーデンスに焦点が当てられており、結果として、金融危機をもたらすシステミック・リスクを適切にとらえることができていなかったといえる。システミック・リスクは、金融機関に共通するエクスポージャーや、カウンターパーティ・リスクといった金融機関の間のバランスシートの連関がもたらすリスクであり、個々の金融機関の健全性にのみ着目していては把握が困難なリスクである。マクロ・ストレステストは、金融システムに脅威を与えるシステミック・リスクを把握すると同時にこれに対処し、金融システムの安定性の維持に焦点を当てるものであり、マクロプルーデンス政策の構成要素の一つである。最近では、個別金融機関のストレステストでも、システミック・リスクの勘案が求められるようになってきたが、それでもやはり、トップダウン的視点（国全体の金融システムの安定性という視点）からみたシステミック・リスクと、ボトムアップ的な視点（個別金融機関に及ぼすインパクトという視点）からみたシステミック・リスクでは、おのずと異なるといえよう。

第2節　マクロ・ストレステストの代表的な手法

1　テストを行う主体

　一般にマクロ・ストレステストには、トップダウン・アプローチとボトムアップ・アプローチの2種がある。前者は、主に当局が、マクロ・ストレス・シナリオに加え、マクロ変数からリスク・パラメータに変換する基本的なモデルまで設定し、これらに基づき各金融機関が計算したインパクトを当局が集計する、あるいは、当局自らが各金融機関から集めた財務情報をベースに計算するものである。これに対し後者は、マクロ・ストレス・シナリオは当局が設定するものの、これに基づきインパクトを推計するのは各金融機関である。つまり、各金融機関が自らのモデルを用いてインパクトを算出し、これを当局が集計することになる。

2　外生的ショックの与え方

① 感応度分析

一つのリスクファクターがポートフォリオの一部に与える影響を分析するもの。実行が容易である一方、ショックの蓋然性には欠ける。ストレステストの出発点としては有効である。

② シナリオ分析

複数のリスクファクターが同時にポートフォリオ全体に与える影響を分析するもの。複数の変数の相互連関性などを取り込むことには困難が伴うが、より蓋然性の高いショックの与え方が可能となる。

ショックの大きさと、蓋然性の高さは、相反するものであり、ショックの大きさが小さければ、蓋然性は高いものになる一方、ショックの大きさが巨大であれば、蓋然性はきわめて低いものになる。したがって、両者のバランスをとることが重要となる。

3　外生的ショックがマクロ経済にもたらすインパクトの把握手法

外生的ショックがマクロ経済にもたらすインパクトを把握するためには、いわゆるマクロ経済モデルを用いることとなるが、これには大きく、構造型モデルを用いる手法と誘導型モデルを用いる手法の二つがある。構造型モデルとは、過去の分析や経済理論等に基づき、マクロ経済変数間の因果関係に一定の仮定を置き、そのうえでマクロ経済変数間の関係を実証的に導いたモデルである。さまざまなフォワード・ルッキングなシナリオを柔軟に取り込むことが可能なモデルであるが、多くの経済変数を取り込もうとすると、構造が複雑になり、構築が大変という難点もある。

これに対し、誘導型モデルは、VARやVECMといった時系列分析手法を用いることで、変数間の因果関係になんら仮定を置かずに（構造制約を導入するなど、部分的に仮定を置くこともある）、過去の時系列データ間の関係のみ

から、ある変数から他の変数への影響や相互依存関係を時系列のなかでとらえるものである。構造型モデルと比べるとシンプルではあるが、あくまでも過去のデータにのみ基づくため、構造変化等を想定したフォワード・ルッキングなシナリオの想定には不向きだといえる。

　たとえば、以下で紹介する、日本銀行やBOEが金融安定レポートのなかで対外公表しているマクロ・ストレステストの場合は、誘導型モデルを用いた結果が示されている。これに対し、米国のFRBが近年実施しているマクロ・ストレステストは、フォワード・ルッキング性を重視して、構造型モデルを用いた結果が用いられていると想定される。

　なお、トリガーとなるマクロ経済変数から他のマクロ経済変数への波及に加え、金融機関が有するポートフォリオの代表的なリスク・パラメータのうち、たとえば、金利や株価、あるいは不動産価格等については、こうしたマクロ経済モデルのなかで推計値を見出すことが可能である。その一方、たとえば、マクロ経済変数が、信用リスクのパラメータである貸出のPDやLGDに与えるインパクトを特定化するためには、通常上記とは異なるモデルが必要とされる。このため、多くの当局は、マクロ経済モデルに加え、マクロ経済変数から信用リスク・パラメータへのインパクトを導き出すサテライト・モデルも有している。

4　外生的ショックの大きさの決め方

　外生的ショックの大きさは、上記で説明した、用いるモデルのタイプに依存するといえる。すなわち、誘導型モデルであれば、1％や5％の確率で発生するようなショック、さらには実質GDP成長率等、主要マクロ経済変数の標準偏差の一定倍を用いるといった方法がよく用いられている。これに対し構造型モデルでは、第2章で示したようなフォワード・ルッキングなマクロ・ストレス・シナリオに基づき、マクロ経済変数の当初のショック幅が決められる。

5　シナリオの作成

　マクロ・ストレステストは、多くの金融機関が共通のマクロショックにさらされていることによるシステミック・リスクをとらえることに主眼が置かれているため、シナリオを作成する際に想定するトリガー・ポイント（システミック・リスクの源泉）としては、以下の変数が用いられることが多い。
・国内所得、国民所得
・金利（予期せぬ金利上昇、信用スプレッドの拡大）
・為替レート
・不動産価格

　なお、インパクト分析のタイム・ホライズンについては、ストレス・イベントが2～3年程度で収束する場合が多いため、シナリオに応じて先行き2～3年程度を設定することが望ましい。そのうえで、各年のELや、最大損失額等の資本や資産に対する比率を計測することが一般的である。

第3節　各国ごとの具体的な例

1　各国のマクロ・ストレステスト一覧

　以下では、これまで各国や国際機関が行ったマクロ・ストレステストの具体例を示す。まず、図表3－2には、国際機関や各国の中央銀行が、金融システム全体の安定性を確認する目的から実施したものを示した。

　これに対し、図表3－3には、各国の金融機関の監督当局が、金融システムの安定性確認に加えて、個別金融機関の自己資本充実度を確認する目的から実施したものを示した。

図表3－2　金融システムの安定性評価を目的としたマクロ・ストレステスト

対象地域	グローバル	英国	日本
実施主体	IMF	Bank of England	日本銀行
名称	FSAP	FSR	FSR
開始時期	1999年	2002年	2007年
対象機関	25カ国は5年に1度義務づけ、その他の国も適時対象	主要10行（英国銀行6行、外国投資銀行4行）	大手行・地域銀行
目的	各国の金融システムの強化と深化を助け、潜在的な金融危機への耐性を高める	主要行のバランスシートがどの程度のショックに耐えうるかを確認する	金融システムの頑健性を検証する
主なシナリオの種類	国内外それぞれの要因に起因する2シナリオ（less severe、crisis-type）	（例）4シナリオ（①株価下落、②不動産価格下落、③実質留保賃金の上昇、④為替レート減価）	金利リスク、信用リスク、株式リスク、不動産関連セクターの信用リスクにストレスを掛けた4種類のシナリオ

2　金融システムの安定性評価を目的としたマクロ・ストレステスト

a　IMFによるマクロ・ストレステスト：FSAP

　金融セクター評価プログラム（Financial Sector Assessment Program：FSAP）は、アジア通貨危機等の発生原因の一つとして金融セクターの脆弱性があったとの認識から1999年5月にIMFと世界銀行の共同イニシアティブで導入された制度である。任意ベースで加盟国の金融システムの包括的評価を行うものであり、マクロ・ストレステストの原形となるものである。2010年9月に、金融システム上重要と考える25の国については、各国のサーベイ

図表3－3　個別金融機関の自己資本充実度評価のためのマクロ・ストレステスト

対象地域	米国	米国	欧州	欧州	中国
実施主体	FRB	FRB	欧州銀行監督者委員会ほか	EBA	中国銀行業監督管理委員会（CBRC）
名称	SCAP	CCAR	EU-WIDE STRESS TESTING EXERCISE	EU-WIDE STRESS TEST	―
実施時期	2009年	2011年 2012年	2009年、2010年	2011年	2011年
対象機関	資本注入を受けた大手金融機関19社	資本注入を受けた大手金融機関19社	2009年：大手22行、2010年：91行（EU20カ国）	90行（EU 21カ国）	国内銀行
目的	信用不安を解消するために資本充分性を個別に検証する	上記19社によって提出された包括的資本計画を評価する	各銀行の信用リスク、市場リスクを評価する	各銀行の信用リスク、市場リスクを評価する	不動産融資の健全性を評価する
シナリオの種類	2シナリオ（ベースライン、アドバース）	3シナリオ（ベースライン、ストレス、リバース・ストレス）	2シナリオ（ベースライン、アドバース）	2シナリオ（ベースライン、アドバース〈ソブリン・ショック〉）	3シナリオ（不動産価格の下落率30％、40％、50％）

ランス（Article Ⅳ surveillance）の一部として義務的に5年に1度行うことが決定された。発展途上国および新興国については、世界銀行と共同で行われる。FSAPの結果は、Financial System Stability Assessment（FSSA）で公表

される。FSSAでは、(1)近い将来、マクロ経済安定性を脅かすリスクとなりうるイベントの源泉、発生確率、インパクト、(2)各国の金融安定化政策フレームワーク、(3)各国当局の危機対応能力についての評価が記される。

また、IMFでは、今次の金融危機をふまえて、2009年9月から、FSAPの改善に取り組んできた。具体的な改善点は次のとおりである。第一に、あらゆるリスクの源泉をとらえ、十分に厳しいストレス・シナリオを設定することを目標とした。第二に、短期的に大きく変動する金融変数の動きにも対処できるような機動的な手法を取り入れることとした。第三に、IMFのサーベイランス活動と統合し、リスク管理を強化した。第四に、金融システムの安定と発展における当局の責任を明確化した。

マクロ・ストレス・シナリオ下における各リスクのパラメータについては、一般に次のようなかたちで、設定されている。

[信用リスク]

GDP、金利、為替レートが説明変数となるマクロ経済モデル（多くは中央銀行のモデルか、IMFモデル）に基づいて計算している。

[市場リスク]

過去のデータに基づき、イールドカーブのパラレルシフト、スティープニング、フラットニングの程度を設定しVaR等を計算している。為替についても、過去データに基づき設定している。

[流動性リスク]

預金や市場調達へのショック（クロスボーダーショックも含む）を過去データに基づき設定し、規制上の流動性指標への影響をみている。ただし流動性についてはいまだデータの蓄積が少ないため、アドホックな場合もある。

b　BOEによるマクロ・ストレステスト

BOEによるマクロ・ストレステストは、2002年にIMFのFSAPの一部として10の主要銀行（英国の銀行6行、外国投資銀行4行）に対して行われたのが始まりである。

マクロ経済シナリオは、BOEの中期経済モデル（Medium-Term Macro Model：MTMM）を用いて策定され、各銀行はこのシナリオに従ってボトムアップ方式で試算を行い、BOEによるトップダウン方式のテスト結果との比較が行われた。

　フレームワークは図表3－4のとおりである。ボトムアップ方式では、BOEから各銀行へ(1)(a)に基づくマクロ経済変数のシミュレーション結果が渡され、各行は(2)および(3)の推計を自ら行い、(4)の結果をBOEに提出する。具体的には、貸出先のデフォルト率、LGD、ELからトータルの損失を試算する。一方、トップダウン方式では、(1)(a)の変数から直接(4)を試算する。具体的には、実質GDPや金利、貸出金等のマクロ変数を説明変数とする新規引当金の関数が推定されている。

　ベースライン・シナリオは、BOEのインフレーション・レポートに沿ったものとし、ストレス・シナリオとしては四つのシナリオが作成された（①世界および英国の株価が35％下落、②不動産価格が12％下落、③予期せぬ平均所得の1.5％上昇（実質賃金の上昇）、④予期せぬ為替レートの15％減価）。これらの

図表3－4　BOEによるマクロ・ストレステストのフレームワーク

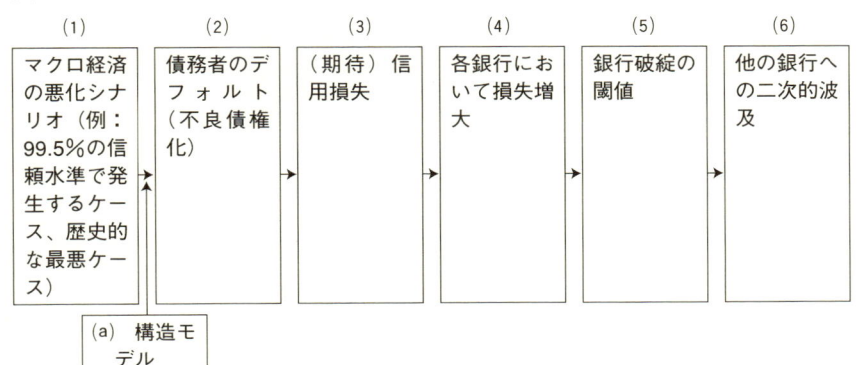

(1)	(2)	(3)	(4)	(5)	(6)
マクロ経済の悪化シナリオ（例：99.5％の信頼水準で発生するケース、歴史的な最悪ケース）	債務者のデフォルト（不良債権化）	（期待）信用損失	各銀行において損失増大	銀行破綻の閾値	他の銀行への二次的波及

(a)　構造モデル
(b)　VARモデル

出所：Hoggarth G and Whitley J（2003）, 'Assessing the strength of UK banks through macroeconomic stress tests', Bank of England Financial Stability Review, June.

ストレス・シナリオにおけるショック幅は、過去のデータに基づき、およそ標準偏差の3倍の値を採用している（標準正規分布を仮定した場合0.5％の発生確率）。インパクト計測期間は1年間。インパクトを計測する指標には、ボトムアップ方式では営業利益（水準、対リスク資産、対Tier 1）が、トップダウン方式では引当金が用いられている。

　以後、BOEではマクロ・ストレステストの高度化を進めており、一般的な手法をまとめている（Bunn, Cunningham and Drehmann, 2005. "Stress testing as a tool for assessing systemic risks" Financial Stability Review：June 2005）。図表3－5のチャートは、一般化された望ましいマクロ・ストレステストの流れを示している。具体的には次のとおりである。

(1)　初期ショックの与え方

　初期ショックの与え方としては次の4通りがある。
- ・過去のストレス時に生じた実際のショック幅
- ・過去データの分布から一定の確率で生じるショック幅
- ・過去には生じたことがないような仮想のショック幅

図表3－5　望ましいマクロ・ストレステストの流れ

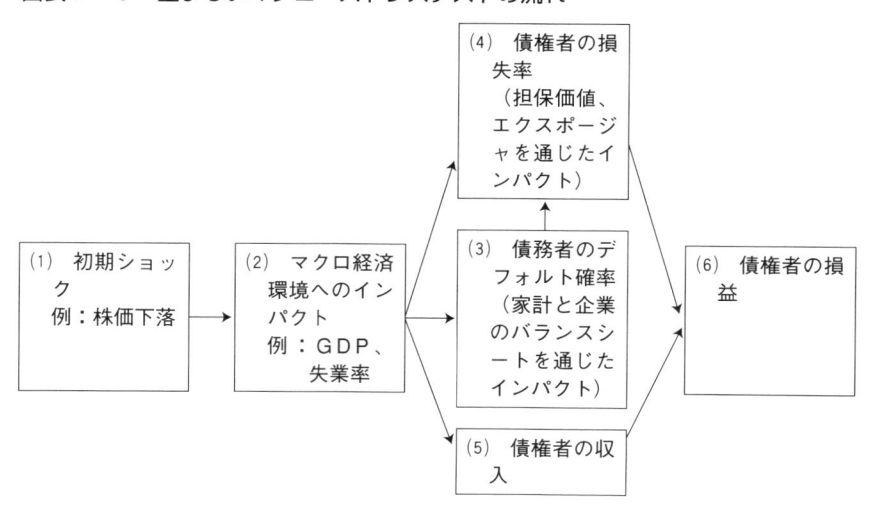

```
(1) 初期ショック        (2) マクロ経済      (4) 債権者の損失率
    例：株価下落    →      環境へのイン   →    （担保価値、エクスポージャを通じたインパクト）
                           パクト
                           例：GDP、        (3) 債務者のデフォルト確率     (6) 債権者の損益
                           失業率          →   （家計と企業のバランスシートを通じたインパクト）
                                            
                                            (5) 債権者の収入
```

・損失が一定の閾値を超えるようなショック幅（リバース・ストレステスト）

(2) マクロ経済へのインパクト

初期ショックは、他のマクロ経済変数（GDP、失業率など）への影響を通じて、信用リスクに影響を与える。これらのマクロ経済変数は、信用リスクの計測モデルの説明変数となるものであるため、重要なステップである。

(3) 債務者のデフォルト確率

マクロ経済変数が債務者のバランスシートにどの程度影響を与えるか（デフォルト確率はどの程度か）を試算する。

(4) 債権者の損失率

ローンにおける損失を試算する。

(5) 債権者の収入

収入への影響を試算する。

(6) 債権者の損益

債権者（金融システム）の損益への影響を試算する。

c　日本銀行のマクロ・ストレステスト

毎年2回発行される日本銀行「金融システムレポート」では、金融システムの頑健性に関連して、金利リスクのシミュレーション分析、信用リスクおよび株式リスクのマクロ・ストレステスト、不動産関連セクター向け貸出ポートフォリオのストレステスト等、さまざまなマクロ・ストレステストの結果が示されている。これは、金融システムに内在するリスクに関し、金融機関や金融関係者との共通の理解を有するためのリスク・コミュニケーションの一環として実施しているものである。こうしたリスク・コミュニケーションの強化が、金融システムの安定性強化に向けた金融機関の取組みを促すと期待されている。以下では、リスク・カテゴリーごとに、日本銀行の「金融システムレポート」がどのようなストレステストを実行しているのかをみる。

(a) 金利リスク

　金利リスクのシミュレーション分析では、金融機関が抱える金利リスクについて、大手行と地域銀行の集計されたバランスシート構造を前提に、過去の金利設定行動をもとに構築したシミュレーションモデルを使って分析している。将来の金利シナリオとしては、①ベースライン、②パラレルシフト、③スティープニング、④フラットニング、の四つのシナリオが想定されている（図表3－6）。ちなみにパラレルシフトのケースでは、100bp程度の上昇の結果を示すことが多い。

　このような金利の想定に基づき、大手行および地域金融機関の保有金融資産の金利水準や調達資金の金利水準を算定して資金利益を求めたり、保有債券の残存期間などを加味しながら時価変動を推定している。

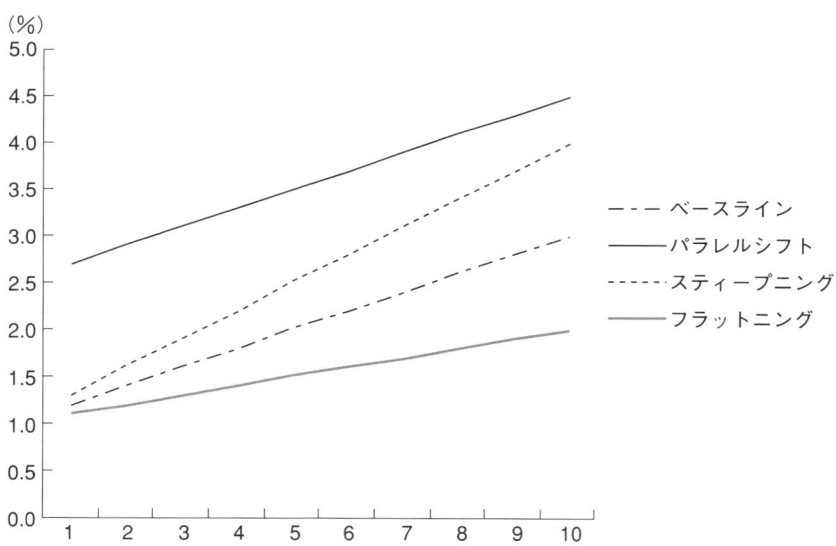

図表3－6　日本銀行の金利シナリオのイメージ

出所：日本銀行「金融システムレポート（2008年9月号）」2008年9月30日58頁を参考にイメージ図を著者が作成。

(b) 信用リスク

　信用リスクのマクロ・ストレステストでは、第一に（データ不足から直接得られない）過去の債務者区分（内部格付）の遷移を推計し、第二に景気後退のようなマクロ経済変動が債務者区分（内部格付）および信用リスクに与える影響を推計し、第三に適用するストレス・シナリオを設定し、第四にそのシナリオを適用した場合に債務者区分の遷移を通じて銀行の頑健性に与える影響を評価する。

　「金融システムレポート（2007年9月号）」のBox 8によると各ステップの詳細は次のとおりである。

・第一ステップ：債務者区分遷移行列の推計

　　日本銀行が保有している2002年以降の銀行セクター全体の債務者区分遷移行列と、帝国データバンクが作成している1985年以降の企業評点の遷移から1985年以降の擬似的な債務者区分遷移行列を作成する。

・第二ステップ：債務者区分遷移とマクロ経済変数との関係推計

　　マルチ・ファクター・モデルを利用し、債務者区分ごとの遷移確率がマクロ経済等の共通要因によって変化する成分を抽出し、その成分とGDP成長率等のマクロ経済変数との関係を統計的に分析する。

・第三ステップ：ストレス・シナリオの設定

　　GDP、CPI、実質銀行貸出、名目実効為替レート、コールレートの5変数からなる多変量自己回帰（Vector Autoregression：VAR）モデルを計測し、1％の確率で生じる負のGDPショックが発生した場合のGDP成長率のパスを予測する。

・第四ステップ：信用リスクに対する頑健性評価

　　計測された関数にGDP成長率の先行きのパスを外挿することにより、景気後退時における債務者区分遷移行列の変化を予測し、その結果を使い、信用リスク量のTier 1比率を計測し、その結果をもとに、銀行システム全体の信用リスクに対する頑健性を評価する。

　また、期間損益に与える影響を分析するために、ベースライン・シナリオ

とストレス・シナリオを適用した場合に算出される最大損失額および期待損失額を比較し、両者の差額として超過信用リスク量や超過信用コストを推計している。これにより追加の貸倒引当に伴うコストを期間損益で吸収できるか、または、自己資本（Tier 1）にも影響を及ぼすのかを検証している（図表3－7）。

図表3－7　ストレス・シナリオ下での信用リスク量の評価

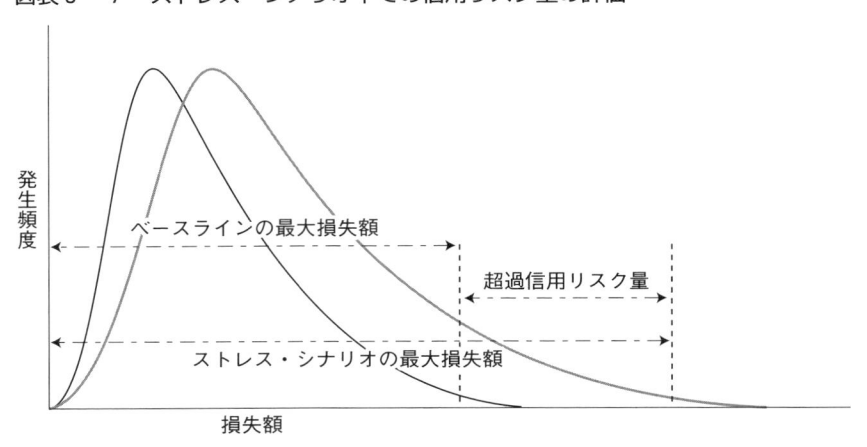

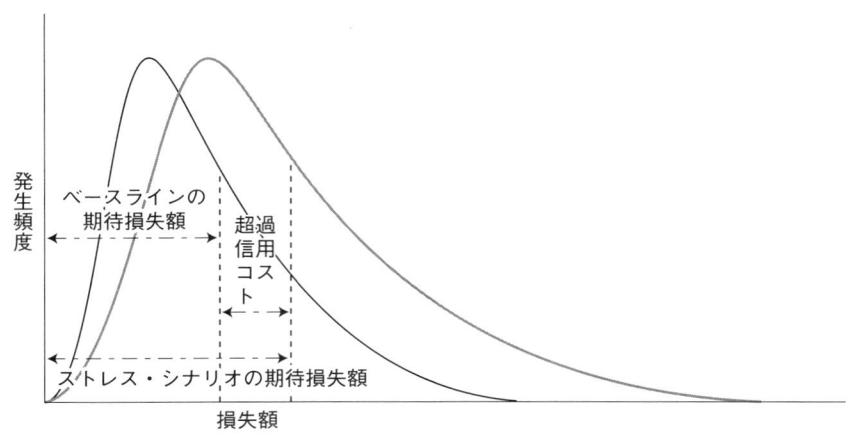

出所：日本銀行「金融システムレポート（2008年9月号）」2008年9月30日61頁をもとに著者が作成。

(c) 株式リスク

　株式リスクに対するストレステストは、実体経済に対する大きなショックによって、企業収益見通しの悪化や、倒産確率の上昇などがもたらされると、企業の格付が悪化するとともに、株価が下落する経路と、実体経済に関するショックが、株式市場の不確実性を増大させ、株価のボラティリティを上昇させる経路からなる図表3－8のような分析枠組みで評価している。

　具体的には、まず、株式保有量は、予測期間を通して、直近の実績値で一定と仮定する。次に、株価は、企業の収益や倒産確率などに関する期待を反映して変動すると考えられるため、企業の信用度の変動をとらえた債務者区分遷移と株価は強い正の相関をもつと考える。また、ボラティリティは、株価とボラティリティの過去の関係を用いて、遷移行列の変動要因から予測された株価から、ボラティリティの予測値を作成し、これらの変数を用いて、評価差額、株価変動リスク量を算出し、この結果をもとに頑健性の評価を行っている。

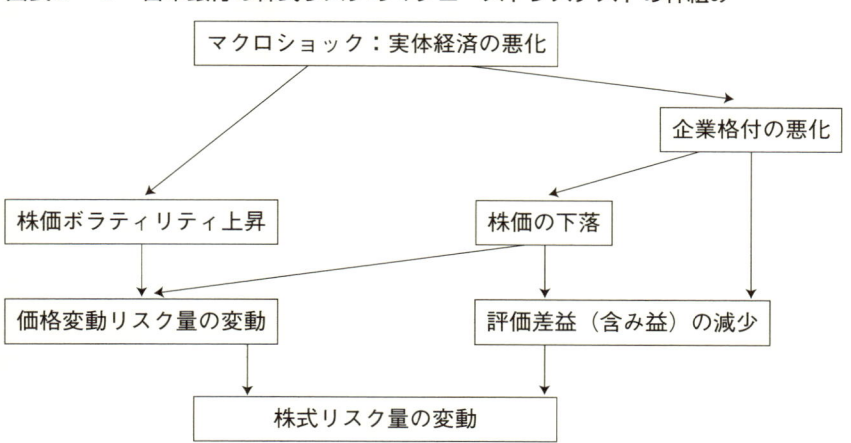

図表3－8　日本銀行の株式リスクのマクロ・ストレステストの枠組み

```
             マクロショック：実体経済の悪化
              │                    │
              │                    ▼
              │              企業格付の悪化
              │                    │
              ▼                    ▼
      株価ボラティリティ上昇    株価の下落
              │                    │
              ▼                    ▼
      価格変動リスク量の変動    評価差益（含み益）の減少
              │                    │
              └──────┬─────────────┘
                     ▼
              株式リスク量の変動
```

出所：日本銀行「金融システムレポート（2008年9月号）」2008年9月30日65頁をもとに著者が作成。

(d) 不動産関連セクター向け貸出ポートフォリオ

不動産関連セクター向け貸出ポートフォリオのストレステストは、信用リスクのストレステストと類似している。具体的には、次のようなステップを踏んで実施されている。

・第一ステップ：不動産・建設業種別の債務者区分遷移行列の作成

　　日本銀行が保有している2002年以降の銀行セクター全体の債務者区分遷移行列と、帝国データバンクが作成している1985年以降の企業評点の遷移から1985年以降の擬似的な不動産・建設業種別の債務者区分遷移行列を作成する。

・第二ステップ：不動産・建設業種別の債務者区分遷移確率モデルを推計

　　不動産・建設業種別の債務者区分遷移行列をもとに、債務者区分遷移確率モデルを推計する。

・第三ステップ：ストレス・シナリオの設定

　　不動産価格と担保設定についての四つのストレス・シナリオを設定する。

・第四ステップ：不動産・建設業種別の信用リスクに対する影響評価

　　モンテカルロ・シミュレーション（10万回）を実施して、不動産・建設業種向け貸出ポートフォリオに関する信用コスト率の分布を導出し、大手行・地域銀行別に貸出ポートフォリオ全体へのインパクトを確認する。

図表3－9　不動産関連貸出ポートフォリオのストレス・シナリオ

	シナリオA 不動産価格変化率0％	シナリオB 不動産価格変化率－10％
シナリオA 担保設定50％	シナリオAA	シナリオAB
シナリオB 担保設定34％	シナリオBA	シナリオBB

出所：日本銀行「金融システムレポート（2008年9月号）」2008年9月30日66頁をもとに著者が作成。

「金融システムレポート（2008年9月号）」で示されたシナリオは図表3－9のとおりであるが、最もストレスが小さいシナリオAA（不動産価格が変化せずに、担保設定割合を50％と想定）→シナリオAB（不動産価格が10％下落し、担保設定割合を50％と想定）およびシナリオBA（不動産価格が変化せずに、担保設定割合を34％と想定）→最もストレスが大きいシナリオBB（不動産価格が10％下落し、担保設定割合を34％と想定）の順に、信用コスト率分布の平均が高まると同時に、信用コスト率分布の裾が広がったとの結果が報告されている。

　ちなみに過去の日本銀行「金融システムレポート」を時系列的にみてみると、その時々の金融情勢によってストレステストの分析手法や評価範囲を変更したり、スポット的なストレステストを実施していることがわかる。

　なお、「金融システムレポート（2011年10月号）」では、マクロ・ストレステストの体系を図表3－10のように整理している。これをみると、個々のストレステストは独立したものではなく、相互に関連しており、最近では個々の金融機関が抱えるリスクを対象とするミクロプルーデンスの視点だけでなく、金融システム全体が抱えるリスクを対象とするマクロプルーデンスの視点が、より重視されるようになっていることがわかる。

図表3－10　マクロ・ストレステストの体系

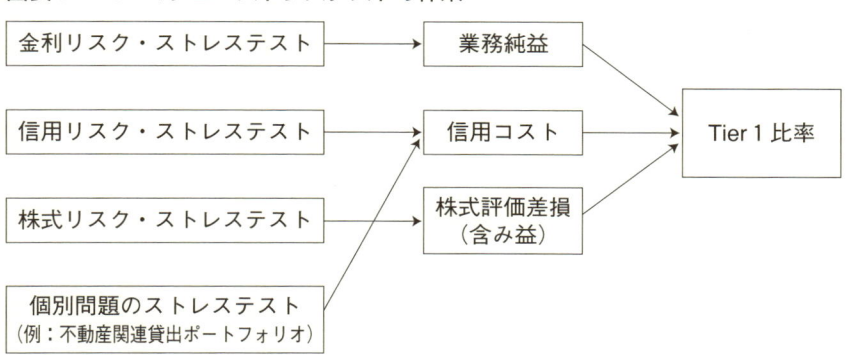

金利リスク・ストレステスト	→	業務純益	→	Tier 1 比率
信用リスク・ストレステスト	→	信用コスト	→	
株式リスク・ストレステスト	→	株式評価差損（含み益）		
個別問題のストレステスト（例：不動産関連貸出ポートフォリオ）	→			

出所：日本銀行「金融システムレポート（2011年10月号）」2011年10月18日78頁等をもとに著者が作成。

d　IMF GFSRのマクロ・ストレステスト

　IMFが公表している"Global Financial Stability Report"では、その時々の情勢に応じてさまざまなマクロ・ストレステスト分析を実施している。その内容は、主に同じくIMFが公表している"World Economic Outlook"のさまざまな先行きマクロ経済シナリオに基づき、世界の金融システムの安定性を、金融システム全体の自己資本の充実度等で評価するものから、特定国の特定金融システムに焦点を当て、これにストレスを掛けた結果を分析するものまで、さまざまだといえる。以下では、一つの例として、"Global Financial Stability Report（2011年4月）"Box 1.3.で示された、米国金融持株会社40社を対象とした、住宅関連融資に関するストレステストのケースを紹介する。

　このストレステストは、サブプライム問題に端を発した一連の金融危機が一応収束した後も低迷する米国住宅市場を、リスク要因として実施したものだといえる。すなわち、当時の米国の状況をみると、金融危機で跳ね上がったサブプライムローンなどの住宅ローンの延滞率はその後も高止まりしていた（条件変更後の延滞を含む）ほか、競売件数も増加し、これらが米国の住宅価格をさらに下落させ、結果的に、米銀の住宅関連ローンに関し追加損失が生じる可能性が高まっていた。

　IMFのシナリオ（シナリオ1）では、競売または条件変更の可能性がある住宅ローン（例：債務が資産を超過するローン、再デフォルトが予想される条件変更ローン、90日未満の延滞ローン）で抵当権の順位が第一順位の場合の元本削減率を15％と想定し、2011年第1四半期から6四半期にわたって損失が発生すると仮定した。また、延滞が長期化している第一順位の住宅ローンは、2015年までに発生する元本削減率を30％と想定した。一方、抵当権の順位が低い場合には、元本削減率をそれぞれ15％と50％と想定した。またより厳しいシナリオ（シナリオ2）では、延滞が長期化し低順位の元本削減率を40％（シナリオ1では、15％あるいは50％と想定）と想定し、これをを除くすべての

図表3－11　住宅ローンの不良化が主要米銀の自己資本に及ぼす影響

	資本不足金額（単位：10億ドル）				資本不足行数			
	6％基準		8％基準		6％基準		8％基準	
	上位4行	上位40行	上位4行	上位40行	上位4行	上位40行	上位4行	上位40行
ベースライン元本評価減	0	1.3	1.9	10.7	0	2	1	12
シナリオ1	0	4.4	17.3	36.7	0	7	2	18
シナリオ2	0	8.1	36.2	62.8	0	8	2	21

出所：International Monetary Fund "Global Financial Stability Report" 2011年4月44頁をもとに著者が作成。

抵当順位の元本削減率を20％（シナリオ1では、15％あるいは30％と想定）としている。

最後に、上記のストレス・シナリオが、米銀の普通株等Tier 1 自己資本に対する影響を集計したものとして、IMFでは図表3－11のような結果を公表している。これをみるとストレス・シナリオでTier 1 自己資本比率が6％基準を下回る先は、上位4行では見当たらない一方、上位40行では、シナリオ1で7行、シナリオ2で8行となっている。

3　個別金融機関の自己資本充実度評価のためのマクロ・ストレステスト

a　米国のマクロ・ストレステスト

(a)　SCAP

米国のストレステストの最初の事例は"The Supervisory Capital Assessment Program"（以下、SCAP）である。これは、2009年に問題資産救済プログラム（Troubled Asset Relief Program：TARP）により資本注入を受けた大手金融機関19社に対し、米国FRBが信用不安を解消するために資本十分性（Tier 1）を個別に検証した結果を公表したものである。当局が示す共通

図表3−12　SCAPマクロストレス・シナリオ

実質GDP成長率	2009年	2010年
ベースライン・シナリオ	−2.0	2.1
アドバース・シナリオ	−3.3	0.5
差異	−1.3	−1.6
失業率		
ベースライン・シナリオ	8.4	8.8
アドバース・シナリオ	8.9	10.3
差異	0.5	1.5
住宅価格		
ベースライン・シナリオ	−14	−4
アドバース・シナリオ	−22	−7
差異	−8.0	−3.0

出所：Board of Governors of the Federal Reserve System "The Supervisory Capital Assessment Program：Design and Implementation" 2009年4月24日6頁をもとに著者が作成。

マクロ・シナリオに基づき、各金融機関が自己資本充実度評価を行うという、米国では新しいスタイルのものであった。

　マクロ・ストレス・シナリオとしては、2本が用意された。一つは、実施時点で専門家の間で平均的にコンセンサスと成立していたベースライン・シナリオであり、もう一つがマクロ経済の下振れを想定したアドバース・シナリオである（図表3−12参照）。アドバース・シナリオにおける下振れ幅の想定は、1970年以降にみられたマクロ経済インディケータに係る予測値の誤差の大きさ（30年に数回程度発生する誤差リスクというイメージ）や、経済予測にかかわるエキスパート間の予測のバラツキに基づきながら決められている。実際に想定された数字をみると、たとえば、2010年の実質GDP成長率は、ベースライン・シナリオでは専門家の経済予測の平均値である2.1％であるのに対して、アドバース・シナリオでは−1.6％を想定している。なお、SCAPは、後述するCCARと同様に四半期ごとの予測値も想定している

図表3－13　SCAP金融商品別貸倒損失率（2年間累積）
(％)

	ベースライン	アドバース
第一順位住宅ローン	5－6	7－8.5
Prime	1.5－2.5	3－4
Alt-A	7.5－9.5	9.5－13
Subprime	15－20	21－28
第二順位以下住宅ローン	9－12	12－16
商工業向け貸出（C&I Loans）	3－4	5－8
企業不動産（CRE）向け貸出	5－7.5	9－12
クレジットカード	12－17	18－20
その他消費者	4－6	8－12
その他貸出	2－4	4－10

出所：Board of Governors of the Federal Reserve System "The Supervisory Capital Assessment Program：Overview of Results" 2009年5月7日5頁をもとに著者が作成。

が、報告書に同数値は明示されていない。

　SCAPは銀行持株会社19社から収集した非常に詳細な情報をインプットとして結果を導いていた。すなわち、参加持株会社は、2009年4月にFRBから示された指針に基づいて、各マクロシナリオに基づく、ローン、証券、トレーディングから生じる可能性がある潜在的損失、引当前純利益を見積もり、ローンおよびリースから生じる貸倒引当金を算定するのに必要な資料を提出した。各社が提出した金融商品別の貸倒損失率（2年間累積）の平均は図表3－13のとおりである。なお、この損失は回収できなかったキャッシュフローの損失で、時価評価のような割引は考慮していない。

　SCAPはサブプライム問題に対処するために実施されたため、サブプライムに関連する住宅ローンについては、参加持株会社に対し詳細な損失率情報を提出させている。

　アドバース・シナリオにおける19社の貸出全体の貸倒損失率は9.1％であったが、これは大恐慌後の1930年代に一時的に記録した過去最大の損失率を上回るものであった。なお、SCAPでは個別金融機関ごとの資本の十分性の

検証結果についても公表している。すなわち、自己資本の十分性の基準を普通株等Tier 1 自己資本比率 4 ％、Tier 1 自己資本比率 6 ％以上としたうえで、10社については、追加的資本バッファーが必要との結論を出している。

(b) CCAR（2011年）

米国で実施された 2 番目の事例は、銀行持株会社19社によって2011年 1 月に提出された包括的資本計画（comprehensive capital plan）を評価するためにFRBが実施した"Comprehensive Capital Analysis and Review"（以下、CCAR）である。これの結果は2011年 3 月に公表されている。なお、2009年に実施したSCAPと異なり、個別金融機関の結果については公表していない。

CCARは金融危機の経験を受け、フォワード・ルッキング（ 2 年間）で包括的なアプローチを採用している。CCARはストレス状況下における資本の損失吸収力のみならず、当該金融機関の資本政策やバーゼルⅢおよびドット・フランク法の影響などを含むものである。CCARではまず、資本十分性（評価）プロセス（CAP）の妥当性が検証される。つまり、ストレス下の経済状況でも資本が十分であるかが評価されると同時に、これらのプロセスが、CROまたはCEOといった経営者によって適切に管轄され、企業横断的な測定が行われているかが検証された。また、すべての資本計画（配当の支払や自己株式の取得を含む）を実施した後においても、ストレス下の経済状況で発生する損失を資本によって十分に吸収できるかも検証された。

CCARの対象となった銀行持株会社は、次の三つのシナリオのそれぞれについて、2010年第 4 四半期から2012年第 4 四半期までの四半期ごとの収益、損失、名目資本などについての予測値を当局に提出し、普通株等Tier 1 自己資本比率を推計した。三つのシナリオとは、①銀行持株会社が最も蓋然性の高い経済環境を想定して作成したベースライン・シナリオ（baseline scenario）、②銀行持株会社が自社の主要な収益源および最も脆弱な資産から発生する損失を加味して作成したストレス・シナリオ（stress scenario）、③FRBが不況を前提として作成したアドバース当局ストレス・シナリオ（ad-

図表3−14　CCAR（2011年）のストレス・シナリオ

（単位：％）

	2011年	2012年	2013年
実質GDP成長率（年間）	−1.5	2.4	3.4
失業率（第4四半期末）	11	10.6	9.6
住宅価格指数変化率（年間）	−6.2	−4.1	2.7
株価指数変化率（年間）	−27.8	36.9	15.9

verse "supervisory stress scenario"）である。③に用いたマクロ経済指標（金融市場含む）は図表3−14のとおりである。

　なお大手6社は、上記に加えて、SCAPで用いられたグローバル市場ショックを反映したシナリオに基づき、トレーディングおよび非上場株式から生じる潜在損失を算出することも求められた。保守的な視点から、ショックが1日で発生したと想定したため、マネジメントによる対応は考慮されず、この結果、発生した損失と相殺できる利益などは認められなかった。

　なお、CCARにおける自己資本の十分性の基準は普通株等Tier 1自己資本比率5％以上となっている。

(c)　CCAR（2012年）

　後述の(d)で説明するように、CCARはその後定例化し、最近では2012年3月に実施結果が公表されている。これをみると、2011年のCCARに比べ、より強いストレス程度が想定さていることがわかる。また、個別行ごとの結果が比較的詳細に公表されたのも、2011年のCCARにはない特徴だといえる。今回のストレステストの結果では、19社中Citiを含む4社の自己資本が必ずしも十分ではないとの結果が出されている。もっとも、同結果は、あくまでも対象期間中の資本計画（配当の支払等）を考慮した後のものであることに留意しなければならない。たとえばCitiの場合、配当支払等の資本計画を含まないベースでみれば、普通株等Tier 1資本比率は、基準となる水準を大幅に上回っている。

　2012年に実施されたCCARのやや詳しい内容は次のとおりである。

ストレス・シナリオは、2011年第3四半期から2013年第4四半期までを対象としている。シナリオに用いた25変数は以下のとおりである。

〔米国国内に関係する変数〕

・経済活動および物価に関する5変数：実質および名目GDP成長率、16歳以上の失業率、名目可処分所得、消費者物価指数（CPI）
・資産価格および金融市場に関する4変数：Core Logic国内住宅価格指数、全米不動産投資受託者協会（National Council for Real Estate Investment Fiduciaries）商業不動産価格指数、Dow Jones Total Stock Market指数、Chicago Board Options Exchange市場ボラティリティ指数（VIX）
・金利に関する4変数：3カ月Treasury bill金利、10年物Treasury bond金利、BBB格社債金利、30年物優良住宅ローン固定金利

〔米国以外に関係する変数〕

ユーロ圏、アジア、日本、英国の実質GDP成長率、消費者物価指数、対ドル為替レートである。

主要な変数の9四半期の推移は次のとおりである。

実質GDP成長率：2011年第4四半期に前年比（年率換算）△4.84％、2012年第1四半期に△7.98％まで急落した後、2012年第4四半期には0.00％まで回復。

失業率：2011年第4四半期から上昇し始め、2013年第2四半期に13.05％まで上昇した後は緩やかに下落。

株価：2012年第3四半期に前年同期対比で50％超下落し、その水準が3四半期程度続いた後上昇に転じる。

住宅価格：下落傾向が継続し、2014年第1四半期に底をつく（その時点で累計20％程度下落）。

米国の主だったマクロ経済変数の実数は図表3−15のとおりである。

なお、トレーディングを大規模に行っている金融持株会社6社については、グローバル金融市場ショック（global financial market shock）を想定して、潜在的な損失額を算出している。このグローバル金融市場ショックは、

図表3-15 CCAR（2012年）のストレス・シナリオ

時点	実質GDP成長率	実質可処分所得	失業率	CPI	3カ月T-Bill利子率
2011 Q3	2.46	-1.73	9.09	3.09	0.02
2011 Q4	-4.84	-6.02	9.68	2.21	0.10
2012 Q1	-7.98	-6.81	10.58	1.78	0.10
2012 Q2	-4.23	-4.29	11.40	1.02	0.10
2012 Q3	-3.51	-3.16	12.16	0.89	0.10
2012 Q4	0.00	-0.57	12.76	0.35	0.10
2013 Q1	0.72	0.74	13.00	0.23	0.10
2013 Q2	2.21	1.66	13.05	0.21	0.10
2013 Q3	2.32	2.69	12.96	0.30	0.10
2013 Q4	3.45	2.27	12.76	0.32	0.10
2014 Q1	3.36	2.77	12.61	-0.03	0.10
2014 Q2	3.71	3.53	12.36	-0.16	0.10
2014 Q3	4.64	2.82	12.04	-0.17	0.10
2014 Q4	4.64	4.48	11.66	-0.34	0.10

時点	10年国債利子率	株価	VIX指数	住宅価格指数	商業不動産価格指数
2011 Q3	2.48	11,771.86	48.00	136.86	174.08
2011 Q4	2.07	9,501.48	75.86	135.13	168.40
2012 Q1	1.94	7,576.38	90.50	131.61	161.04
2012 Q2	1.76	7,089.87	80.00	127.50	153.42
2012 Q3	1.67	5,705.55	81.23	123.12	146.53
2012 Q4	1.76	5,668.34	69.82	119.08	139.36
2013 Q1	1.74	6,082.47	62.75	115.15	136.75
2013 Q2	1.84	6,384.32	57.76	111.92	135.20
2013 Q3	1.98	7,084.65	53.82	109.77	134.02
2013 Q4	1.98	7,618.89	49.84	108.48	134.36
2014 Q1	1.97	8,014.71	45.87	108.08	134.45
2014 Q2	1.88	9,925.73	34.96	108.40	135.91
2014 Q3	1.86	10,874.38	24.22	109.24	139.53
2014 Q4	1.89	12,005.11	17.51	110.29	143.35

2008年後半に発生した危機および現在のユーロ危機を想定したものである。さらにこれに加えて、オペレーショナル・リスク関連損失（不正、モーゲージ等の損失等で、当局ストレス・シナリオおよび保守的な前提に基づき、銀行持株会社の過去の関連損失損失率を加味して見積もったもの）も想定されている。

アドバース・ストレスシナリオの結果をみると、銀行持株会社19社の 9 四半期の累計損失（貸出関連損失、トレーディング取引のカウンターパーティー信用損失、保有有価証券損失）は5,340億ドル、オペレーショナル・リスク関連損失（不正、モーゲージ等の損失）は1,150億ドル、予想PPNR（pre-provision net revenue）は2,940億ドル、19社合計の税引前利益は△2,220億ドルとなっている。この結果、銀行持株会社19社全体の普通株等Tier 1 比率（Tier 1 common capital ratio）は、2011年第 3 四半期10.1％から2013年第 4 四半期には6.3％まで低下している。

個社の結果をみると、銀行持株会社19社中15社は、各社のベースライン・シナリオを前提とした場合に想定される増配、自社株買いなどの資本政策を実施した後でも、 4 つの最低資本基準（普通株等Tier 1 資本比率 5 ％、Tier 1 資本比率 4 ％、リスクベースの自己資本比率 8 ％、レバレッジ比率 4 ％）を上回る一方、 3 社（Ally Financial Inc.、Citigroup Inc.、SunTrust Banks, Inc.）が普通株等Tier 1 資本比率 Common Capital Ratio 5 ％を、 1 社（MetLife, Inc.）がリスクベースの自己資本比率 8 ％を下回った。

ちなみに、以前に実施された米国のストレステストと今回の2012年CCARとを比較すると図表 3 －16のようになる。

(d) **ドット・フランク法165条および166条に係るFRB規則案**

2011年12月20日には、ドット・フランク法165条および166条をFRBが適用する場合の規則案が提案されているが、これによれば、以下のような二つのマクロ・ストレステストが金融機関に求められることになる。

すなわち、同案が想定するストレステストは、対象金融機関の協力を得つつ、当局によって年 1 回実施される当局実施ストレステスト（supervisory stress test）、および連結総資産100億ドル以上の銀行持株会社などによって

図表３－16　米国のストレステストSCAPとCCARの比較

	SCAP（2009年）	CCAR（2011年）	CCAR（2012年）
対象機関	資本注入を受けた大手金融機関19社	資本注入を受けた大手金融機関19社	資本注入を受けた大手金融機関19社
目的	信用不安を解消するために資本充分性を個別に検証する	上記19社によって提出された包括的資本計画を評価する	上記19社によって提出された包括的資本計画を評価する
シナリオの種類	2シナリオ（ベースライン、アドバース）	3シナリオ（ベースライン、ストレス、リバース・ストレス）	主に（厳格な）当局ストレス・シナリオ
最悪時			
GDP成長率	△3.3%	△1.5%	△7.98%
失業率	10.3%	11.0%	13.05%
住宅価格	25%程度下落	12%程度下落	20%程度下落
株価	―	27.5%下落	50%超下落
結果	SCAPバッファーが10社で必要とされた	個別金融機関の結果は直接通知され、公表されなかった	4社が不合格
判定基準	普通株等Tier 1資本比率：4% Tier 1 Capital Ratio 6%	普通株等Tier 1資本比率：5%	普通株等Tier 1資本比率：5% Tier 1資本比率：4% リスクベースの資本比率：8% レバレッジ比率：4%

年２回実施される金融機関実施ストレステスト、の二つである。ここで対象金融機関とは、連結総資産500億ドル以上の銀行持株会社およびドッド・フランク法113条によって金融安定監視協議会（Financial Stability Oversight

Council) が指定したノンバンク金融機関 (nonbank financial company) を指す。

当局実施ストレステストの年間スケジュールは図表3-17のとおりである。

当局実施ストレステストのアプローチは、ストレステストの対象期間を最低9四半期とし、各四半期ごとの資本に影響を与える純利益等を予測するものである。その際に想定するシナリオは、当局が公表するbaseline、adverse、severely adverseの三つのシナリオとなる。これらのシナリオには実質GDP、失業率、株価などのマクロ経済および金融指標についての当局見通しが含まれる。また、資産価格が対象金融機関の短期的収益に多大な影響を及ぼすため、資産価格変動に関するヒストリカル・シナリオや当局がフォワード・ルッキングに想定するショックをシナリオに反映する。

baselineシナリオは最新の入手可能な政府、公的セクター、民間の見通しである。adverseシナリオは軽度の景気後退(景気減速、失業率の上昇、家計所得の減少等)をbaselineシナリオに加味したものである。severely adverseシナリオはさらに厳しい状況を想定したもので、資産価格の急落、イールドカーブのシフト、企業倒産等を含めている。

また、当局実施ストレステストを実施するにあたり、当局は対象金融機関

図表3-17 当局実施ストレステストの年間スケジュール

	ステップ	期限
1	当局が次期のシナリオを公表	遅くとも11月中旬まで
2	対象金融機関からの当局報告等の情報提供	11月中旬まで
3	当局実施ストレステストを実施	2月中旬まで
4	当局と個々の対象金融機関による結果協議	3月上旬まで
5	当局による当局実施ストレステスト結果の公表	4月上旬まで

出所:Board of Governors of the Federal Reserve System "Enhanced Prudential Standards and Early Remediation Requirements for Covered Companies" 2011年12月20日79頁をもとに著者が作成。

から次のような情報を含むデータを入手する。
・対象金融機関のオン・バランスおよびオフ・バランスのエクスポージャー
・対象金融機関の収益および費用の感応度を予測するのに役立つ情報
・各シナリオに基づく対象金融機関の貸借対照表および貸倒引当金の変化を予測するのに役立つ情報

　当局はこれらをインプットとして、baseline、adverse、severely adverseの各シナリオごとにさまざまなモデルを用いて、対象金融機関の損益およびその他のファクターを予測する。また、用いられるモデルはストレステスト実施時点の経済状況を反映して適時修正される。

　一方、金融機関実施ストレステストは、対象金融機関および100億ドル金融機関（＄10 billion companies）によって実施されるストレステストである。ここで、100億ドル金融機関とは、連結総資産100億ドル以上の銀行持株会社（対象金融機関以外）、州法銀行およびS＆L持株会社を指す。

　対象金融機関および100億ドル金融機関が、（通常の）金融機関実施ストレステストを9月30日基準で実施し、追加ストレステストを3月31日基準で実施する場合のスケジュールは図表3－18のとおりである。

　（通常の）金融機関実施ストレステストのシナリオは、当局から提供される上記のbaseline、adverse、severely adverseという三つのシナリオが基礎となる。なお、当局実施のストレステストと、用いるシナリオは同じであっても、マクロ変数からリスク・パラメータの変換に際し、当局実施のストレステストでは当局のモデルが使用されるのに対し、金融機関実施ストレステストでは、各金融機関独自のモデルが使用されるという違いがあるため、その結果も当然異なることが想定される。さらに金融機関実施ストレステストでは、個別金融機関のリスクプロファイル特性を考慮した、金融機関独自シナリオに基づくストレステストを実施することも求めている。提出された金融機関実施ストレステストの結果は、当局によって検証される。

　金融機関実施ストレステストの実施によって、金融機関は当局に次のような定性情報および定量情報を含んだ報告を提出することが必要となる。

図表3-18 金融機関実施ストレステストの年間スケジュール

ステップ	期　限
（通常の）金融機関実施ストレステスト	
1　当局からシナリオの提供を受ける	遅くとも11月中旬まで
2　当局に自身のストレステスト結果報告を提出	1月5日まで
3　ストレステスト結果の情報公開	4月上旬まで
追加ストレステスト	
4　当局に自身のストレステスト結果報告を提出	7月5日まで
5　追加ストレステスト結果の情報公開	10月上旬まで

出所：Board of Governors of the Federal Reserve System "Enhanced Prudential Standards and Early Remediation Requirements for Covered Companies" 2011年12月20日87頁をもとに著者が作成。

[定性情報]
・ストレステストの使用に関する概要
・ストレステストで判明したリスク
・ストレステストで使用した手法
・対象期間中の利益処分の想定
・追加ストレステストのシナリオ
・当局が必要とするその他の定性情報

[定量情報]
・予測された資本水準、資本比率
・エクスポージャー・カテゴリーごとの予想損失
・予想引当等控除前利益
・予想貸倒引当損
・予想総資産およびリスク・アセット残高
・予想ローン残高合計
・対象期間中の潜在利益処分額
・当局が必要とするその他の定量情報

図表 3 −19　早期是正措置の発動要件としてのストレステスト

レベル	ストレステスト
Level 1	対象金融機関の自己資本比率が、severely adverseシナリオにおいても最低規制自己資本比率を上回るが、FRBに提出した資本計画またはストレステスト規則に違反する場合
Level 2	当局実施ストレステストのseverely adverseシナリオにおいて、9四半期の対象期間中に、対象金融機関のTier 1自己資本比率（tier 1 common RBC ratio）が5％を下回る場合
Level 3	当局実施ストレステストのseverely adverseシナリオにおいて、9四半期の対象期間中に、対象金融機関のTier 1自己資本比率が3％を下回る場合

出所：Board of Governors of the Federal Reserve System "Enhanced Prudential Standards and Early Remediation Requirements for Covered Companies" 2011年12月20日97−99頁をもとに著者が作成。

　なお、当局にさまざまな情報を提供することに加え、金融機関は、ストレステストのシナリオ、実施プロセス、結果等に係るさまざまな情報を、対外的に公表することも求められている。

　最後に、重要なポイントして留意すべきなのは、FRB規則案では、早期是正措置（Early Remediation）の各レベルの発動要件（Trigger）としてもストレステストの結果を用いることとしている点である。早期是正措置のレベルは、次の4レベルに分かれている。

・Level 1：当局監視の強化（Heightened Supervisory Review）
・Level 2：初期是正措置（Initial Remediation）
・Level 3：再建（Recovery）
・Level 4：破綻処理（Recommended Resolution）

　各レベルに対するストレステストの発動要件は図表 3 −19のとおりである。

b　EUのマクロ・ストレステスト

　2009年10月における欧州連合理事会・経済財務相理事会（Economic and Financial Affairs Council：ECOFIN）での合意に基づいて、欧州銀行監督者委員会（Committee of European Banking Supervisors：CEBS）、各国銀行監督当局、ECB、欧州委員会が連携して、2009年と2010年にストレステストが行われた。また2011年には、新たに発足したESFSのもとで、CEBSを引き継いでEUレベルの銀行監督当局として設置された欧州銀行監督機構（European Banking Authority：EBA）が中心となってストレステストが行われた。EBAはストレステストを、個々の金融機関の強靭性に加えて、金融システム全体の強靭性を評価する監督ツールの一つとして位置づけており、「マクロプルーデンシャル・ストレステスト」（macroprudential stress test）と表現している。

　2011年7月に公表された2011 EU-wide stress testで対象となったのは、21カ国に及ぶ銀行90行だった（連結総資産ベースで、EUの銀行システムの65％以上をカバーするように、また、EU加盟国の銀行セクターの少なくとも50％以上が含まれるように対象が選定されている）。

　ストレステストのねらいは、経済環境が悪化した場合の信用リスク、市場リスクを評価することであり、連結ベースでトレーディング勘定や銀行勘定（オフ・バランスのエクスポージャーを含む）に計上されている資産が対象となる。また、EUソブリン危機をふまえて、トレーディング勘定にソブリン・ショックが瞬間的（instantaneous）に与える影響も考慮している（トレーディング損益は50％以上下落すると想定）。なお、分析にあたってすでに2006年から2010年の間（当該期間にはリーマンショック等の影響を受けた2008年、中東欧危機やギリシャ危機の影響を受けた2009年および2010年が含まれる）に生じた平均トレーディング損益は考慮ずみである。このストレス・シナリオは2011年と2012年の2年間を対象としており、欧州委員会、ESRB、ECBが、EBAや各国当局と協力しながら策定したベースライン・シナリオとマクロ経

済の悪化シナリオが利用されている。

なお、2010年末時点の財務情報に基づくと、20行が今後2年間に中核自己資本比率（CT1R）5％の水準を割り込む可能性があり、資本不足は268億ユーロであったが、その後、2011年1月から4月にかけて500億ユーロの増資があったため、2011年4月末時点では、今後2年間にCT1Rが5％水準を割り込む可能性があるのは8行、資本不足は25億ユーロまで減少した。

CT1Rへの影響を把握するために、ストレステストでは、銀行の資産および負債の変動要因を検討している。その関係を図解すると図表3－20のようになる。

EUが2011年に実施したストレステストで採用されたシナリオは、GDP成長率が2011年1.5％、2012年1.8％など比較的良好な経済環境を想定しているベース・シナリオ、2011年－0.5％、2012年－0.2％とGDPがマイナス成長するなどを想定したアドバース・シナリオの2本である。これらの詳細は図表3－21のとおりである。

アドバース・シナリオがCT1Rに与える影響をまとめると図表3－22のと

図表3－20　EUストレステストのイメージ

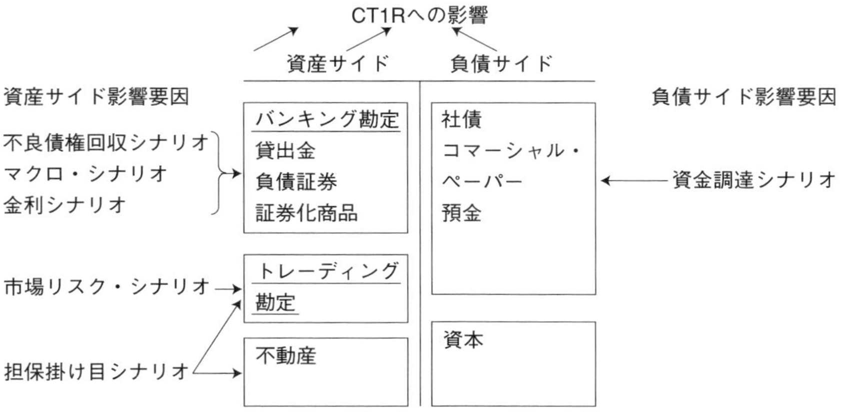

出所：European Banking Authority "2011 EU-WIDE STRESS TEST AGGREGATE REPORT" 2011年7月15日33頁をもとに著者が作成。

図表3-21　EUマクロ経済ストレス・シナリオ

(単位:％)

ユーロ圏	実績値			2010年実施				2011年実施			
				ベースライン		アドバース		ベースライン		アドバース	
	2008	2009	2010	2010	2011	2010	2011	2011	2012	2011	2012
GDP	0.6	－4.1	1.7	0.7	1.5	－0.2	－0.6	1.5	1.8	－0.5	－0.2
失業率	7.5	9.4	10.0	10.7	10.9	10.8	11.5	10.0	9.6	10.3	10.8

出所：European Banking Authority "2011 EU-Wide Stress Test：Methodological Note" 2011年3月18日12頁をもとに著者が作成。

図表3-22　EUマクロ経済ストレス結果

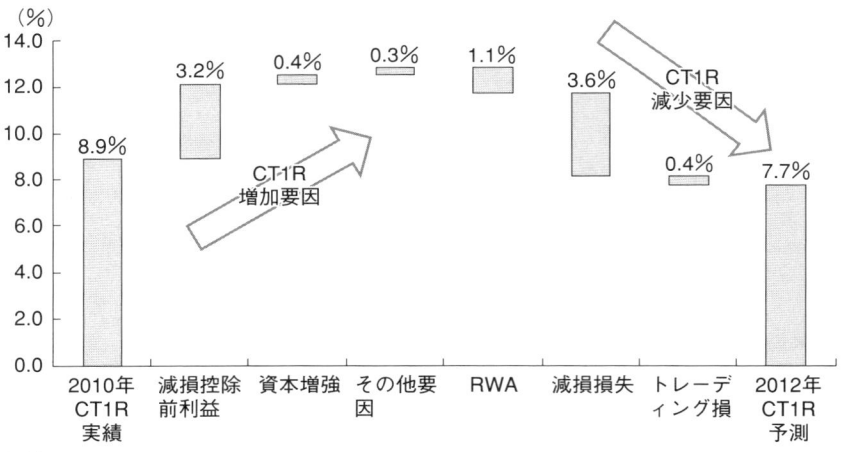

(％)

2010年CT1R実績 8.9％、減損控除前利益 3.2％、資本増強 0.4％、その他要因 0.3％、RWA 1.1％、減損損失 3.6％、トレーディング損 0.4％、2012年CT1R予測 7.7％

CT1R増加要因／CT1R減少要因

出所：European Banking Authority "2011 EU-WIDE STRESS TEST AGGREGATE REPORT" 2011年7月15日10頁をもとに著者が作成。

おりである。CT1Rが増加する主な要因は減損控除前利益の2年間の蓄積であり、主な減少要因は減損損失である。なお、2010年に1.9％だった貸倒率が、ベース・シナリオでは2012年までに1.6％へと低下することが想定されているが、アドバース・シナリオでは2012年までに2.5％に達すると想定されている。また、リスク・アセットの増加も減少要因であるが、名目資産額の増加ではなく、貸倒資産の増加によりリスク・ウェイトがあがったことが主な原因である。

なお、2011 EU-wide stress testにおいては、最大の関心事項であるソブリン・リスクについて正面からは取り扱っていない。つまり、バンキング勘定で保有されている各国の国債がデフォルトすることが想定されていない。これは2011年7月当時、EUがギリシャ国債をデフォルトさせないために政策努力をしている最中に、EBAが国債のデフォルトを想定することで市場の動揺を招くことを懸念したためとも考えられる。しかし、2011 EU-wide stress testでは、付属データとして各行が保有している欧州各国の国債残高やエクスポージャーが開示されており、たとえばアナリストが別途ストレス・シナリオを作成し、その影響を分析することが可能となっている。

　上述したように、トレーディング勘定のヨーロッパ経済圏（European Economic Area：EEA）のソブリン・リスクはストレステストの対象として考慮していたが、バンキング勘定で保有するEEAソブリン債等が自己資本比率計算の対象となっていなかったことが、市場等からの批判を招いた。そこで、EBAは2011年10月26日に"Capital buffers for addressing market concerns over sovereign exposures － Methodological Note"を公表し、2011年7月2011 EU-wide stress testからソブリン・リスクの取扱いを修正した。

　具体的には、バンキング勘定のEEAソブリン債等を、通常、償却原価法に基づく原価で評価する満期保有目的債券（Held-to-Maturity：HTM）を含め、2011年9月末の時価で再評価することとした。しかし、これは単に2011年9月末時価を反映したにすぎず、ストレス・シナリオに基づいてEEAソブリン債等を評価していないので、厳密な意味でのストレステストとはいえない。

第4節　マクロ・ストレステストの課題

　これまでみてきたとおり、マクロ・ストレステストはいま、主要国において、金融システムの安定化という面で大きな役割を果たそうとしている。いまのところ、個別行の自己資本充実度を検証するかたちでマクロ・ストレス

テストが実行されているのは、英国、米国、および欧州に限られるが、これが今後日本を含む他の国にも広がっていくことも十分予想できる。既述のとおり、バーゼル銀行監督委員会が2009年に公表したストレステストに関するサウンド・プラクティス・ペーパー（「健全なストレス・テスト実務及びその監督のための諸原則」("Principles for sound stress testing practices and supervision"))には、監督当局向けの諸原則の一つとして、「監督当局は、共通のシナリオに基づくストレステストの実施を検討すべきである」と記述されているのである。これが日本に導入される日も近いのかもしれない。

このように、金融危機以降、役割が増しつつあるマクロ・ストレステストであるが、その現状のあり方には同時に、多くの問題点も存在する。以下では、そうした問題点と、これが個別金融機関のリスク管理や金融システムの安定性に与える影響に関し考察する。

1　当局シナリオの利用に伴う金融機関独自シナリオへの関心の低下

第一の問題点は、すべての金融機関が同じマクロ・ストレス・シナリオを用いることである。米英欧では、ストレステストの結果が、各金融機関の自己資本充実度判断に結びつくことから、その条件（すなわち、マクロ・ストレス・シナリオ）も金融機関間で同一でないといけないということなのであろう。しかしながら、当局がいったんマクロ・ストレス・シナリオを決定し、これを金融機関に与えてしまうと、一つの傾向として、各金融機関は、（たとえば第2章に記しているように）自らのウィーク・スポットに基づく、独自のストレス・シナリオづくりをないがしろにしてしまう懸念が残る。もちろん、英国や米国の銀行監督当局は、当局が定める共通シナリオに加えて、各金融機関独自のマクロ・ストレス・シナリオを作成することも金融機関に対し求めてはいる。しかし、金融機関も、さらには監督当局も、限られた時間とリソースのなかで、ストレステスト結果を評価しなければならないとすれば、自然その作業の中心は、共通シナリオに向かう（その分、独自シナリオ

の評価は軽く扱われる）ことが予想される。そうしたなかで、各金融機関間のリスクプロファイルの差異から生まれる重要なリスクが、金融機関と監督当局間の対話のなかで軽視される可能性がどうしても高まってしまう。

　これはまた、金融危機後の米欧当局の監督姿勢の変化とも合致する。すなわち、以前であれば、バーゼルⅡにおける第二の柱的監督手法の強化——すなわち金融機関ごとのリスクプロファイルの違いをふまえたうえで、よりカスタマイズされた評価を行うこと——が一つの方向性であった。それが金融危機以降は、第二の柱から逆に第一の柱へ退行する動き——すなわち、監督当局の評価の限界を強く認識したうえで、検査チームの裁量の余地をできるだけ狭め、かわりにone size fits all的な共通の手法で箸の上げ下ろしに至るまで細かく指導する方向への移行——が目立っている。当局が共通マクロ・ストレス・シナリオを作成し、これを各金融機関が実行するということは、まさにこうした流れの一環だとみることもできる。もっとも、今次金融危機の震源地ではない日本をはじめとした多くの国においても、ストレステストの活用に関し、第一の柱的方向への退行を許すことがはたして望ましいのか否かは、さらなる議論が必要なのではないか。

2　共通シナリオ利用に伴うシステミック・リスクの増幅

　共通シナリオを用いることの第二の問題点は、共通シナリオに基づき、各金融機関が同じようなリアクションを想定することが、かえってシステミック・リスクを増す可能性があることである。当局が特定のマクロ・ストレス・シナリオを想定すれば、当然多くの金融機関が、実際にそれが起きるか否かにかかわらず、同シナリオで顕現化するリスクへの対処を強めることになる。結果的に、各金融機関のリスクプロファイルやリスクへの対処が同質化してしまい、想定したリスクが顕現化した際の金融機関の反応が予想以上に大きくなってしまう、あるいは当局シナリオとは異なるかたちでストレス事象が発生した際に、多くの金融機関が同時に大きな被害を被る可能性を高

めてしまうかもしれない。

3 危機時に実行するストレステストにおけるストレス程度の恣意性

　第三の問題点は、当局シナリオの内容に関するものである。たとえば、平時はともかくとして、金融危機に近い状況下にある場合、マクロ経済の底割れのような危機的な状況を本当に想定することができるのかという問題がある。特に、マクロ・ストレステストの結果が、自己資本の充実度評価につながるようなケースでは、危機の最中にあって所要自己資本比率を引き上げることとなり、これはまさに規制のプロシクリカリティの問題を助長することにほかならない。

　実際、ここ数年実施された米欧におけるマクロ・ストレステストをみても、実は金融機関にとって非常に致命的なポイントがシナリオのなかでは微妙に外されていることが多い。たとえば、米国で2009年に実施されたSCAPで想定されていた失業率は10％で、2009年4月当時の実際の失業率である8.9％からそれほど大きく乖離した水準ではなく（さらに、失業率はその後実際に、2009年10月には10.1％まで上昇している）、これではまったくストレスが掛かった変数とはいえなかった。この背景には、米銀のポートフォリオのうち重要な部分を占めるリテール向け貸出が、失業率からの影響を大きく受けるなかで、この変数を過度に悪化させると、当局の想定以上に米銀の自己資本不足が大きく拡大するとの懸念があったのかもしれない。

　また2011年に行われた欧州のストレステストについても、当初は、バンキング勘定における保有有価証券の含み損が自己資本比率計算の対象となっていなかったことが市場等から批判され、その後これを含めるかたちで変更した経緯がある。ただしそれでも、含み損の計算はあくまでも2011年9月末現在の数字を用いており、その後さらに悪化した南欧諸国の国債市況悪化の影響は勘案されていない。このように考えると、特に危機に近い状況下で行うマクロ・ストレステストは、金融市場における不安を払拭することが最大の

目的であり、したがって、最初から、「市場の不安をいっそう煽るような結果は出せない」という制約条件がついてしまう傾向があるようだ。こうしたストレステストを一概に否定する必要はないにしても、非常時における「不安払拭を目的とした」マクロ・ストレステストと、平時における「金融システム不安定化を防ぐ予防的措置が目的の」マクロ・ストレステストは、明確に区別したほうが適切であろう。

4　政策の失敗を想定することの困難性

　第四の問題点は、上記の問題点にも関連するが、当局が決めるシナリオにおいて、当局の政策の失敗を織り込むことができるか否かという点である。たとえば、わが国における長期金利急騰のリスクは、その好例であろう。なぜなら、このシナリオの前提条件は、政府の財政運営の失敗に根差す部分が大きいからである。さらに、こうしたマクロ・ストレス・シナリオを当局が作成し、これの実行を金融機関に求める場合、金融機関は国債の保有残高を減らすことによって、長期金利に上昇圧力を加え、これが政府の財政運営をいっそう困難化させることも考えられる。要は、そのような政府の首を絞めるようなマクロ・ストレス・シナリオを、政府の一部である監督当局が本当に作成することができるのかという問題である。

5　早期警戒指標としての機能の困難性

　最後の問題点は、仮にマクロ・ストレステストが、将来生じうるストレス事象に対し、的確に警告を出すことができるかという点である。たとえば、2012年の１月に対外公表されたBorio, Drehman and Tsatsaronis（2012）では、過去の実績を振り返ったうえで、少なくともこれまでのケースをみる限り、多くの場合、マクロ・ストレステストが、期待された役割を適切に果たしてこなかったことを指摘している。

　もっとも、マクロ・ストレステストに、そうした機能まで求めるか否かは判断の問題だといえる。もちろん、将来のストレス事象としての早期警戒指

標的な役割をマクロ・ストレステストが担えるのであれば、それは素晴らしいことである。もっとも仮に、そうした役割がむずかしい、すなわち将来生じる危機が的確に予測できなかったとしても、危機の初期段階において、すでに有用な情報を十分活用し、少しでも速く適切な対応をとることを金融機関に促すことができれば、マクロ・ストレステストに期待される最低限の役割は果たせたといえるのではないか。

このように、当局が実行するマクロ・ストレステストに関しても、まだまだ多くの課題が残されている。またこれが今後どのように変化していくのかは、個別金融機関のリスク管理にも大きな影響を与えるものであり、注視していく必要がある。

【参考文献】
- BCBS（Basel Committee on Banking Supervision）, 2009. "Principles for sound stress testing practices and supervision" May, 2009
- Board of Governors of the Federal Reserve System, 2009. "The Supervisory Capital Assessment Program：Design and Implementation" April, 2009
- Board of Governors of the Federal Reserve System, 2009. "The Supervisory Capital Assessment Program：Overview of Results" May, 2009
- Board of Governors of the Federal Reserve System, 2011. "Comprehensive Capital Analysis and Review：Objectives and Overview" March, 2011
- Borio, Drehman and Tsatsaronis, 2012. "Stress-testing macro stress testing：does it live up to expectation?" BIS Working Papers No 369, January 2012
- Bunn, Cunningham and Drehmann, 2005. "Stress testing as a tool for assessing systemic risks" Financial Stability Review：June 2005
- European Banking Authority, 2011. "2011 EU-Wide Stress Test：Methodological Note" March, 2011
- European Banking Authority, 2011. "2011 EU-WIDE STRESS TEST AGGREGATE REPORT" July, 2011
- Hoggarth G and Whitley J, 2003. "Assessing the strength of UK banks through macroeconomic stress tests", Bank of England Financial Stability Review, June, 2003
- International Monetary Fund, 2011. "Global Financial Stability Report" April,

2011
- International Monetary Fund, 2010. "Integrating Stability Assessments Under the Financial Sector Assessment Program into Article IV Surveillance"
- International Monetary Fund and World Bank, 2005: Financial Sector Assessment: A Handbook.
- Jakubík Petr and Gregory D Sutton, 2011. "Thoughts on the proper design of macro stress tests" BIS Papers No60
- Sorge, Marco, 2004. "Stress-testing financial systems: an overview of current methodologies" BIS Working Papers No.165, December 2004
- 日本銀行「金融システムレポート（2008年9月号）」2008年9月30日
- 日本銀行「金融システムレポート（2011年10月号）」2011年10月18日

第 2 部

各リスク・タイプの
ストレステスト

第4章

信用リスクのストレステスト

桑原大祐、岡崎貫治

第1節　はじめに

　信用リスクにおいても、他のリスク・カテゴリー同様にストレステストの活用の重要性が認識されるようになってきた。信用リスク管理におけるストレステストの目的は、信用VaRモデルを補完することや、全社的に合意された特定のマクロ・シナリオ下における信用ポートフォリオへのインパクトの把握などである。

　信用リスク管理のストレステストのシナリオ策定プロセスにおいては、策定されたマクロ・シナリオをどのように信用リスクのパラメータに落とし込んでいくのか（マクロ・シナリオからリスクドライバーへの変換）が大きな課題となる（図表4－1参照）。信用リスクのストレステストにおいて、推計することが必要なインプット・パラメータとしては、ストレス時の格付遷移、PD、LGD、EADといったものがあげられる。また、シナリオと関連するパラメータとして相関係数（もしくは、マクロファクターへの感応度）も大事なパラメータである。特に、ストレス時には平常時とは異なり、企業のデフォルトの相関が増大する傾向がある。したがって、相関係数についてもストレスを考慮したパラメータの設定が必要となる。さらに、リテールの商品のな

図表4-1　ストレステストの枠組み

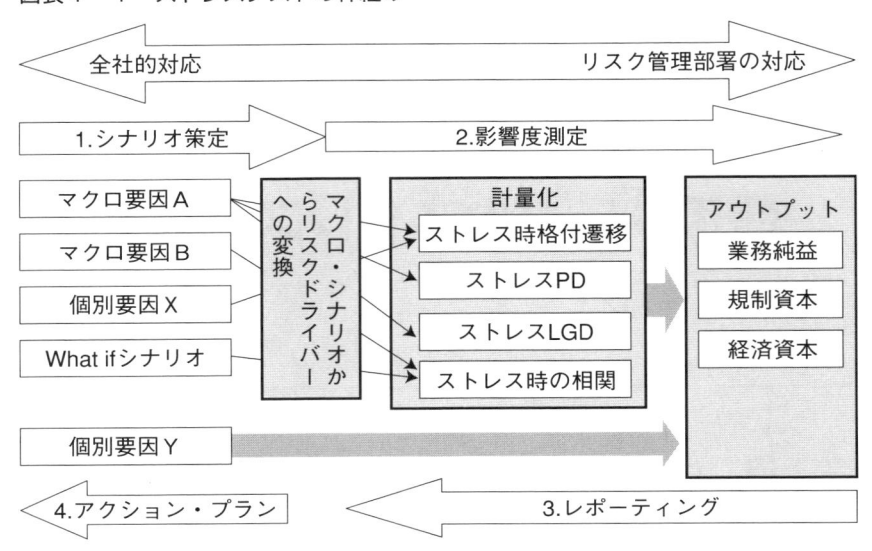

| 全社的対応 ←――――――――→ | リスク管理部署の対応 |

1. シナリオ策定 → 2. 影響度測定

- マクロ要因A
- マクロ要因B
- 個別要因X
- What ifシナリオ

→ マクロ・シナリオからリスクドライバーへの変換 →

計量化
- ストレス時格付遷移
- ストレスPD
- ストレスLGD
- ストレス時の相関

→ アウトプット
- 業務純益
- 規制資本
- 経済資本

個別要因Y ――――――――――――→

4. アクション・プラン ← 3. レポーティング

注：本章において太枠に囲まれたプロセスを中心に解説する。

かでも住宅ローンについては、金融機関のポートフォリオにおける割合も増加しリスク管理の重要性が高まっている。住宅ローンについては、期限前償還によって優良な顧客の返済が進むことにより、金融機関の保有するポートフォリオにおけるリスクが濃縮される効果や、時間の経過に伴うデフォルト率の上昇（シーズニング）の影響も検討することが必要となる。

信用リスクのストレステストにおいて、アウトプットとして算定されるのは各シナリオに応じた予想損失額であったり、引当額であることが多い。やはり経営者がいちばん気にするのは財務上のインパクトであり、信用リスクのストレステストのアウトプットとしては、貸倒引当金の増加額についての分析のニーズが強い。また、内部格付手法採用行であれば、各パラメータにストレスを与えたときの自己資本比率への影響も関心の高いテーマである。

本章においては、統合リスク管理のストレステストの枠組みのなかで特に、信用リスクに関連する論点を議論する。具体的には、ヒストリカル・シ

ナリオや仮想シナリオによって設定されたマクロファクターをどのようにストレス時の信用リスクのパラメータ（ストレス時のPD、LGDなど）へ変換するのか、またこれらの影響をどのように表現するのか（財務上のインパクト、規制資本へのインパクトなど）について検討する。

なお、ストレステストの実務的な対応について議論する前に、信用リスク管理のなかで用いられるモデルの前提条件について解説し、これらの前提条件をふまえたモデルの限界を検討する。経営者はこれらの統計モデルの限界や前提条件を理解したうえでストレステストを経営判断に活用することが必要である。特に信用VaRのような計量化手法を用いる場合には、個社への与信集中や地域・産業等へのセクターへの与信集中が分布の"tail"（裾）部分に大きな影響を与える。したがって、信用VaRなどのモデルの特に"tail"部分での信頼性を補完するためにもストレステストの活用が必要である。

第2節　モデルの前提条件と与信集中リスク

1　バーゼルⅡ・第一の柱の前提条件

バーゼル銀行監督委員会は、バーゼルⅡの内部格付手法のモデルを設計するにあたり、"Portfolio invariant"の性質をもつモデルを要件とした。"Portfolio invariant"とは、金融機関のポートフォリオのなかにあるエクスポージャーのUL（リスク・ウェイト）が、当該エクスポージャーのリスクのみに依存し、金融機関のポートフォリオ全体には依存しないというものである。バーゼルⅡの第一の柱においては、"Portfolio invariant"の特性によって、追加与信のULを当該与信の情報のみによって算定できるという管理上のメリットを享受することが可能となった。

通常、信用リスクはポートフォリオ全体で評価するものであるから、たとえば建設業に集中した与信のある金融機関が1億円建設業に融資実行した場合と、建設業に与信のない金融機関が初めて建設業に1億円融資した場合と

では、追加的な建設業に対する1億円の融資がポートフォリオに与える影響は異なる。前者は、後者に比べてULの増加が大きくなることが予測される。このように実際のポートフォリオにおいては追加与信によるULの増加は既存のポートフォリオに依存する。"Portfolio invariant"のモデルを設計したことにより、各銀行の分散投資効果の度合いを内部格付手法は反映することができないという欠点をもつことになった。内部格付手法は、金融機関のポートフォリオが無限に分散された理想的なものであることを前提としたモデルを採用した。

さらに、"Portfolio invariant"のモデル設計の要件から、内部格付手法を検討した結果、Asymptotic Single Risk Factor（ASRF）modelと呼ばれるモデルをバーゼル銀行監督委員会は選択した。またGordy[1]によればASRF modelだけが、この要件を満たすことが示されている。ASRFはその名の示すとおり1ファクター・モデルである。1ファクター・モデルは、ある企業の価値変動をすべての企業の共通要因（システマティック・リスク）と各企業独自要因（イデオシンクラティック・リスク）で表現するモデルである。

 企業iの価値変動＝すべての企業の共通要因（システマティック・リスク）による変動＋企業iの個別要因（イデオシンクラティック・リスク）による変動

このように、内部格付手法の採用モデルは、金融機関のポートフォリオが無限に分散されていることと、与信先のすべての企業が共通の一つのマクロ要因に影響を受けるという前提条件を仮定することになった。

一方、内部格付手法の採用モデルでは考慮されていない与信集中リスクは、主に、個社集中リスクとセクター集中に類型される。

a　個社集中

前述のとおり、第一の柱におけるモデル（リスク・アセット関数）は、ポー

1　An Explanatory Note on the Basel II IRB Risk Weight Functions

トフォリオが無限に分散されているとの前提、つまり、個社ごとの個別要因であるイデオシンクラティック・リスクが完全に分散しきっている前提に成り立っている。したがって、ポートフォリオ内に分散しきれていない状態、つまり、イデオシンクラティック・リスクが残存する場合、リスク・アセット関数はポートフォリオの信用リスクを過小評価してしまう。

現実の金融機関のポートフォリオは、無限分散の状態ではなく、個社の集中リスクを伴っている。たとえば、企業城下町に立地する金融機関であれば、特定の個社および当該個社グループに対する大口の与信が集中しているであろう。このように極端な例でなくとも、与信額の上位20社を並べてみると、全与信額の何割かを占めるような場合もあるだろう。

b　セクター集中

セクター集中は、たとえば、特定の業種や特定の地域に対する集中である。一般的に同一のセクターに所属する企業の信用状態は相関が高くなる。たとえば、セクターとして、ある地域を設定したとする。当該地域における企業は、地域経済の影響を同じように受けるため、相関が高くなる。また、たとえば、米国の自動車産業のように、すべての企業が同じように悪化したケースがあったように、同じ業種の企業の相関も高くなる。したがって、同一セクターに、過度な集中が発生している場合、ポートフォリオのリスクが上昇することになる。

2　信用VaRモデルの前提条件

内部格付手法の採用モデルは、金融機関のポートフォリオが無限に分散されていることと、与信先のすべての企業が共通の一つのマクロ要因に影響を受けるという前提条件を仮定することになったため、バーゼルⅡの第二の柱においては、与信集中リスクを適切に管理することが求められている。第二の柱において、多くの金融機関はモンテカルロ・シミュレーションによる信用VaRを用いた計量化手法を内部モデルとして活用している。信用VaRのモ

デルの前提条件は、第一の柱のASRFモデルと異なり金融機関ごとに独自の前提条件を考慮した運営を行うことができる。たとえば、資産相関についても、業種、規模、格付等に応じた自行推計値を利用することが可能であるし、資産価値の変動要因となるファクターを一つに限らず、マルチ・ファクターにした運営を行うことも可能である。

このような内部モデルの運営によって、ASRFモデルに比べて与信集中に対しての可視化がある程度可能となる。しかしながら、内部モデルにおいてもモデルには限界が存在する。まずは、信用VaRモデルでとらえにくいコンテージョンとフィードバック効果2について解説する。

3 伝播（コンテージョン）とフィードバック効果

地域金融機関の場合であれば、セクター集中（特に地域集中）は避けられない宿命にある。地域における一企業のプレゼンスが大きい場合、実質的な個社集中となったり、特定の産業に対する集中（下請け、孫請け）として表れることもある。当該地域の大手企業の業績の低下がサプライ・チェーンに含まれる企業の信用力の低下に結びつく。さらに、地域全体の景気低迷につながり、サプライ・チェーンの外の企業の信用力の低下にまで至る。このように企業の信用力の低下が地域内で「伝播（コンテージョン）」すると金融機関に大きなインパクトとなる。「伝播（コンテージョン）」による集中リスクを評価するためには、連関する業種・地域などへのフィードバック効果を把握することが必要である。

ストレステストにおいては、フォワード・ルッキングなシナリオ策定が重要視されているが、「コンテージョン」のような「フィードバック効果」をフォワード・ルッキングに勘案することの重要性も指摘されている。今回の金融危機では、金融システムに発生した一次的なストレスは、個々の金融機関の対応を通してさらにシステム内のショックの波動を増幅させる。たとえ

---

2 一部のセクターやリスク・カテゴリーにおいて発生した初期のショックが、金融システム全体にわたる相互作用につながり増幅される作用。

図表4－2　コンテージョンの概要

> コンテージョン
> 　サプライ・チェーン、カウンターパーティとしてのビジネス上の相互のつながりがデフォルトの連鎖を引き起こす。このような集中リスクを伝播（コンテージョン）リスクという。

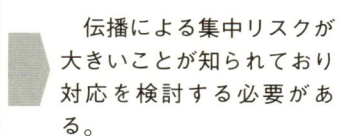

⇒ 伝播による集中リスクが大きいことが知られており対応を検討する必要がある。

例)
　中小企業Ａが大企業Ｘの下請企業でＡの業績はＸへの業務に依存する場合、ＸがデフォルトＬた場合の条件付きのＡのPDは、無条件のＡのPDより高くなる（中小企業Ａの資産価値が大企業Ｘのイデオシンクラティック・リスクと独立ではない）。

[大企業Ｘ] ←依存関係— [中小企業Ａ]

　企業城下町を中心とした経済に依存する地域における金融機関においてはサプライ・チェーンを通じたコンテージョンの影響をストレステストによって評価することが必要である。

ば、今般の金融危機は、住宅ローンのデフォルトがきっかけとなり、それを裏付けとするCDOの市場価格を悪化させた。また、そもそものCDOのプライシングモデルの欠陥が白日のもとにさらされ、証券化市場全体に対して疑心暗鬼となった。これらの商品の商品流動性は枯渇し、ポジションが大きい銀行は信用力を疑われて、インターバンク市場での資金調達の影響も発生し、金融業界全体の信用収縮につながった。このように、フィードバック効果を反映したシナリオを策定するためには、シナリオ期間（タイム・ホライズン）をより長期的なものとするなどの工夫も必要である。

4　モデルリスクとストレステストによる補完

　金融危機をふまえて、モデル自体が機能しない状況を経験した。そのような反省をふまえて、モデルの前提条件が崩壊するような状況での、ストレステストを行うことの重要性が再認識されている。信用リスク管理においては、パラメータ推計自体にモデリングを行うことも多い。たとえば、PD推

図表 4 − 3　ロジスティック回帰モデル

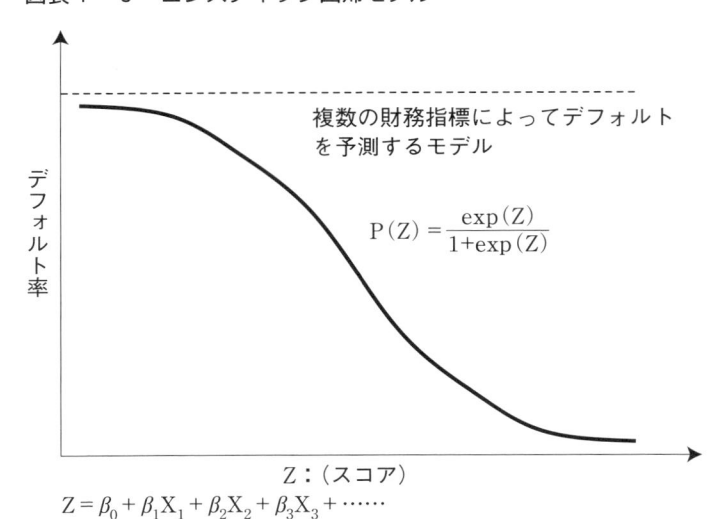

複数の財務指標によってデフォルトを予測するモデル

$$P(Z) = \frac{\exp(Z)}{1+\exp(Z)}$$

Z：（スコア）

$Z = \beta_0 + \beta_1 X_1 + \beta_2 X_2 + \beta_3 X_3 + \cdots\cdots$

注：$X_1, X_2, X_3 \cdots\cdots$は、説明変数（自己資本比率、インタレストカバレッジレシオなどモデルに投入する財務指標）。

計の前提条件となる格付の付与にあたっては、ロジットモデルと呼ばれる回帰手法を用いてスコアリングを行っている。ロジットモデルは、自己資本比率やインタレストカバレッジレシオなどの財務指標を用いて企業の信用力を説明しようとする回帰モデルである。したがって、過去の企業の財務指標とデフォルト実績を用いてモデル化するため、ヒストリカルなパターンから外れた動きを予測することはできない。昨今の景気後退局面において財務内容がよいのに資金繰りによって破綻したケースや食品偽装、建築偽装等のオペレーショナル・リスクの顕在化によるデフォルトなどは予測は困難であった。

　また、信用リスクの計量化においては、相関係数は固定値としてモデリングすることが多い。しかし、金融危機のように、通常の市場の振る舞いとはかけ離れた動きをするようなときには、相関関係も通常の状態とは異なった動きとなる。前述の「コンテージョン」のようなケースにおいては、複数の

図表4－4　モデルの限界と補完

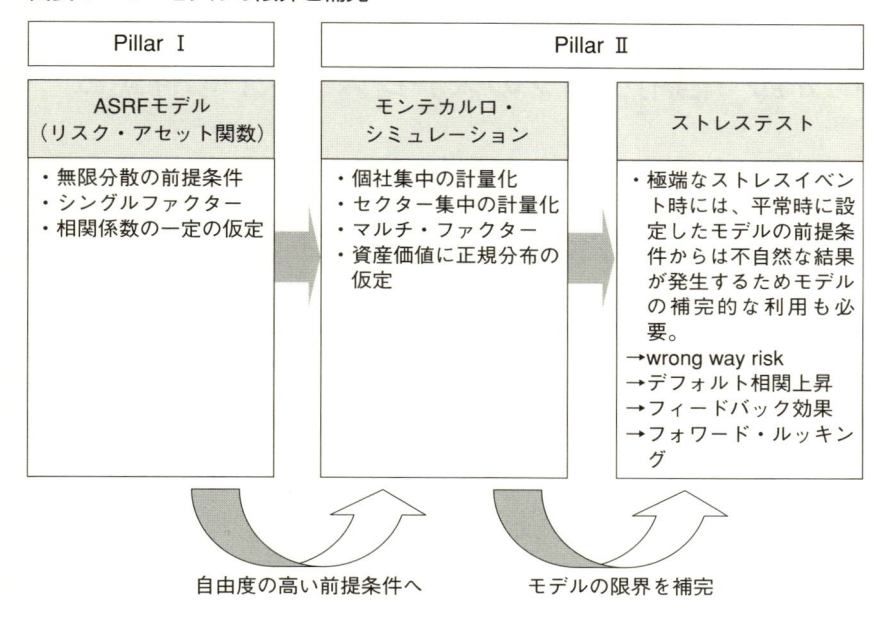

Pillar Ⅰ	Pillar Ⅱ	
ASRFモデル （リスク・アセット関数） ・無限分散の前提条件 ・シングルファクター ・相関係数の一定の仮定	モンテカルロ・ シミュレーション ・個社集中の計量化 ・セクター集中の計量化 ・マルチ・ファクター ・資産価値に正規分布の仮定	ストレステスト ・極端なストレスイベント時には、平常時に設定したモデルの前提条件からは不自然な結果が発生するためモデルの補完的な利用も必要。 →wrong way risk →デフォルト相関上昇 →フィードバック効果 →フォワード・ルッキング

　　自由度の高い前提条件へ　　　　モデルの限界を補完

企業の信用力の低下が通常よりも高い相関関係をもって実現することになる。

　さらに、LGDやEADについては、計量化においてモデル化していないようなケースでは、これらのパラメータは固定値として信用VaR計測を行っている。しかし、金融危機においては、カウンターパーティへのデリバティブ取引の勝ちポジションがふくらみそれがカウンターパーティの信用力の低下へつながるなど、PDの上昇とEADの上昇が同時に起こる事象が発生した。このようにカウンターパーティのPDが上昇する局面で当該カウンターパーティのEADが同時に高まり、想定以上の損失が発生するリスクを"wrong way risk"という。

　これらのケースのように、モデルが表現している通常の市場環境の外側においては、VaRのようなアプローチには限界があり、信用リスク管理におい

ても他のリスクと同様にストレステストを活用することが必要である。

第3節　信用リスクのストレステストの枠組み

　信用リスクのストレステストの手順を図表4－5に示す。まず、最初のステップとして、仮想シナリオやヒストリカル・シナリオからストレス時のリスクドライバーへの変換を行うことが必要になる。PDを中心とした信用リスクのパラメータはGDPやCI[3]などのマクロファクターとの相関も高い。ストレス時のマクロファクターからは、各パラメータとの連関性をモデル化することによってストレス時のパラメータに落とし込む。また、ストレス時のパラメータは必ずしもモデルによって推計するものではなく、専門家による

図表4－5　信用リスクのストレステストの手順

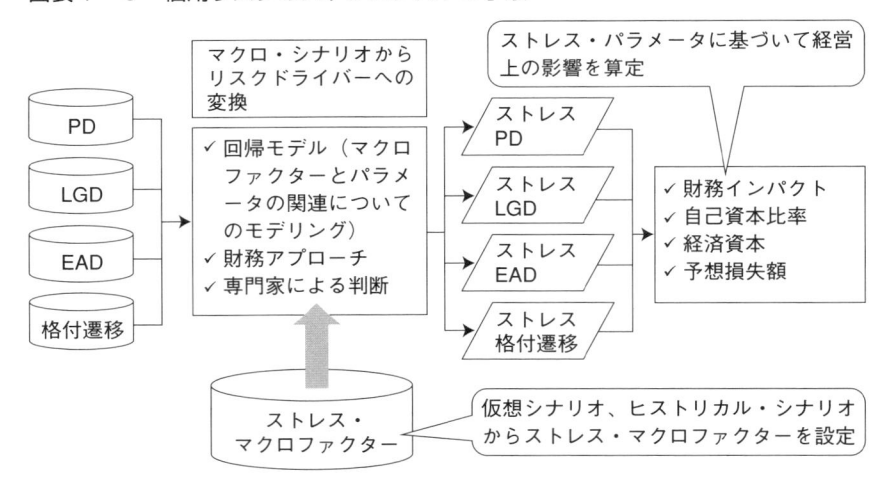

---

[3] 「景気動向指数には、コンポジット・インデックス（CI）とディフュージョン・インデックス（DI）がある。CIは構成する指標の動きを合成することで景気変動の大きさやテンポ（量感）を、DIは構成する指標のうち、改善している指標の割合を算出することで景気の各経済部門への波及の度合い（波及度）を測定することを主な目的とする」（内閣府ホームページ記載より抜粋）

判断による場合もある。特に後述するコンテージョンやフィードバック効果を考慮したストレステスティングにおいては、より専門家判断が重要視されることになるであろう。ストレス時のマクロファクターから、ストレス時のパラメータを推計する手法は大きく分けて2種類に分類される（図表4－6）。

最初の手法は、マクロ指標とPD等の時系列的な相関関係を回帰的にモデル化するアプローチ（回帰モデル）である。本章においては、この手法を中心に解説する。その他の手法としては、マクロ指標と債務者の財務指標の関連を考察するアプローチ（財務アプローチ）がある。たとえば、マクロ経済の悪化は、債務者のビジネスの悪化（売上減少など）によって、財務指標を悪化させる。悪化した財務指標に基づいて、債務者を再評価しPDを推計するアプローチである。後者のほうがよりきめ細かな分析を可能とするため、特に与信集中した大口の債務者等については有効である。

ストレスPD、ストレスLGDなどのストレス時のパラメータを推計した

図表4－6　信用リスクのストレステストの類型

アプローチ	内　容	特　徴
回帰モデル	マクロ指標とパラメータの相関関係を回帰的にモデル化し、ストレス時のパラメータを推計する。	すべてのポートフォリオに適用可能。 （統合リスク）
財務アプローチ	マクロ指標と債務者の財務指標の関連を考察し、ストレス時の財務指標を考察する。ストレス時の財務指標に基づいてパラメータを推計する。	きめ細かな分析は可能であるが、手間がかかるため大口の与信先等を中心に検討。 （信用リスク）

図表4－7　財務アプローチのイメージ

マクロショック → 与信先の業績（売上減少） → 財務インパクト → 財務スコア → 格付遷移PD上昇

ら、これらのパラメータに基づき、財務インパクトや自己資本比率への影響などをアウトプットとして算定することになる。ストレステストの結果のアウトプットについては、第5節「信用リスクのストレステストのアウトプット」において解説する。

第4節　ストレス・パラメータの推計

1　内部格付制度におけるパラメータ

　信用リスク管理のストレステストにおいて、策定されたシナリオをどのように信用リスクのパラメータに落とし込んでいくのかが大きな課題となる。信用リスクのストレステストにおいて、策定されたシナリオから推計することが必要なインプット・パラメータとしては、ストレス時のPD、LGD、EAD、格付遷移といったものがあげられる。また、シナリオと関連するパラメータとして相関係数（もしくは、マクロファクターへの感応度）も大事なパラメータである。前述のとおり、ストレス時には平常時とは異なり、企業のデフォルトの相関が増大する傾向がある。したがって、相関係数についてもストレスを考慮したパラメータの設定が必要となる。

2　ストレス時のPDおよび格付遷移

a　格付遷移行列

　格付遷移行列とは、ある期間（通常は1年で表現することが多い）における債務者の格付の遷移の状況を表現した行列である。格付遷移行列の例を図表4－8に示す。たとえば、期初に格付2にいた債務者のうち6.50％が格付3へランクダウンしたことを読み取ることができる。期末の格付は、期初の格付と同じであることが多いので、一般的には、図表4－8における対角線上（網掛け部分）に集中する。また、格付のランクアップ、ランクダウンも期

図表4-8 格付遷移行列

		期末の格付						
	格付1 (%)	格付2 (%)	格付3 (%)	格付4 (%)	格付5 (%)	格付6 (%)	格付7 (%)	デフォルト率 (%)
格付1	95.80	4.18	0.01					0.01
格付2	0.01	90.00	6.50	2.50	0.97			0.02
格付3		1.50	82.20	8.00	4.44	2.20	1.63	0.03
格付4		0.15	3.00	82.97	8.80	3.10	1.50	0.48
格付5			0.03	4.50	80.00	10.63	3.34	1.50
格付6			0.01	0.10	4.66	81.77	8.94	4.52
格付7			0.01	0.02	0.06	3.70	88.21	8.00

（期初の格付）

初の格付からの近くで推移することが一般的なので、対角線の近く（左右）に集中する。

ストレステストの実施にあたっては、フィードバック効果を勘案することが必要であり、そのためにはシナリオ期間（ホライズン）の長期化を検討することになる。この場合、格付遷移行列も対応する長期間のものを推計する必要がある。最も単純には、以下のように1年の格付遷移行列の乗算によって複数年間の遷移行列を算定するアプローチもある。

$M_2 = M_1 \times M_1$

$M_3 = M_1 \times M_1 \times M_1$

M_i：i年間の格付遷移行列

しかし、複数年間の格付遷移行列を1年の格付遷移行列のべき乗によって算定する場合、格付遷移のマルコフ性という強い仮定のうえで計算していることに留意すべきである。実際には、格付遷移はこれまでの経路に依存していることが考えられる。したがって、より長期間のデータをもとに長期的な格付遷移の特性を検討したいところである。

次に、ストレスを掛けた格付遷移行列をどのように策定すべきか検討する。最も簡単なものは、すべての債務者の格付が「すべて1ノッチ下がる」「すべて2ノッチ下がる」などのアプローチである。また、特に与信額の大

きい先を抽出して格付のランクダウンの影響をきめ細かく検討する運営も考えられる。しかし、自行の格付遷移をより精緻に分析するためには、自行のレーティング・フィロソフィーを考慮したシナリオの策定が必要となる。以下、レーティング・フィロソフィーについて解説した後で、レーティング・フィロソフィーを考慮したストレス時の格付遷移とPDの推計方法を検討する。

b　レーティング・フィロソフィー

ストレス時における格付遷移を検討するにあたっては、格付制度におけるレーティング・フィロソフィーを考慮する必要がある。格付制度は、信用力の相違する債務者を判別し信用力の等しい債務者をそれぞれの格付ランクにふるい分けていく制度である。格付ランクへのふるい分けの仕組みとしては、「ポイント・イン・タイム"Point-in-time"（以下、PIT）」と「スルー・ザ・サイクル"Through-the-cycle"（以下、TTC）」の考え方に分類される。

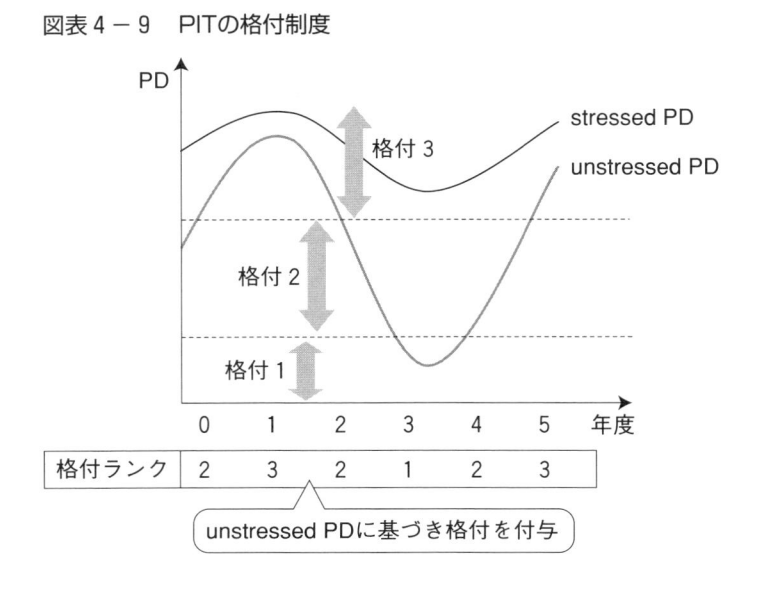

図表 4 − 9　PITの格付制度

PITの考え方は、現在の経済状況を考慮した債務者の信用力によって序列をつける格付制度であり、TTCの格付制度は、不況期もしくはストレス時における債務者の信用力によって序列をつける格付制度である。

PITの格付制度においては、現在の経済状況を考慮した情報により評価した債務者の信用力、つまり「現在の経済状況における予想デフォルト率"unstressed PD"」に基づき債務者を序列化する。したがって、景気変動によって、債務者の格付ランクは大きく変動することになる。たとえば、景気の上昇局面においては、格付のランクアップが発生し、下降局面においては、格付のランクダウンが多く発生することになる。

TTCの格付制度においては、ストレス時における債務者の信用力、つまり「ストレス時における予想デフォルト率"stressed PD"」に基づき、債務者を序列づけする。なお、債務者を序列づけするときに用いる予想デフォルト率を算定するときに債務者に負荷する"stress"は、必ずしもストレステストの時に負荷するストレスとは一致しない。「どの程度のストレスを負荷

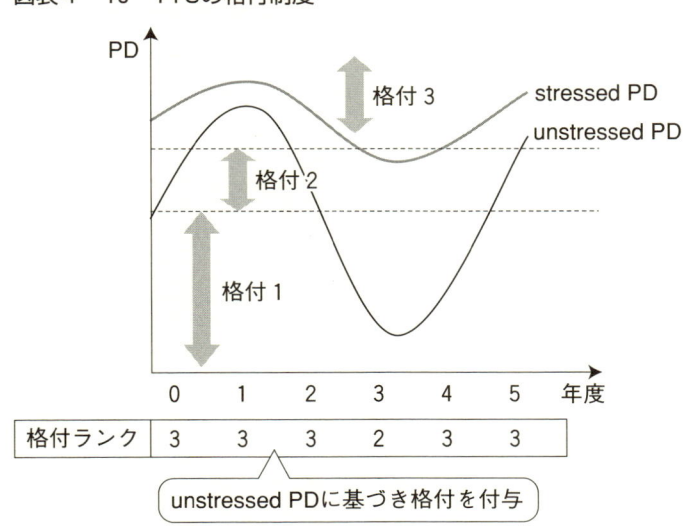

図表4−10　TTCの格付制度

年度	0	1	2	3	4	5
格付ランク	3	3	3	2	3	3

unstressed PDに基づき格付を付与

第4章　信用リスクのストレステスト

した状況で債務者を評価し格付を付与すべきか」についての考え方がまさに各金融機関独自の「レーティング・フィロソフィー」である。

TTCの格付制度は、景気変動によっても、債務者の格付は大きく変動することがないのが特徴である。なぜなら、景気の変動を考慮し、特にストレスへの債務者の耐性を債務者評価で反映されているからである。一方で、景気が変動すると各格付のデフォルト実績率（予測値としてのPDとは明確に区別している）は変動する。たとえば、景気の上昇局面においては、各ランクのデフォルト率は上昇し、下降局面においては、各ランクのデフォルト率は下降する。

図表4－9および図表4－10にそれぞれPITとTTCの格付制度のイメージを示している。図表4－9をみると、unstressed PDによって格付をマッピングするPITの格付制度においては、景気のピークで格付が最高位になり、景気の底で格付が最低になるように格付が変動しているのが確認できる。一方で、stressed PDによって格付をマッピングするTTCの格付制度においては、格付は大きく変動しないことが確認される。

図表4－11　PIT・TTCにおける格付遷移とデフォルト率の変動

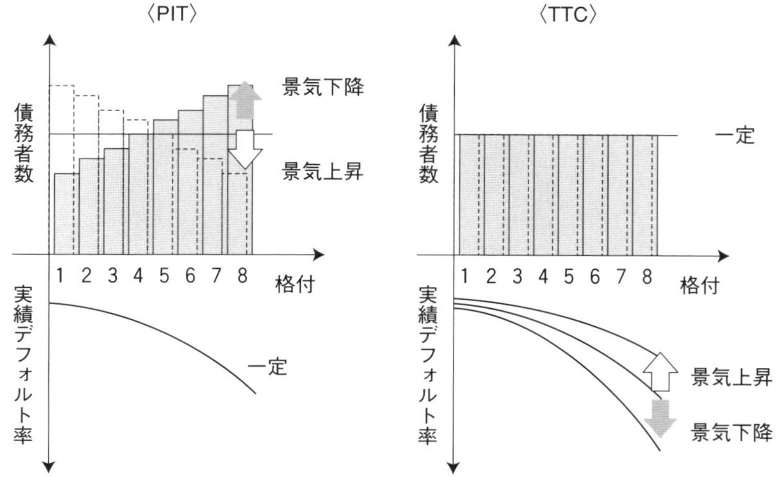

したがって、ストレステストの実施にあたっては、自行の格付制度がPITであるのか、TTCであるのかを考慮して格付遷移およびPDを予測することが必要である。なお、一般的な格付制度においては、完全なTTCもしくは完全なPITの制度になることはなく、両者の特徴を備えたハイブリッドな格付制度になっていることが多い。このような格付制度においては、景気変動に対して、格付および実績デフォルト率の両者が変動することになる。また、実際の格付制度は、景気の低下局面と上昇局面でも特性が異なることも多い。景気の低下局面ではPIT的に格付のランクダウンは迅速に実施するが、上昇局面では、ランクアップは保守的に行うなどの運用も多い。また、同一の格付制度においても、上位ランクと下位ランクでの特性も異なるケースもある。上位ランクの債務者の集団は、あまり大きく変動しないが、下位ランクは大きく変動するような制度運営も多い。このような格付制度においては、上位ランクはTTC的で下位ランクはPIT的な運営になっているとも考えられる。

　TTC、PIT、ハイブリッドのそれぞれのレーティング・フィロソフィーのストレス時における格付遷移と実績デフォルト率の挙動を図表4－12にまとめた。

　次に、TTCおよびPITの各レーティング・フィロソフィーに基づく格付制度において実績デフォルト率、および推計されたPD値（ここでは実績デフォルト率とは明確に区別している）の挙動がどのようになるか検討する。

　PITの格付制度においては、前述のとおり、債務者のunstressed PDに基

図表4－12　ストレス時の挙動

フィロソフィー	ストレス時の格付変動	ストレス時のデフォルト率の変動
Through-the-cycle	変化なし	上昇
Point-in-time	下方遷移	変化なし
ハイブリッド	下方遷移	上昇

づいて債務者を序列づけする。したがって、景気変動のあらゆる局面において、各格付における実績デフォルト率は、一定である。経済状況が好転すると、unstressed PDの低下した債務者は現在の格付から飛び出しより上位の格付へ遷移する。また、より下位の格付からは、unstressed PDの低下した債務者が加入してくる。結果として、それぞれの格付におけるunstressed PDは一定になるのである。景気の後退局面においても同様である。

　PITの格付制度において、unstressed PDが一定になるが、stressed PDは、どのような振る舞いになるのであろうか。PITの格付制度において、stressed PDは、景気の上昇局面において上昇する。これは直感的な解釈とは逆に感じるかもしれない。景気の上昇局面において、unstressed PDが低下したリスクの高い債務者の集団が上位の格付に遷移することになれば、遷移先の格付が劣化することになりstressed PDは、結果として上昇することになるのである。景気の低下局面においては逆のことが起こる。

　TTCの格付制度においては、前述のとおり、債務者のstressed PDに基づいて債務者を序列づけする。したがって、景気変動のあらゆる局面において、各格付におけるstressed PDは、一定である。一方で、TTCの格付制度において、unstressed PDは景気の上昇局面において低下する。これは直感的な理解と一致している。景気の上昇局面においてもstressed PDは変化しないため各格付の債務者は大きく変動しないが、それぞれの債務者のunstressed PDは、景気の上昇を反映して低下することになるからである。景

図表4-13　PD値の挙動

推計PD フィロソフィー	格付ごとの unstressed PD	格付ごとの stressed PD
Through-the-cycle	景気後退時に上昇 (景気上昇時に低下)	安定
Point-in-time	安定	景気後退時に低下 (景気上昇時に上昇)

気の後退局面においては逆のことが起こる。

各レーティング・フィロソフィーに対応した格付ごとのPDの挙動を図表4－13にまとめた。レーティング・フィロソフィーが異なると景気変動に対する格付ごとのPDの挙動が変わってくる。また、格付ごとのPDの挙動は、

図表4－14　レーティング・フィロソフィーのベンチマーキング

①　以下のように、自行格付制度と比較対象の外部格付の間で信用力に応じたマッピングを行う。

自行格付	外部格付
格付1	AAA～AA－
格付2	A＋～A－
格付3	BBB＋～BBB－
……	……
格付9	CC～C
格付10	D

②　自行格付制度の格付遷移確率と外部格付制度の格付遷移確率を、格付ごとに算出する。

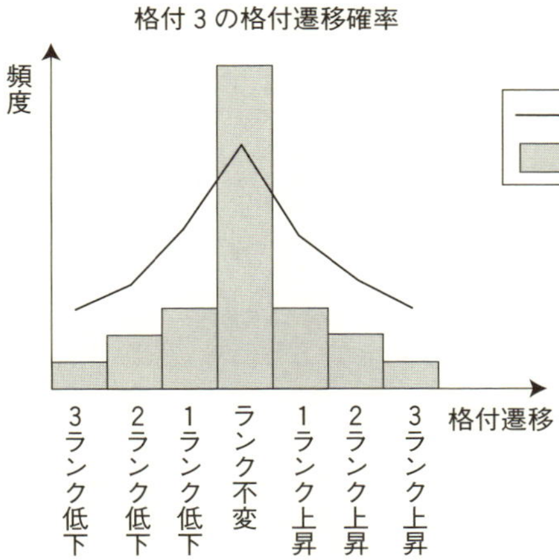
格付3の格付遷移確率
頻度
内部格付制度（折れ線グラフ）
外部格付制度（棒グラフ）
3ランク低下
2ランク低下
1ランク低下
ランク不変
1ランク上昇
2ランク上昇
3ランク上昇
格付遷移

③　グラフ化による比較のほか、ランク変化幅数による比較などにより、自行格付のレーティング・フィロソフィーを判断する。

推計手法がstressedであるか、unstressedなものであるかによっても異なる。したがって、信用リスクのストレステストを実施するためには、自行のレーティング・フィロソフィーを把握することが重要であることが理解できる。

　レーティング・フィロソフィーが意図したとおりに運営されているのかを確認するためには、自行の格付制度によって付与した債務者の格付がどのように変動しているかを、他の格付制度（外部格付等）と比較することが考えられる（ベンチマーキング）。内部格付の変動と、外部格付の格付変動を比較して、前者が後者より大きければ自行格付制度は外部格付制度と比してPIT的といえることになる。具体的に外部格付とフィロソフィーを比較する手順を図表4－14に示す。

　図表4－14においては、外部格付（棒グラフ）に比べて内部格付（折れ線グラフ）のほうが変動性が大きいことが確認できる。したがって、両者を比較すれば内部格付のほうがPIT的であるということができる（"BaselⅡ Implementation" Bogie Ozdemir/Peter Miu）。

　バーゼル規制においては、告示の188条において、債務者の評価の対象期間を1年以上とすることを要求し完全なPITの格付制度は否定している。

告示188条

　内部格付手法採用行は、事業法人等向けエクスポージャーに対する債務者格付及びリテール向けエクスポージャーのプールへの割当てについて、一年以上にわたる期間を評価の対象としなければならない。

　また、推計するPDは内部の実績値に基づく場合、告示の214条の1号によると「長期平均PD」を推計することを要求している。また、PDの推計にあたって、「五年以上の観測期間にわたる外部データ、内部データ又は複数の金融機関でプールしたデータを一以上利用しなければならない」としている。このことから、PD推計についてもより長期的な視点で（Through-thecycle的）に推計するように誘導している。

　したがって、TTC的な格付制度を構築することによって、景気の変動に伴い大きな格付の変動が生じないような仕組みが可能となる。景気の後退局面で格付のランクダウンが頻発すると、自己資本比率が急激に上昇してしまうことは規制資本管理上、好ましくないことであるからである。さらに、PD推計においても、より長期的な視点で（Through-the-cycle的に）推計することによって、景気変動時に大きくPD値が変動しないように誘導していると考えられる（図表4－12、図表4－13によれば、TTCのレーティング・フィロソフィーによって格付を付与し、推計PDにstressed PDを適用すれば、ストレス時の格付遷移が抑えられたうえ、PDの急激な上昇を抑えられることが確認できる）。このように、景気の変動に対して、格付の変動とPD値の変動を抑えることができれば、景気変動の増幅効果を抑制することができる。バーゼル規制においては、設計上そのような方向へ誘導している。

　また、告示の200条において「信用リスクのストレス・テスト」を定期的に実施することが求められている。「信用リスクのストレス・テスト」は、景気変動に対してどのように自行の格付が変動しPDが変化するのか、つまり自行の内部格付制度の特性を十分に把握することによって、規制資本を適切に管理することを求めているものである。

（信用リスクのストレス・テスト）

第200条　内部格付手法採用行は、特定の条件が信用リスクに対する所要自己資本の額に及ぼす影響を評価するために、自行のエクスポージャーの大部分を占めるポートフォリオについて、少なくとも緩やかな景気後退シナリオの効果を考慮した有意義かつ適度に保守的な信用リスクのストレス・テストを定期的に実施しなければならない。

2　内部格付手法採用行は、前項に定めるストレス・テストを実施するに当たっては、次に掲げる要件を満たさなければならない。

　一　内部のデータにより、少なくともいくつかのエクスポージャーに

> ついて格付の遷移を予測すること。
> 二　信用環境のわずかな劣化が自行の格付に及ぼす影響を考慮することにより、信用環境がより悪化した場合に生じうる影響について情報を得ること。
> 三　自行の格付を外部格付の区分に大まかに紐付けする方法その他の方法により外部格付の格付推移実績を考慮すること。

なお、告示200条のストレステストにおける「緩やかな景気後退シナリオ」は、Q&Aにおいて以下のように記載されている。

> 第200条－Q1　第200条第1項（信用リスクのストレス・テスト）に定める「緩やかな景気後退シナリオ」とは、どの程度の景気後退を想定するべきですか。
> （A）
> 　「緩やかな景気後退シナリオ」は置かれている経済状況や与信ポートフォリオとの相関等により異なるため、一律に想定することはできないと考えられます。バーゼル銀行監督委員会による最終文書「International Convergence of Capital Measurement and Capital Standards：A Revised Framework（June 2004, Updated November 2005）」のパラグラフ435においては、連続2四半期ゼロ成長が続く程度（two consecutive quarters of zero growth）の状況を想定したシナリオが例示されていますが、通常の景気循環の中で各金融機関の与信ポートフォリオが受ける影響（ストレス）が適切に反映されるシナリオの設定が求められます。

c　ストレスPDの推計とストレス格付遷移行列の策定

　レーティング・フィロソフィーを考慮したストレスPDとストレス格付遷移行列の策定について検討する。なお、ここでの「ストレスPD」は前述の

stressed PDとは意味が異なる。stressed PDが景気後退期における債務者のPDを指していたのに対し、ここでストレスPDと呼ぶものは、ストレステストを実施するにあたって策定したストレス・シナリオ（ストレス・マクロファクター）に対応したストレス度合いを反映したPDを指す。

ストレスPDとストレス格付遷移行列の策定にあたっては、以下の2点について確認する必要がある。
- 自行の格付制度のレーティング・フィロソフィーがいかなる特徴をもっているか（PIT的であるか、TTC的であるか、両者のハイブリッド的なものであるか）
- ストレステストに適用するPD値の類型（stressed PDを推計しているか、unstressed PDを推計しているか、長期平均であるか、直近の実績を反映しているか、など）

一般的な格付制度においては、完全なTTCもしくは完全なPITの制度になることはなく、両者の特徴を備えたハイブリッドな格付制度になることが多いため、格付別デフォルト率や格付遷移の実績を事後的に確認することも重要になる。そのため実際には、マクロファクターと格付遷移の関係や、マクロファクターと格付別実績デフォルト率の関係を確認することになる。その両者の関係を確認したうえで、ストレス・シナリオに基づくストレス・マクロファクターを構築し、そのストレス・マクロファクターに応じて、ストレスPDやストレス格付遷移を策定することになる。

(a) PDの類型とストレスPD

推計対象となるPDの種類について整理する。前述のとおり、金融機関の格付制度においてはPITとTTCのハイブリッド的な格付制度となることが多いため、図表4－15に示すように、格付ごとの実績デフォルト率は景気の変動とともに変動することが想定される。この実績デフォルト率に基づいてPDが推計されるが、目的に応じてさまざまなPDを推計することになる。

たとえば、図表4－15における「Ⓐ足元の景気を勘案したPD」は、直近の実績デフォルト率の予測を行うものである。この「足元の景気を勘案した

図表４－15　足元の景気を勘案したPDと長期平均PD

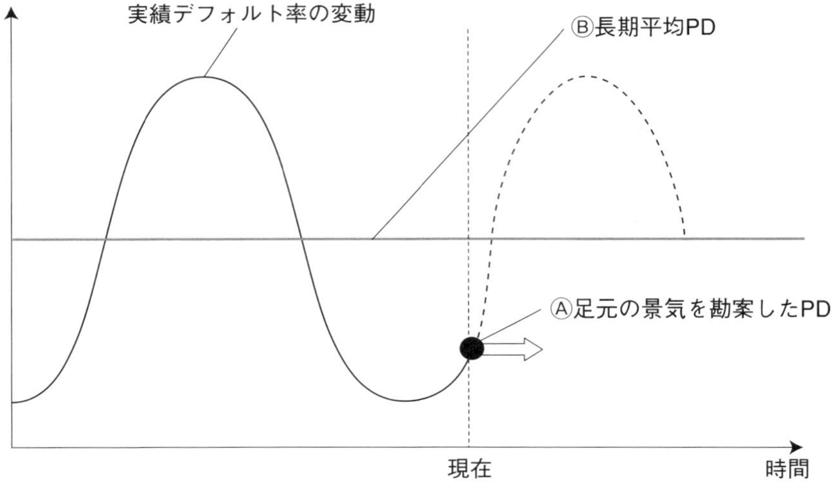

PD」は、金融機関の短期的なパフォーマンスの予測（たとえば、金融機関の１年間の損失額の予測）を行うときに用いられることが考えられる。

二つ目は、図表４－15における「Ⓑ長期平均PD」であり、これは実績デフォルト率の長期平均を推計の基礎としたものである。この「長期平均PD」は、たとえばバーゼルにおける自己資本比率の算出等に用いられるものである。

前述の２種類PDについてストレスを負荷したイメージが、図表４－16と図表４－17である。

図表４－16の「Ⓒストレス PD（短期的）」は、図表４－15の「Ⓐ足元の景気を勘案したPD」にストレスを負荷したものである。

図表４－17の「Ⓓストレス PD（長期平均）」は、図表４－15の「Ⓑ長期平均PD」に対して、ストレスを与えたものである。これは、景気悪化時における実績デフォルト率のデータを勘案して、実績デフォルト率の長期平均をとったものである。長期平均のデフォルト率は、そもそも景気サイクルをまたいだPDであるため想定される景気変動は吸収し、マクロ経済の変化に対

図表4−16　ストレスPD（短期的）

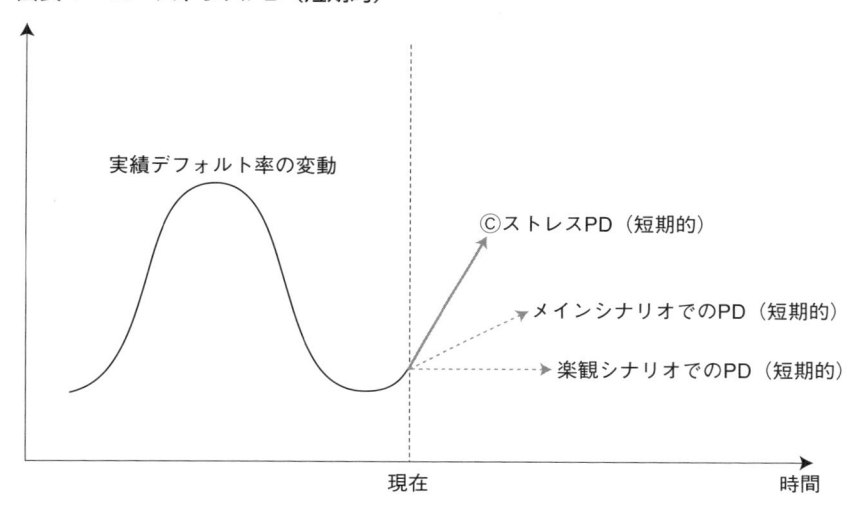

実績デフォルト率の変動
ⓒストレスPD（短期的）
メインシナリオでのPD（短期的）
楽観シナリオでのPD（短期的）
現在　　　　　　　　　　　　　時間

図表4−17　ストレスPD（長期平均）

実績デフォルト率の変動
ⓓストレスPD（長期平均）
ⓑ長期平均PD
現在　　　　　　　　　　　　　時間

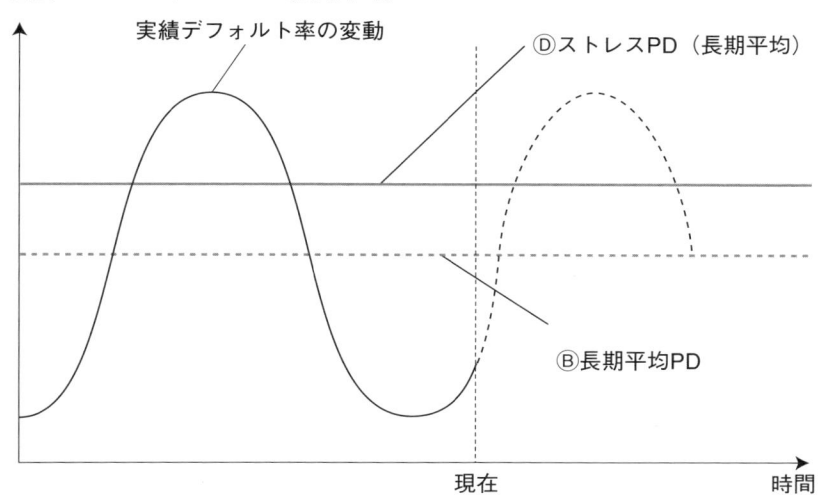

しては安定的であるものと考えられる。しかし、より長期的な景気サイクルの変動を含めたレジームの変化、もしくはマクロ経済構造の変化によって、

想定される景気サイクルとデフォルト率の関係が崩壊するようなシナリオを想定した場合においては、長期平均PD自体が大きく変動することも考えられる。このような構造変化によるクリフ的事象が発生した場合には、自己資本比率自体にも大きな影響が発生することもありうる。

(b) ストレスPDの策定

ストレスPDの策定方法を以下に示す。

① 過去における格付別実績デフォルト率データを収集し、その格付別デフォルト率の変化を確認する。実際の金融機関の格付別デフォルト率においては、債務者数が限定的であることにより高格付でのデフォルトの実績が存在しなかったり、政策的なデフォルト基準の変動により低格付でのデフォルト率の水準が変化したりすることが考えられる。このような過去における格付別実績デフォルト率の推移の特性を事前に確認しておくことが望ましい。なお、自行のデフォルト実績データを十分にさかのぼることができない場合には、外部格付と内部格付をマッピングし、外部格付機関の公表する実績デフォルト率を用いる対応も可能である。または、データコンソーシアムの実績データで補完するなどの対応もありうる。

② ①で確認した格付別実績デフォルト率を、マクロファクターによって説明する。マクロファクターの選択では、売上高などの経営に影響を与えるパラメータの変動要因を特定し、マクロファクターの選択において、定性的に選択する方法や、格付別実績デフォルト率との相関関係が高いものを選択する方法が考えられる。

③ ストレス・シナリオを作成し、そこでストレス・マクロファクター値を推計する。設定したストレス・マクロファクター値を②の関係式に投入することにより、ストレス環境下に想定される実績デフォルト率を推計する。

④ ③において推計したストレス環境下に想定される実績デフォルト率を用いて、ストレステストの目的にあわせたストレスPDを推計する。

図表4−18　ストレスPDの策定

① 実績デフォルト率の変動を確認する。

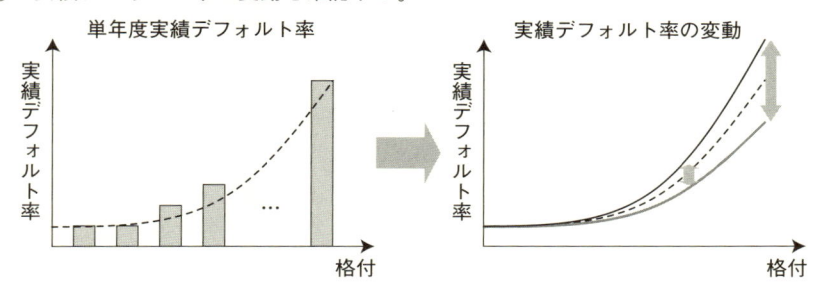

単年度実績デフォルト率　　　　実績デフォルト率の変動

② 実績デフォルト率の変動とマクロファクターの関係を構築する。
（例：GDP成長率と格付別実績デフォルト率）

	X年	X+1年	X+2年	X+3年
格付1	0.00%	0.00%	0.03%	0.05%
格付2	0.30%	0.40%	0.50%	0.60%
格付3	0.70%	0.80%	0.90%	1.00%
……	…%	…%	…%	…%
格付7	7.00%	7.50%	8.00%	9.00%
GDP成長率	1.10%	0.50%	−0.30%	−1.20%

デフォルト率＝f（GDP成長率）

③ ストレス・シナリオに相当するストレス・マクロファクターを設定し、ストレス環境下に想定されるデフォルト率を推計する。

　ストレス環境下に想定されるデフォルト率
　　＝f（ストレス・シナリオに相当するGDP成長率）

④ ストレス環境下に想定されるデフォルト率を用いて、ストレステストの目的にあわせたストレスPDを推計する。

(c) ストレス格付遷移の策定

ストレス格付遷移の策定方法を以下に示す。

① 過去における実績格付遷移データを収集し、その格付遷移の変化を確認する。実際の金融機関の格付遷移率においては、債務者数が限定的である

第4章　信用リスクのストレステスト

図表4-19 ストレス格付遷移の策定

① 格付遷移の変動を確認する。

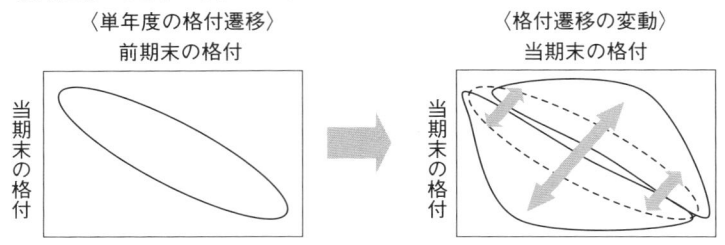

〈単年度の格付遷移〉
前期末の格付 → 当期末の格付

〈格付遷移の変動〉
当期末の格付

② 格付遷移の変動とマクロファクターの関係をモデル化する。
（例：GDP成長率と格付遷移確率の関係）

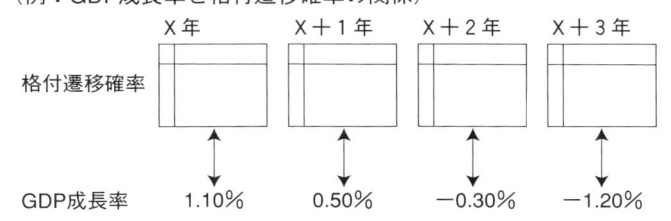

	X年	X+1年	X+2年	X+3年
格付遷移確率				
GDP成長率	1.10%	0.50%	−0.30%	−1.20%

③ ストレス・シナリオに相当するストレス・マクロファクターを設定し、ストレス環境下に想定される格付遷移確率を推計する。

　　ストレス環境下に想定される格付遷移確率
　　　＝f（ストレス・シナリオに相当するGDP成長率）

④ ストレス環境下に想定される格付遷移確率を用いて、ストレステストの目的にあわせたストレス格付遷移を推計する。

ことにより格付遷移率の序列に逆転があることが考えられることから、過去における実績格付遷移を事前に確認しておくことが望ましい。

② ①で確認した格付遷移を、ストレステストで採用するマクロファクターによってモデル化する。

③ ストレス・シナリオを作成し、そこでストレス・マクロファクターを設定する。設定したストレス・マクロファクターの値を②で構築したモデルに投入することにより、ストレス環境下に想定される格付遷移行列を推計する。

(d) **実務的課題**

　ストレスPDやストレス格付遷移を策定する方法の概略を述べたが、実際に両者を策定するにあたり遭遇するであろう問題点について、以下で検討する。まずは、LDPの問題である。特に高格付においては、金融機関の債務者数が限定的であることにより、デフォルト実績が存在しないこともある。このことがストレス時PDの推計を困難にする。

　これはストレステストだけの問題ではなく、通常のPD推計時にも遭遇する問題である。LDPの推計方法の問題に対しては、金融機関ごとにさまざまな工夫がみられる。たとえば、1）スコアリングモデルを用いた財務データからPDを推計する方法、2）マッピングした外部格付データによってデータを補完してPDを推計する方法、3）PDと格付の関係をパラメトリックにスムージングする方法などが考えられる。方法1）は、まず、過去のデフォルト情報を従属変数、債務者の財務データを説明変数としてモデル構築を行い、個別債務者ごとのモデルPDの推計を行う。次に、デフォルトの実績がない（もしくは少ない）高格付の債務者のモデルPDの平均を計算することで高格付のPDを得る。方法2）は、デフォルト実績がない格付について、当該格付とひも付けられる外部格付データを参照し、それを当該格付のPDとする。方法3）は、デフォルト実績のある格付間の関係性に注目し、特定の関数形を仮定することでデフォルト実績のない格付のPDを推計する。

　次に、政策的なデフォルト基準の変化などにより、低格付でのデフォルト率の変動とマクロ指標との間に整合性がみられない場合がある。この政策的なデフォルト基準の変化などへの対応には、デフォルト基準が変化している時期を認識して、その時期のデータを別途扱う（データを除く、ダミー変数を用いる、など）ことも考えられる。

　また、格付別実績デフォルト率や格付遷移確率の変動を説明するマクロファクターを決定することも、実務的には容易ではない。格付別実績デフォルト率や格付遷移確率の変動を説明するマクロファクターが事前に決まっているのであれば、そのマクロファクターをもって格付別実績デフォルト率や

図表4−20　マクロファクターの変動と実績デフォルト率の変動の関係

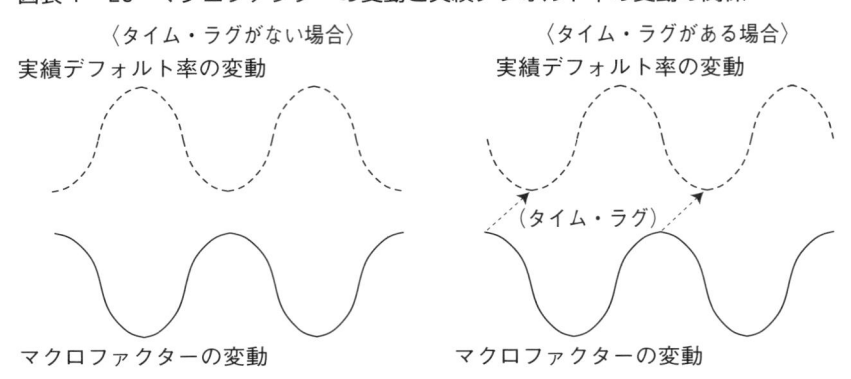

〈タイム・ラグがない場合〉
実績デフォルト率の変動

マクロファクターの変動

〈タイム・ラグがある場合〉
実績デフォルト率の変動

（タイム・ラグ）

マクロファクターの変動

図表4−21　マクロファクターの変化が格付別実績デフォルト率に与える影響

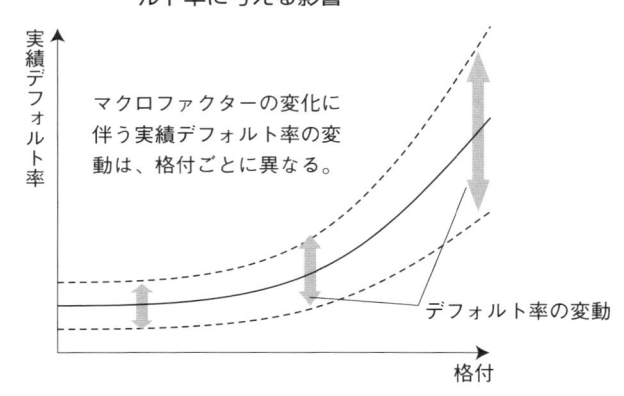

実績デフォルト率

マクロファクターの変化に伴う実績デフォルト率の変動は、格付ごとに異なる。

デフォルト率の変動

格付

格付遷移確率の変動を説明すればよい。しかしながら、その説明力が低いようであれば、説明力が高いマクロファクターに見直すことも考えられる。また、マクロファクターの変動と格付別デフォルト率の変動や格付遷移確率の変動の間にタイム・ラグがみられる場合もある（図表4−20）。そのため、格付別実績デフォルト率や格付遷移確率の変動を説明するマクロファクターの決定に際しては、タイム・ラグの可能性を検討する必要がある。

また、単一（もしくは少数）のマクロファクターで、複数ある格付の実績

デフォルト率の変動をどのように説明するかも、実務的にはむずかしい論点である。言い換えれば、一次元（スカラー）のマクロファクターで、多次元（ベクトル）の格付別実績デフォルト率をどのように説明するか、ということである。たとえば、マクロファクターの変化が格付別実績デフォルト率に与える影響は格付ごとに異なるはずである（図表4－21）。

これは、「マクロファクターが変動した場合に格付別実績デフォルト率がどの程度変動するか」を表しているため、マクロファクターに対する格付別実績デフォルト率の感応度と考えることができる。しかしながら、格付別実績デフォルト率はマクロファクター（が表す景気）のみの影響を受けているわけでなく、それ以外の要因（金融施策、ポートフォリオの構成、など）の影響も受けていると考えられる。そのため、実績デフォルト率のマクロファクターに対する感応度は格付ごとに異なり、格付ごとにその感応度を推計する必要がある。

(e) マクロファクターとデフォルト率および格付遷移の関係の構築

ここでは、マクロファクターと格付別実績デフォルト率や格付遷移確率行列の関係を構築する手法を検討する。

① マクロファクターから格付別実績デフォルト率を推計する方法

まずは、格付別実績デフォルト率に対して、マクロファクターを説明変数として回帰することにより、マクロファクターと格付別実績デフォルト率の関係を構築する手法が考えられる。この手法は、マクロ指標と格付別実績デフォルト率の関係を回帰式で表現するものである。

② マクロファクターから格付実績デフォルト率の変動を要約した指標を推計する手法

二つ目の手法は、格付別実績デフォルト率の変動を要約した指標に対してマクロファクターによる線形回帰を施し推計するものである。格付別実績デフォルト率の変動を要約する手法には、因子分析や主成分分析などが考えられる。この手法は、まず格付別実績デフォルト率間の関係を要約し、その要約されたものをマクロファクターで説明するものである。

図表4－22　実績デフォルト率をマクロ指標により直接回帰する手法

各格付別デフォルト率の系列に対して、マクロファクターの系列を説明変数として線形回帰を施す。

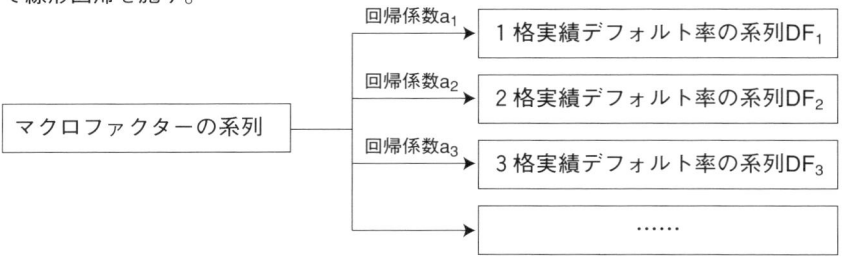

```
                        回帰係数a₁  ┌─────────────────────────┐
                     ┌──────────→ │ 1格実績デフォルト率の系列DF₁ │
                     │             └─────────────────────────┘
                     │  回帰係数a₂  ┌─────────────────────────┐
┌──────────────────┐ ├──────────→ │ 2格実績デフォルト率の系列DF₂ │
│ マクロファクターの系列 │─┤             └─────────────────────────┘
└──────────────────┘ │  回帰係数a₃  ┌─────────────────────────┐
                     ├──────────→ │ 3格実績デフォルト率の系列DF₃ │
                     │             └─────────────────────────┘
                     │             ┌─────────────────────────┐
                     └──────────→ │          ……              │
                                   └─────────────────────────┘
```

t 年における格付 i の実績デフォルト率DF_i^tに、t 年のマクロファクターX_tを説明変数として、次のような回帰式を得ることができる。

$$DF_i^t \approx a_i \cdot X_t + b_i$$

この場合、マクロファクターが1単位変化すると、格付 i の実績デフォル率がa_iだけ変化することを意味する。

図表4－23　実績デフォルト率を要約した指標をマクロ指標により回帰する手法

因子分析や主成分分析などで格付別実績デフォルト率の変動を要約した指標を、マクロファクターによる線形回帰によって感応度を格付ごとに推計する。

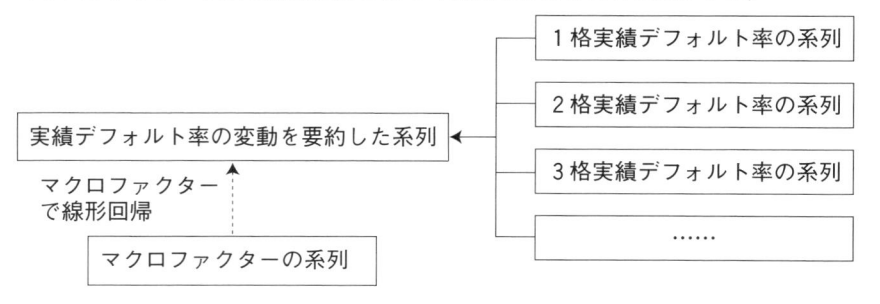

```
                                          ┌─────────────────────┐
                                       ┌─│ 1格実績デフォルト率の系列 │
                                       │  └─────────────────────┘
                                       │  ┌─────────────────────┐
┌──────────────────────────────┐       ├─│ 2格実績デフォルト率の系列 │
│ 実績デフォルト率の変動を要約した系列 │←──┤  └─────────────────────┘
└──────────────────────────────┘       │  ┌─────────────────────┐
            ↑                          ├─│ 3格実績デフォルト率の系列 │
  マクロファクター                       │  └─────────────────────┘
  で線形回帰                             │  ┌─────────────────────┐
            │                          └─│         ……           │
┌──────────────────┐                      └─────────────────────┘
│ マクロファクターの系列 │
└──────────────────┘
```

　格付別実績デフォルト率をイールドカーブにたとえて上記の二つの手法のイメージを説明すると、一つ目の手法が「イールドカーブのグリッドにおける変化を個別にマクロファクターで説明する」ものであり、二つ目の手法が「イールドカーブの変化をLevel、Slope、Curvatureの要因に分解し、その要因をマクロファクターで説明する」ものである。

③ マクロファクターを取り込むかたちで格付遷移確率行列をモデル化する手法

続いて、マクロファクターによって格付遷移確率行列を説明することを試みるが、(実績デフォルト率で用いたように)格付遷移確率行列の全要素の系列に、一つ一つマクロファクターで線形回帰を行う手法はむずかしい。というのは、実績デフォルト率とは異なり、格付遷移確率行列の要素がマクロ指標に対して単調4であるとは限らないためである。そのため、格付遷移確率行列をモデル化する手法が考えられる。たとえば、第一の例

図表4－24　マクロファクターに応じた格付遷移確率行列を推計する手法

① 債務者の信用力変化が特定の分布（下では、正規分布）に従っているとして、別途推計した閾値に応じて格付遷移確率が決まるものとする。

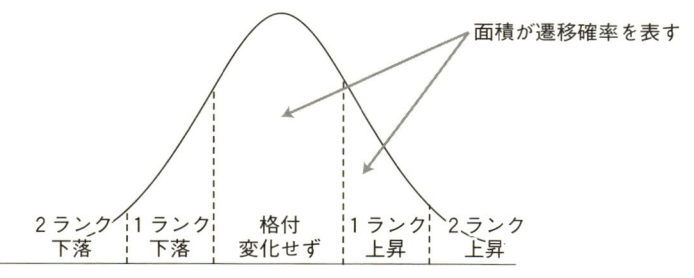

② 景気状況に応じて債務者の信用力の分布が平行移動するものとする（格付遷移を決定する閾値は変化しない）。

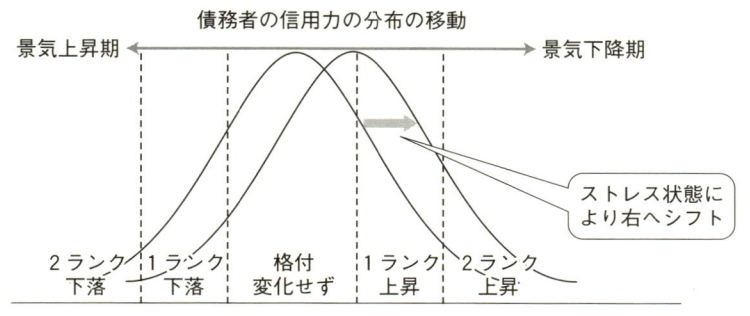

③ 過去の格付遷移実績に基づき、格付遷移の閾値や、マクロファクターが1単位変化した場合に債務者の信用力がどの程度移動するか、を推計する。

第4章　信用リスクのストレステスト

としては、将来における債務者の信用力が特定の分布（たとえば、正規分布）に従うとして、さらにその分布が経済環境に応じて平行に移動すると仮定したうえで、別途過去のデフォルト実績から推計した格付間の閾値から、格付遷移確率をモデル化する手法などが考えられる（図表4－24参照）。

　第二の例としては、基本的な考え方は第一の例と同じになるが、説明変数に財務指標を組み込んだ順序プロビット（ロジット）モデルを考えることができる。このケースでは、前期に任意の格付に存在する企業iが当期にどの格付に遷移するかをモデル化[5]することになる。モデルの説明変数には、一般的なスコアリングモデルに採用されている安全性、収益性、効率性などの各種指標が考えられ、さらに、マクロ指標を加えることで、経済環境に応じた格付遷移を推計することが可能となる（図表4－25参照）。

　最後に第三の例としては、レジーム・スイッチ[6]による格付遷移行列を得る方法が考えられる。たとえば、二つのレジームがあると考え、一つは景気拡大期、もう一つは景気後退期とする。その各々のレジームに適用する格付行列を、過去の景気拡大期、景気後退期において生じた実績の格付遷移から生成する。次に、景気動向を示す指標（GDP成長率、株価など）

---

[4] デフォルト率については、マクロ指標が悪化すれば上昇し、マクロ指標が低下するという方向性をもっているが、格付遷移率についてはそのような関係がない。たとえば、3格から4格への遷移率は、マクロ指標の悪化に伴い上昇するかもしれないが、より悪化した場合、5格以下への遷移がよりふえるために低下する可能性もある。したがって、マクロ指標との線形回帰による手法は困難である。

[5] 森平爽一郎・隅田和人「格付推移行列のファクター・モデル」（日本銀行金融研究所／金融研究／2001.12）では、財務データのみが説明変数となっているが、マクロファクターが信用力と密接な関係があることは、森平爽一郎［2009］「信用リスクモデリング―測定と管理―」（朝倉書店）や森平爽一郎・岡崎貫治［2009］「マクロ経済効果を考慮したデフォルト確率の期間構造推定」（ワーキングペーパーシリーズWIF-09-004、早稲田大学ファイナンス総合研究所）に詳しい。

[6] レジーム・スイッチに関する参考文献として、Anli Bangia. et al.［2000］「Rating Migration and Business Cycle, With Application to Credit Portfolio Stress Testing」、石島博［2005］「レジームスイッチングモデルとファイナンス理論・実証」、日本銀行金融市場レポート（2007年1月）などがある。

図表 4-25　マクロファクターと財務指標に応じた格付遷移確率行列を推計する方法

前期に任意の格付に存在する企業 i が当期にどの格付に遷移するかをモデル化する。説明変数にマクロ指標を採用することで、ストレス期の格付遷移を推計する。

〈通常期〉
当期末の格付

	1格	2格	3格	4格	5格
1格					
2格		企業i→☆			
3格					
4格					
5格					

前期末の格付

〈ストレス期〉
当期末の格付

	1格	2格	3格	4格	5格
1格					
2格		企業i			→☆
3格					
4格					
5格					

前期末の格付

がストレス・シナリオ中で一定の閾値を下回った場合に、景気拡大期から景気後退期へとレジームが推移したと考える。逆に、一定の閾値を上回った場合には、景気後退期から景気拡大期へとレジームが推移したと考える。こうした仕組みのもと、ストレス・シナリオ中で景気動向を示す指標を変動させることで、各局面に適した格付行列を適用することが可能となる。

④　マクロファクターから格付スコアリングモデルのインプットの変化を推計し、これに基づく格付変化を推計する手法

　上記までの手法は主に、格付遷移や格付ごとの実績デフォルト率を、マクロファクターや財務指標から直接推計するものであったが、それ以外にも、たとえば、格付付与のベースとなるスコアリングモデルの説明変数となっている個別企業の財務指標に対して、ストレスを与える手法も考えられる（図表 4-6 における財務アプローチ）。たとえば、売上高とマクロ指標を線形回帰によって関係づけし、ストレス期のマクロ指標を通じてストレス期の売上高を推計する。そのうえで、こうしたインプットをスコアリングモデルに投入し、そこで得られた格付をストレス期の格付とみなすのがこの方法である。この方法のメリットは、既存のスコアリングモデルな

図表4-26　スコアリングモデルの説明変数にインパクトを与える方法

財務指標にマクロ指標でストレスインパクトを与える。具体的には、財務指標にストレスインパクトを与えるサブモデルを構築し、そこで得られたストレス時財務指標をスコアリングモデルに投入する。
〈通常時の企業信用力（スコアリングモデル）〉
$$Z_i = \alpha + \beta X_i \quad (Zは企業の信用力、Xは売上高)$$
〈ストレス時売上高（サブモデル）〉
$$X'_i = a + bF \quad (Fはマクロ指標、X'はストレス時売上高)$$
〈ストレス時の企業信用力（スコアリングモデル）〉
$$Z'_i = \alpha + \beta X'_i \quad (Z'はストレス時企業信用力、X'はストレス時売上高)$$

どのインフラを活用できること、リスク管理部署や審査部署（営業サイド）との内部コミュニケーションがとりやすいことがあげられる。特に、後者の内部コミュニケーションの活発化は、firm-wideなストレステストを実施するうえで非常に重要な要素となる。

3　ストレス時のLGD

a　内部格付手法におけるLGD推計

バーゼル規制において先進的内部格付手法を採用する場合（基礎的内部格付手法におけるリテールエクスポージャーも含む）には、LGDを自行推計することになる。告示においては、推計すべきLGDは景気後退期を勘案し長期平均デフォルト時損失率以上の値を推計することを要件としている（告示216条）。

> **（LGDの推計）**
> **第216条**　内部格付手法採用行は、LGDを推計するに当たっては、LGDが次に掲げる性質をすべて満たす景気後退期を勘案したものとなるように、エクスポージャーごとに推計しなければならない。

> 一 当該エクスポージャーの種類のデータ・ソース内で生じたすべてのデフォルト債権に伴う平均的な経済的損失に基づいて計算した長期平均デフォルト時損失率を下回るものでないこと。
> 二 信用リスクに伴う損失率が長期の平均的な損失率を上回る期間において、当該エクスポージャーのデフォルト時損失率が長期平均デフォルト時損失率を上回る可能性を考慮に入れたものであること。

景気後退期を勘案したLGDの推計については、「バーゼルⅡの枠組文書におけるパラグラフ468のガイダンス」が公表されている。当ガイダンスにおいては、景気後退期の考慮の方法については、原則を示すにとどまる"Principles-based-approach"を採用することとした。「景気後退期の状況を勘案したLGDの推計に係る原則」は、以下のとおりである。

「銀行は、景気後退期の状況が回収率に及ぼし得る影響を評価し、景気後退期の状況を勘案したLGD推計値を算出するための堅固なプロセスを有していなければならず、当該プロセスは文書により明確に定められていなければならない。当該プロセスは、以下の要素を全て備えていなければならない」（日本銀行仮訳より）

ここで記載されるプロセスは3ステップで構成されている。
① 景気後退期の状況を特定すること
② PDと回収率の間の負の相関関係の特定（負の相関が実在する場合）
③ ①によって特定した景気後退期の状況を考慮したLGDを算出

なお、PDと回収率の間に負の相関が認められない場合は、長期のデフォルト加重平均損失率をLGDとすることができる。したがって、LGDの推計

図表4－27 相関の有無とLGD推計値

PDと回収率の間に負の相関あり	PDと回収率の間に負の相関なし
LGD＞長期のデフォルト加重平均損失率	LGD＝長期のデフォルト加重平均損失率

値は、相関の有無により図表4－27のとおりとなる。

バーゼル規制においてLGDの推計値は景気後退期を勘案することが要件となっている。したがって、ストレステストに用いるストレスLGDとの関係を整理することが必要となる。「バーゼルⅡの枠組文書におけるパラグラフ468のガイダンス」においては、以下のように整理されている。

> ストレス・テストによって算出されるLGDは、必ずしもパラグラフ468に従って推計されるLGDより高く、あるいは低くなる、ということは期待されていない。パラグラフ468に従った景気後退期の状況の特定と、ストレス・テストの一致度合いに応じて、結果は類似したものとなる可能性がある。

本ガイダンスに記載されているとおり、PDとLGDの間の相関関係を考慮することが必要である。両者に相関関係がある場合には、ストレス時における最大損失は、相関のない場合に比べて大きくなるからである。したがって、PDとLGDの間にある依存関係を分析したうえで、ストレステストに反映する必要がある。特に、多くの金融機関で信用VaRを推計する場合に、LGD（もしくは1－回収率）は確率的に変動させない（固定の率として設定）扱いとしている。このようなモデリングによって経済資本管理を行っているような場合には、ストレステストにおいてストレスLGDを反映して補完するような運営を検討することが必要である。

b　LGDのリスクドライバー

LGDを変動させるリスクドライバーは、大きく四つに分類することが可能である。最初に、取引特性をあげることができる。具体的には、プロテクション（担保種類、保全率、保証）、優先／劣後などの取引特性である。これらの要因がLGDに直接的な説明力があるのは直感的に理解できるところである。二点目は、インダストリー、地域、債務者の財務情報をあげることが

できる。三点目は、金融機関の内部管理の状況によってもLGDは影響を受ける。たとえば、回収において高コスト体質の金融機関は、ネットの回収額が低くなるので他の金融機関に比べて相対的にLGDが高くなるであろう。さらに、回収期間といった回収に係るポリシーいかんでもLGDは大きく変わる。四点目としては、マクロ要因をあげることができる。好況期と不況期では回収率に差異があることが想定される。さらには、通常の景気サイクルとは異なる、不動産等の資産価格サイクル（すなわち、バブルの生成と崩壊）からも大きな影響を受ける。

　前述のPDとの相関関係を考えるにあたっては、四点目のマクロ要因とLGDの関連を検討する。マクロ要因がPDとLGDのリスクドライバーとして共通に抽出されるのであれば、PDとLGDに依存関係が発生するからである。たとえば、John Frye（2004）では、LGD上昇時と同タイミングにおいてデフォルト率が上昇することを指摘している。先にも触れたが、PD上昇とともにLGDが上昇する場合には、信用コストが思いがけないスピードで増加するリスクがあること、さらに両者の関係性によっては非線形に急拡大する可能性があることにも注意が必要となる。こうしたLGDの特性をふまえて、バーゼル規制では景気後退期のLGDをもって、必要資本の計測を行うことを求めているが、一般にこうしたストレスLGDの推計が精緻に行われているケースは、データ不足の問題もあって少ないと考えられる。

　マクロ要因とLGDの関係には、多くの先行研究7がある。Jens Grunert et al.（2005）では、回収率を対象に、線形重回帰や一定の閾値を設けた二項ロジスティック回帰モデルでマクロ指標との関係性を分析している。線形重回

7　マクロ要因とLGDの関係性については、Frye 2000 "Collateral Damage"、Jens Grunert, et al. 2005 "Recovery Rates of Bank Loans : Empirical Evidence for Germany"、Zhang, Zhipeng 2009 "Recovery Rates and Macroeconomic Conditions : The Role of Loan Covenants"、Tony Bellotti, et al. 2009 "Loss Given Default models for UK retail credit cards"、Edward I. Altman, et al. 2005 "The Link between Default and Recovery Rates : Theory, Empirical Evidence, and Implications"、Edward I. Altman, et al. 2002 "BIS Working Papers No 113 The link between default and recovery rates : effects on the procyclicality of regulatory capital ratios" などが詳しい。

帰分析では、GDP成長率が正の相関、インターバンクレートが負の相関、インフレ率が正の相関となっている。また、二項ロジスティック回帰では、回収率99％以上のグループを対象に、GDP成長率が正の相関（ただし、統計的に有意ではない）、インターバンクレートが負の相関、インフレ率が正の相関となっている。一方、回収率50％未満のグループを対象とした分析では、インターバンクレートは正の相関、インフレ率は負の相関となっており、回収率の水準によってマクロ指標の関係性が逆になる可能性を示している。

またZhang, Zhipeng（2009）では、回収率に影響を与えるコベナンツの効果に注目し、デフォルト時点とローン実行時点のそれぞれのマクロ指標と回収率との関係性を分析している。結論をみると、デフォルト時点のGDP成長率は回収率と正の相関、ローン実行時点のGDP成長率は回収率と負の相関となることが示されている。これは、デフォルト時点で景気が上向きであれば担保売却や営業キャッシュフローによる返済が期待できること、また正常債権への復帰が期待できることから、回収率の上昇が見込まれることを示唆している。一方、ローン実行時に景気が下向きであれば、コベナンツが厳しくなることから、デフォルト時の回収率上昇が見込めることを示唆している。本分析は景気変動によって銀行の貸出姿勢が変化することを回収率変動の一つの要因ととらえているが、これはたとえば近年残高が大きく伸びている住宅ローンの回収率分析においても重要なポイントとなりうる。つまり、営業推進が加速した年に実行されたローンは、本来であれば貸出を行わない信用力をもつ債務者が多く含まれることが予想され、信用力と回収率に負の相関があれば、当該年に実行されたローンは他年に比べて回収率が大きく劣後する可能性がある。住宅ローンのビンテージ効果は、デフォルト率や期限前償還率において広く議論されているが、回収率もそこに含めて議論すべきであろう。

さらにTony Bellotti et al.（2009）では、英国のクレジットカードの回収率を対象に分析を行っている。マクロ指標との関係性は、銀行金利で負の相関、失業率で負の相関、収入の成長で正の相関が示されている。このほか、

Edward I. Altman et al. (2002) (2005) では、回収率とデフォルト率との関係性で負の相関を得ているのが注目される。

なお、LGDとマクロ指標とを直接的に関連づけることがむずかしい場合がある。その理由として、回収期間を指摘することができる。つまり、回収期間が複数年にわたることで、その時々の経済環境の影響を受けることが、デフォルト時のマクロ指標との関連づけをむずかしくしている。こうした問題を解決する方法として、回収率（1－LGD）を正常復帰率、担保部分回収率、信用部分回収率といった構成要素に分解したうえで、それぞれをマクロ指標と関連づける方法が考えられる。特に、正常債権復帰率はPDの裏返しとみなされることから、PDと共通のマクロ要因、たとえばGDP成長率などと強い相関関係にあることが想定できる。LGDが複数指標の合成指標になっていることをふまえると、構成要素に分解して分析することは自然であろう。

c LGDの構成要素

銀行ローンにおけるLGD推計において、最も一般的な手法は、ワークアウト方式である。ワークアウト方式によるLGD推計は、デフォルト後のエクスポージャーからの回収額を実際にトラックしていく手法である（図表4－28参照）。

国内においては、デフォルトの定義を要管理先以下と定義していることから、要管理先以下に低下した債務者のエクスポージャーからの回収率を算定し、「1－回収率」をLGDの実績値とする。したがって、LGDを細分化していくと、LGDを構成するパラメータは、以下の3種類に分類される。

・正常復帰率
・担保部分からの回収率（掛け目）
・未保全部分からの回収率（信用回収率）

正常復帰率は、要管理先以下に落ちてから上位格（非デフォルト状態）へ復帰する確率のことである。正常復帰率は、景気状況が好転すると上昇し、

図表4-28 ワークアウト方式によるLGD推計のステップ

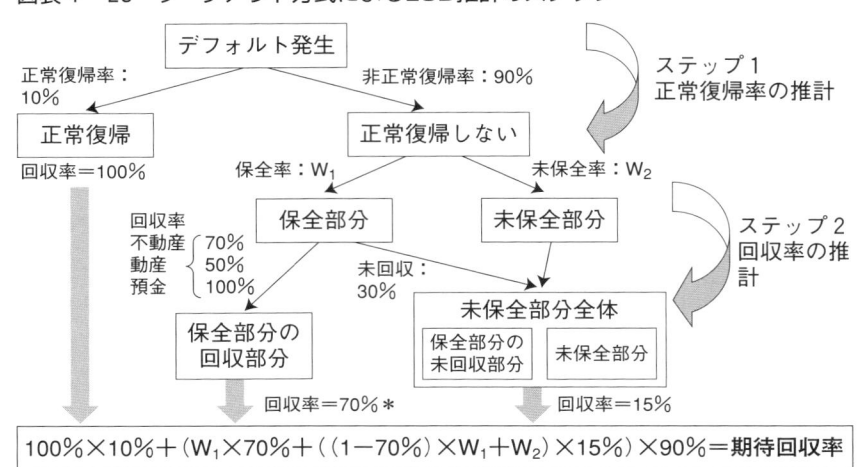

```
                    デフォルト発生
       正常復帰率:          非正常復帰率:90%        ステップ1
       10%                                          正常復帰率の推計
    正常復帰          正常復帰しない
    回収率=100%    保全率:W₁      未保全率:W₂
                回収率
                不動産 ⎧70%
                動産  ⎨50%                        ステップ2
                預金  ⎩100%    未回収:           回収率の推計
                                30%
                  保全部分の            未保全部分全体
                  回収部分           保全部分の  未保全部分
                                    未回収部分
                      回収率=70%*          回収率=15%
```

$$100\% \times 10\% + (W_1 \times 70\% + ((1-70\%) \times W_1 + W_2) \times 15\%) \times 90\% = 期待回収率$$

注:＊保全部分はすべて不動産に保全されている（回収率70%）との前提で算定。

悪化すると低下する。PDの裏返しの概念であるから、前述の三つの構成要素のうち、マクロ経済との相関関係を比較的特定しやすいパラメータである。マクロ経済との相関関係を特定することができれば、対応したストレスを正常復帰率に負荷することで、ストレスLGDを算定していくことが可能になる。

　担保部分からの回収率（掛け目）については、デフォルト時点での担保価格と実際に処分した時点での価格との比率である。景気の後退局面において、担保価値が下落することによって想定した掛け目での処分が不可能となることも想定される。

　未保全部分からの回収率（信用回収率）については、マクロ経済との関連を特定することがむずかしいパラメータである。減損を認識後、直ちにサービサーへ売却するような実務であれば、マクロ指標との関連性を特定することも可能かもしれない。しかし、国内の銀行実務においては、要管理先に低下した後も、回収期間が長期にわたる。このような場合、回収期間中に景気循環を含んでしまうこともあり、信用回収率とマクロ経済の関連を分析する

ことを困難にしている。

4　ストレス時のEAD

a　デリバティブ取引

　金融危機で大きな論点となったのは、市場取引におけるカウンターパーティ・リスクである。カウンターパーティ・リスクが顕在化し、大きな損失を被った金融機関もあった。バーゼルⅢにおいては、金融危機の反省をふまえカウンターパーティ・リスクへの資本賦課が組み込まれる予定となっている。

　カウンターパーティ・リスクは、金利スワップやCDSのようなデリバティブ取引のカウンターパーティがデフォルトを起こし約定どおりの支払を受けることができないことによるリスクである。金利スワップのようなデリバティブ取引については、与信額が市場の相場動向によって変動するため、カレントエクスポージャーがマイナスの取引においても、将来相手方への与信が発生する可能性がある。したがって、カウンターパーティとの取引の発生段階からマチュリティーまでの間にどのように、エクスポージャーが変動するのか分析することが必要である。

　また、カウンターパーティのデリバティブ取引の負けポジションの積上げがカウンターパーティの信用力低下を引き起こすことがある。金融危機の局面においては、このようにしてカウンターパーティの与信額（EAD）の増加とPDの上昇が同時に引き起こった（wrong way risk）。したがってストレステストにおいては、PDおよびEADの危機時における相関関係を考慮し、両者が同時に上昇するケースを想定することが必要であろう。

b　オン・バランス取引

　貸出金のようなオン・バランス取引についても、ストレス時の残高の変化を検討することが必要である。たとえば、取引先の信用力が低下してきたと

きに、他行が資金回収に走ることになるであろう。メインバンクである自行は信用力の悪化した当該企業の追加融資を実施することでエクスポージャーの集中が進むことになる（いわゆるメイン寄せ）。メインバンクとなっている与信先においては、個社への与信集中がさらに大きなリスクとなる。したがって、信用リスクのストレステストにおいては、これらの企業に対する他行の行動を検討し、メイン寄せの影響を考慮したストレステストが望ましい。

　メイン寄せの研究では、芝田ほか（2008）があり、メインバンクと非メインバンクの回収行動を、貸出先企業の売上高を指標として、分析を行っている。すなわち、一定の売上高水準を超える場合には、非メインバンクの回収行動が発生しない、つまりメイン寄せが発生しないことを示唆しており、逆に一定の売上高水準を下回った場合には、メイン寄せが発生することを示唆している。したがって、ストレステストでは、ストレス・シナリオ中で売上高を展開していき、閾値を超えた場合にはEADが増加するストーリーを描くことが可能となる。また、過去に実際に発生したメイン寄せのデータをもとに、たとえば自行の格付において、一定の格付水準まで格下げされた場合にEADを増加させることが考えられる。なお、EAD増加幅についても、過去の実績から平均的な増加率を求め、その率を乗じることで増加させることが考えられる。

　また、今般の大震災で被災した地域の金融機関は、現在のようなストレス時こそ地域経済を支える使命から積極的に被災企業や被災者への融資制度を拡充している。さらに、政策金融機関についても同様に、被災地域への融資制度を設置し融資限度額の引上げなどの措置をとっている。

　このようにオン・バランス取引についても、各金融機関の使命や経営理念を念頭に置いてストレス時における融資残高を積極的に積み増していく可能性を考慮したストレステストを実施することも必要であろう。

5　ストレス時の相関係数

a　相関係数の意味

　前述のとおり、内部格付手法ではASRF modelが採択されており、これは次式のように、ある企業の価値変動をすべての企業の共通要因（システマティック・リスク）と各企業独自要因（イディオシンクラティック・リスク）で表現するものであった。

　　企業 i の価値変動＝すべての企業の共通要因（システマティック・リスク）による変動＋企業 i の個別要因（イディオシンクラティック・リスク）による変動

　信用リスクの計量化においても、企業の価値変動を（すべての企業の）「共通要因による変動」と（企業ごとに異なる）「個別の要因による変動」に分けて表現している。この二つの要因を「共通ファクター」と「個別ファク

図表4－29　相関係数（共通ファクターへの感応度）
債務者の信用力の変化を、全債務者に共通する要因（共通ファクター）と、個々の債務者ごとに異なる要因（個別ファクター）で説明する。

　　債務者の信用力＝感応度×共通ファクター＋個別ファクター

共通ファクターへの感応度が高いと、債務者の信用力が変化しやすくなる。その結果、実績デフォルト率の変動が高くなる。

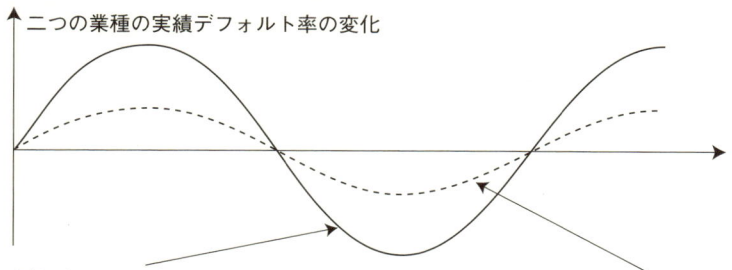

（図：二つの業種の実績デフォルト率の変化）

実績デフォルト率の変動が大きい　　　　　実績デフォルト率の変動が小さい
→景気の影響を受けやすい業種　　　　　→景気の影響を受けにくい業種
→共通ファクターへの感応度が高い　　　→共通ファクターへの感応度が低い

ター」として、次式のように表すことにより、共通要因による変動の影響の受け方と個別の要因による変動の影響の受け方が異なることを表している。

　　企業価値の変動＝感応度×共通ファクターの変動＋個別ファクターの変動

　共通ファクターへの連動性（感応度）と個別ファクターへの連動性の比が企業ごとに異なることを、上式における感応度で表しているのである。また、この感応度の設定によって、企業間のデフォルトの連動性（信用力の変化）の相関を表すことができる。本来は、企業ごとに相関係数（共通ファクターへの感応度）を推計する必要があるが、実際には企業ごとに相関係数を推計することは困難であるため、企業の属性（業種、規模、信用力、など）ごとに推計されている。

　たとえば、共通ファクターが景気を表しているとする。共通ファクターへの感応度が大きい業種は、その信用力の変化は景気の影響を受けやすいといえる。つまり、その業種の実績デフォルト率の変動が大きくなる。反対に、実績デフォルト率の変動の小さな業種について、その共通ファクターへの感応度は小さくなる。

b　相関係数の推計方法

　共通ファクターへの感応度の推計にあたり、二つの方法がよくみられる。

　第一に、市場における株価は債務者の信用力を表しているとして、債務者の属性ごとの株価（もしくは株価指数）の変動の相関を求め、その相関から共通ファクターの感応度を推計する方法である。

　この方法のメリットは、株価データは日次で取得可能であるためにデータが豊富であること、実際にデフォルトが生じていなくても信用力の変化を表現できることである。しかしながら、株価が公表されている企業は一般に規模の大きな公開企業のみであるし、株価の変動が純粋に企業の信用力を表しているとは限らないなどの限界もある。

　第二に、債務者の属性ごとの実績デフォルト率の変動の相関を求め、その

相関から共通ファクターの感応度を推計する方法である。

　この方法のメリットは、株価が公表されていない中小企業等がデータに含まれること、（株価などではなく）実績デフォルト率を直接分析対象としていることである。しかしながら、対象企業数およびデフォルト数が少ないセクターが存在することや、デフォルト率を観測するデータが年次となるためにデータ数が限られるなどの限界もある。

c　ストレス時の相関係数

　ストレス時の相関係数（共通ファクターへの感応度）を推計することはむずかしい。一つの案として、事前にストレス時期を特定し、そのストレス時のデータのみを用いて、前述の方法により、ストレス時の共通ファクターへの感応度を推計することが考えられる。しかしながら、共通ファクターへの感応度の推計には一般に多くのデータが必要になり、少ないデータでは安定した共通ファクターへの感応度を推計できないおそれがある。たとえば、ストレス期間を特定の2年間と設定した場合、前述の株価を用いる方法であればデータ数が豊富であるため共通ファクターへの感応度を推計できるであろう。しかしながら、実績デフォルト率を用いる方法ではデータ数が二つとなるため、たとえ四半期の実績デフォルト率を年次換算するなどしてデータ量をふやしたとしても、データ量が限定されること、データの安定性に懸念があることから、ストレス時の相関推計は実務的にむずかしいといわざるをえない。そのため、定性的判断が重要となってくる。

　そこで、定性的判断として、相関係数の値そのものを推計せずに、ストレステストにデフォルト相関の影響を取り込むことを考える。たとえば、デフォルト相関は同時デフォルト率の上昇に寄与することから、与信集中リスクととらえることができる。したがって、自行のポートフォリオにおいて、デフォルト率が景気感応的な業種を特定し、かつエクスポージャーが大きいことを判断材料として、当該業種に与えるストレスインパクトを、過去の経験やエキスパート・ジャッジメントに基づく、一段と大きくする方法を考え

ることができる。なお、景気感応度の計測には、格下率や社債・CDSのスプレッドなどを活用することも考えることができる。

　なお、相関については、バーゼル銀行監督委員会[8]においても強く注目されている。1990年代の東南アジアと米国における金融危機、2001年のエンロン破綻は少数企業の破綻が経済全体に広くインパクトを与えたが、この要因には企業間の関係性が強く影響を与えることが指摘できる。つまり、信用リスクモデルには企業間の関係性や社会・市場の微細構造を考慮することが重要といえるが、現在多くの銀行が使用している経済資本計測モデルでは、こうした影響が十分に取り込めておらず、過小推計となっている可能性を指摘できる。

　したがって、ストレステストでは、少数企業の破綻、局地的な災害などのストレス事象が、企業間取引などを通じて、伝播波及する影響を十分に考慮すること、さらにパラメータ間の相互作用を考慮することが望ましい。こうした影響を考慮する方法には、過去のストレス期における各種指標の動きをチェックする方法もあるが、より足元の実体経済を反映させるためには、豊富なストレス情報（メディア、新聞、情報システムなど）をもとにした、エキスパート・ジャッジメントも重要となる。

　本来必要となるリスクをどのようにとらえるのか、特に相互依存関係を考慮した相関リスクについては、今後のストレステストにおいて重要な鍵となる。

6　リテールのストレス・パラメータ推計

　ここまで、主に事業性のポートフォリオを中心にストレス・パラメータの推計方法について議論したが、銀行ポートフォリオに占めるエクスポージャーが増加している住宅ローンのストレス時のパラメータ推計に関する特徴的な点について触れることとする。

---

[8] "Range of practices and issues in economic capital modelling", August 2008, Basel Committee on Banking Supervision

a　デフォルト率のシーズニングとビンテージ

　一般的に、住宅ローンのデフォルト率は融資実行時点は低く、時間の経過に伴って上昇することが知られている。住宅ローンは与信期間が長期に及ぶといった特性があることから、こうしたデフォルト率のシーズニング効果[9]をリスクとして的確に認識することが必要となる。なお、シーズニング効果はデフォルト率の期間構造ととらえることができる。

　シーズニング効果により、デフォルト率は、融資実行後5年から7年くらいで上昇傾向が大きくなる傾向がある。つまり、既存のポートフォリオのデフォルト率は、マクロファクターがニュートラルな場合を想定しても、翌年度はシーズニング効果によって上昇することになる。したがって、住宅ローンのストレスPDを推計するにあたっては、マクロ要因による影響に加えてシーズニング効果による影響を考慮することが必要になる。

　また、住宅ローンのデフォルト率には、いつ融資が実行されたのか、というビンテージ効果をも考慮する必要がある。これは、融資実行時の経済環境や金融機関の営業姿勢に大きく影響を受ける。たとえば、経済環境が良好なときに実行された融資案件が多く集まったビンテージは、不動産担保の過度な値上がりと審査基準の甘さの反動を受けて、景気後退期にデフォルト率が一段と上昇することが想定される。

b　期限前償還率のシーズニングとビンテージ

　住宅ローンについては、一部繰入れ、全額繰入れを実施することにより当初の約定返済スケジュールよりも実質的に短期間で返済する債務者が存在する。期限前償還率は、返済能力の高い債務者ほど大きい特徴をもっている。また、支払能力の高い債務者は実質的にデフォルト率の低い債務者であるこ

---

[9]　詳しくは、日本銀行金融機構局［2011］「住宅ローンのリスク・収益管理の一層の強化に向けて」の7頁にある「BOX　デフォルト確率および期限前返済の期間構造」を参照のこと。

とから、期限前償還率とデフォルト率は負の相関をもっている。借換えによる償還のケースにおいても、支払能力の高い債務者は、他行による審査の承認率も高いであろうから、肩代わりされやすいことになる。なお、期限前償還率についても、デフォルト率と同様に、シーズニング効果を観測することができ、実行時点から時の経過とともに上昇傾向を示している。

　住宅ローンのポートフォリオについては、経過年数の高いゾーンについては、返済能力の高いデフォルト率の低い債務者の期限前償還が進行しているため、返済能力の低くデフォルト率の高い債務者でリスク濃縮が進む可能性がある。また、ストレス時においては、ポートフォリオ全体で返済能力の低下に伴い、デフォルト率の上昇と同時に期限前償還率の低下が起こる。

　なお、期限前償還率は、固定金利もしくは変動金利の金利属性により特徴的な動きを示すことがある。固定金利型の商品の場合、金利低下局面ではプリペイメントを実施し、より金利の低い商品へ乗り換える債務者が増加する。しかし、このように金利変化に敏感な債務者は、最初の金利低下局面でプリペイメントを起こすので、2回目の金利低下局面では、金利変化に敏感でない債務者しか残っていないため前回ほどはプリペイメントが起こらない（いわゆるバーンアウト効果）ことも知られている。このように期限前償還については、金利の変化による効果も大きいため、信用リスクのストレステストだけではなく、市場リスク、統合リスクのストレステストにおいても考慮することが必要になる。

c　変動金利商品のリスク

　さらに、長期間に及ぶ低金利の影響により、変動金利による住宅ローンを選択する債務者が増加している。変動金利商品は、ALMの観点では金利リスクが小さいと考えることもできるが、信用リスクにおいて大きな潜在リスクである。支払能力を超過した変動金利の上昇は、住宅ローンの延滞、デフォルトへ直結することとなり、昨今の住宅ローンにおける大きなリスクとなっている。

図表4－30　変動金利住宅ローンによるストレスPD推計の例

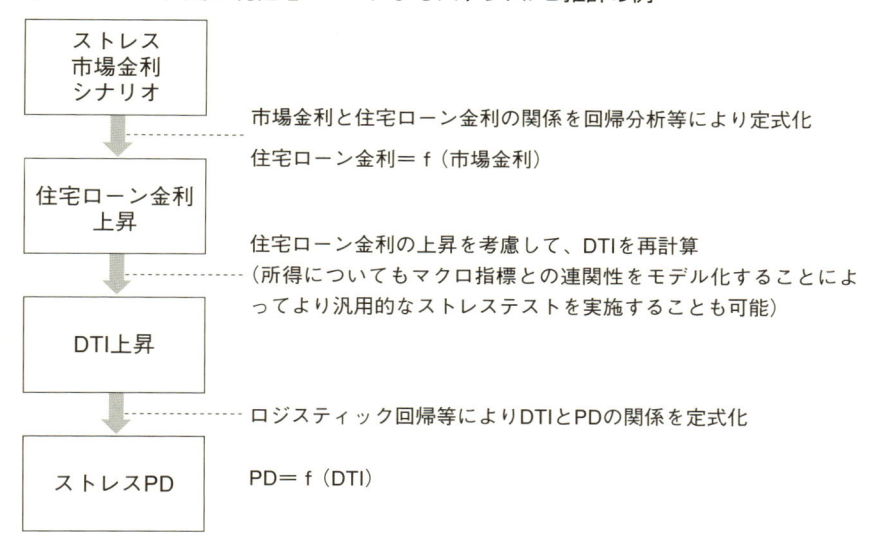

```
┌─────────┐
│ ストレス  │
│ 市場金利  │
│ シナリオ  │
└────┬────┘
     │ ········ 市場金利と住宅ローン金利の関係を回帰分析等により定式化
     │          住宅ローン金利＝f（市場金利）
     ▼
┌─────────┐
│住宅ローン金利│
│   上昇    │
└────┬────┘
     │ ········ 住宅ローン金利の上昇を考慮して、DTIを再計算
     │          （所得についてもマクロ指標との連関性をモデル化することによ
     │          ってより汎用的なストレステストを実施することも可能）
     ▼
┌─────────┐
│  DTI上昇  │
└────┬────┘
     │ ········ ロジスティック回帰等によりDTIとPDの関係を定式化
     ▼
┌─────────┐
│ ストレスPD │  PD＝f（DTI）
└─────────┘
```

　ここでは、支払能力とデフォルトの関係から変動金利上昇へのストレステストの実施手法を検討する。支払能力を表現する指標として、DTI（Debt to Income）が住宅ローンの初期与信モデルに一般的に採用されている。DTIは、年収に対する住宅ローン返済額の割合である。したがって、変動金利の上昇はDTIを上昇させることになる。また、住宅ローンの審査に統計モデルを採用しているような金融機関であれば、DTIとPDの関係を簡単に定式化することができるので、図表4－30のようなプロセスのストレステストが可能である（図表4－30）。なお、DTIとPDの関係を定式化するにあたり、DTIが同じ水準であっても、年収の高いセグメントにおいては、実額で考えた支払能力にゆとりがあるため、年収の実額も考慮してモデル化を行うなどの検討も必要に応じて行うことになる。

d　住宅ローンのストレスLGD

　住宅ローンのLGDは、プール区分ごとに推計するいわゆるプール管理が

図表4-31　ストレスLGDの推計例

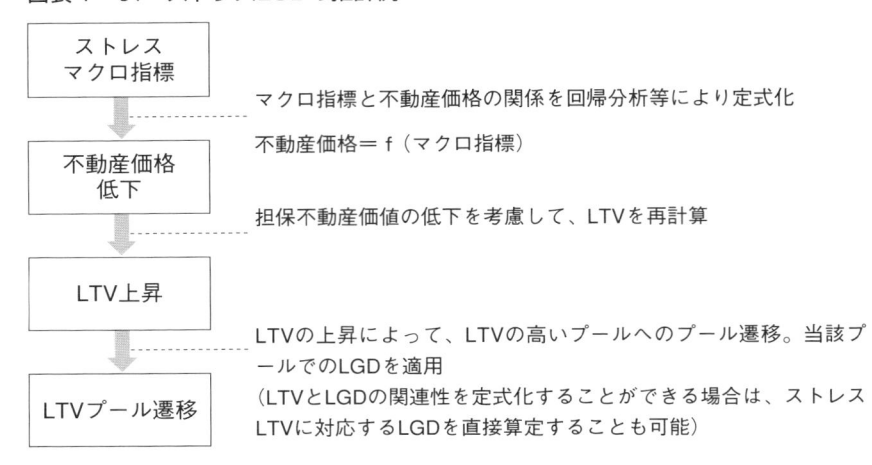

```
┌──────────┐
│ ストレス  │
│ マクロ指標 │      マクロ指標と不動産価格の関係を回帰分析等により定式化
└────┬─────┘
     ↓         不動産価格＝f（マクロ指標）
┌──────────┐
│ 不動産価格 │
│  低下     │      担保不動産価値の低下を考慮して、LTVを再計算
└────┬─────┘
     ↓
┌──────────┐
│ LTV上昇   │      LTVの上昇によって、LTVの高いプールへのプール遷移。当該プー
└────┬─────┘      ルでのLGDを適用
     ↓            （LTVとLGDの関連性を定式化することができる場合は、ストレス
┌──────────┐      LTVに対応するLGDを直接算定することも可能）
│LTVプール遷移│
└──────────┘
```

一般的である。リテールのLGDプール区分について、商品タイプ、保全率（もしくはLTV）、保証会社、債務者区分等によって設定されることになる。ここでは、マクロ指標と不動産価格の相関を考慮したストレスLGDの推計手法について検討する。マクロ指標と不動産価格の回帰分析を実施することにより、不動産価格をマクロ指標の関数として表現する。不動産価格の低下によって、担保不動産価格も低下、LTV（Loan to Value）が上昇する。LTVとLGDの関連を検討し、ストレス時のLTVに対応するLGDを推計する。

第5節　信用リスクのストレステストのアウトプット

ここでは、信用リスクにおけるストレステストのアウトプットとして算定されることの多い主要なものを検討することにする。

1　ストレス環境下において発生する損失額の把握

ストレス状態において、その後金融機関が被る損失額がどの程度になるか

を把握するものである。つまり、景気が悪化した状態から、その後保有期間の間に、金融機関がどの程度の損失額を被るかを把握するものである。景気が悪化した状況では、債務者の信用力が低下し、保有期間の間にデフォルトする確率が高くなると予想され、金融機関が被る損失額が上昇することが予想されるためである。損失額については、さらにEconomic Capitalなどの把握のための経済的損失額と、引当金の増加などの財務会計上の損失額に分類することができる。

なお、財務会計における損益を考える場合は、経済的損失の算出とは前提を変える必要がある。財務会計における損益を考える立場に立つのであれば、ストレス環境下の保有期間の間の債務者区分遷移を把握しておく必要がある。通常、信用リスクの内部管理においては、デフォルトに相当する格付以下に至る予想確率であるPDを用いて、損失の発生を判定している。しかしながら、現在の一般貸倒引当金を算出する際、破綻懸念先に至った債務者においてはⅢ分類額に個別引当率を乗じた額が損失額として認識され、実質破綻先や破綻に至った債務者においてはⅢ分類とⅣ分類の合計額が損失額として認識されることになる。そのため、デフォルト率の推計においても、破綻懸念先に至る確率と、実質破綻先や破綻先に至る確率に分けて推計することも必要になるであろう。

2 ストレス環境下における自己資本比率の把握

内部格付手法採用行における自己資本比率は、推計するPDやLGDなどのパラメータによって変動する。たとえば、景気が悪化した状況においては、取引のある債務者の信用力（格付、債務者区分）が低下することが予想される。内部格付手法採用行における自己資本比率については、その金融機関の格付制度がPIT・TTCのハイブリッド的なものであれば、その債務者の格付が低下し、さらに景気悪化時の格付別実績デフォルト率の上昇も重なり、リスク・アセットの増加が予想される。そのようなストレス下において、金融機関の自己資本比率がどのようになるかを把握する必要がある。告示199条

において、内部格付採用行は、「自己資本の充実度を評価するためのストレス・テスト」の実施が義務づけられている。

> **（自己資本の充実度を評価するためのストレス・テスト）**
> **第199条** 内部格付手法採用行は、自己資本の充実度を評価するために適切なストレス・テストを実施しなければならない。
> 2 前項に掲げるストレス・テストは、経済状況の悪化、市場環境の悪化及び流動性の悪化その他の内部格付手法採用行の信用リスクに係るエクスポージャーに好ましくない効果を与える事態の発生又は経済状況の将来変化を識別するものであって、かつ、こうした好ましくない変化に対する内部格付手法採用行の対応能力の評価を含むものでなければならない。

内部格付手法の採用行については、告示238条によって、8％の自己資本比率の維持が要件となっていることからも、「好ましくない変化に対する内部格付手法採用行の対応能力」について評価することが必要になる。ストレス時においても、規制資本を適切に管理し、最低自己資本比率を維持するための資本管理態勢が求められているのである。

3 ストレス環境下において必要となる経済資本の把握

地域金融機関の多くでは、ストレスPDやストレス時の感応度をインプットとして、信用VaRを計測する実務を行っていることが多い。アウトプットの解釈としては、ストレス状態における経済資本の把握とも考えることができる。ストレス時において一定の期間における最大損失量を把握することになる。この最大損失額を引当金と自己資本でカバーすることが可能であるかどうか、つまりストレスが発生した状態においても経済資本が十分であるかを検証するものとなる。

図表 4 −32　ストレス時の信用VaR計測

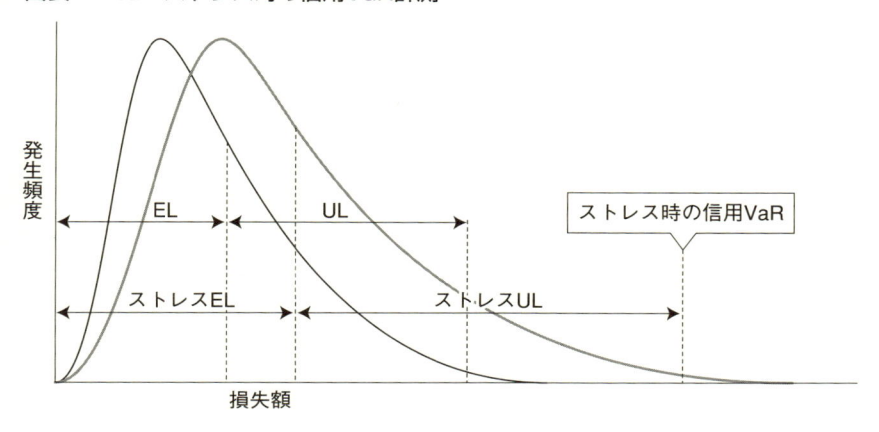

（縦軸）発生頻度　（横軸）損失額
EL　UL
ストレスEL　ストレスUL
ストレス時の信用VaR

【参考文献】
・BCBS（Basel Committee on Banking Supervision）, 2009. "Principles for sound stress testing practices and supervision"
・Edward I. Altman, et al. 2002. "BIS Working Papers No 113 The link between default and recovery rates：effects on the procyclicality of regulatory capital ratios"
・Edward I. Altman, et al. 2005. "The Link between Default and Recovery Rates：Theory, Empirical Evidence, and Implications"
・Frye, John 2000. "Collateral Damage"
・Jens Grunert, et al. 2005. "Recovery Rates of Bank Loans：Empirical Evidence for Germany"
・Tony Bellotti, et al. 2009. "Loss Given Default models for UK retail credit cards"
・Zhang, Zhipeng. 2009. "Recovery Rates and Macroeconomic Conditions：The Role of Loan Covenants"
・大山剛『バーゼルⅢの衝撃―日本金融生き残りの道』東洋経済新報社（2011）
・岡崎貫治「金融危機後に求められる信用リスクモデリング」Market Solution Review第25号December 2011 Vol.4 No.5
・岡崎ほか「信用リスクの測定と管理― Excelで学ぶモデリング―」中央経済社（2011）
・監査法人トーマツ金融インダストリーグループ『バーゼルⅡ対応のすべて―リスク管理と銀行経営』金融財政事情研究会（2008）

- 日本銀行「金融システムレポート（2010年9月号）」（2010年9月）
- 日本銀行金融機構局「国際金融危機の教訓を踏まえたリスク把握のあり方」調査論文　金融高度化センター企画グループ（2011）
- 森平爽一郎『信用リスクモデリング―測定と管理―』朝倉書店（2009）
- 森平爽一郎・岡崎貫治「マクロ経済効果を考慮したデフォルト確率の期間構造推定」早稲田大学ファイナンス総合研究所ワーキングペーパーシリーズ　WIF-09-004：May 2009

第 5 章

市場リスクにおける
ストレステスト

田邉政之

第1節 市場リスクにおけるストレステストの目的と意義

　トレーディング勘定はもちろん、近年ではバンキング勘定についても、内部管理上、ポートフォリオ損益を時価ベースで認識することが多くなってきている。それに伴い、ポートフォリオ時価の変動をリスクととらえるVaRの活用が一般的になってきている。

　市場リスクにおけるストレステストは、VaRでは捕捉できないリスクを分析するために行われている。したがって、ストレステストの目的や意義を理解するためには、VaRの弱点や脆弱性を理解しておく必要がある。

　本節では、まずVaRの計測方法とそれに内包されている弱点や脆弱性を説明し、その後ストレステストの目的と意義を議論する。

1　VaRとは何か

　VaRは、あらかじめ定められた保有期間と信頼区間のもとで、損失がどの程度に収まるかを表すものである。

　現在のポートフォリオを10日間保持し続けた場合、10日後の損益は当然プ

図表5－1　ポートフォリオの10日後の損失分布

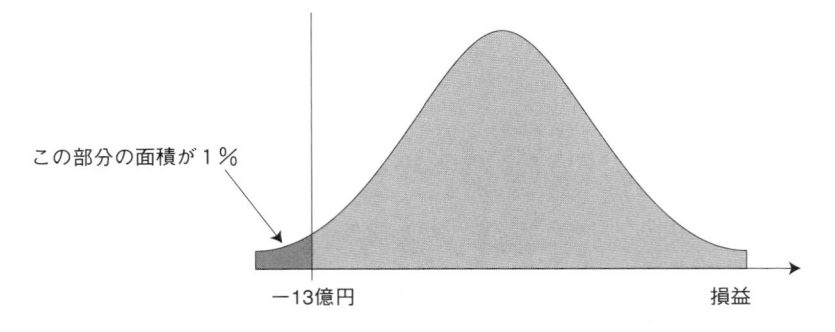

この部分の面積が1％

－13億円　　　　　　　　　　損益

ラスにもマイナスにもなりうる。たとえば、10日後のポートフォリオ損益が図表5－1のグラフのような確率分布に従うと仮定する。

　このグラフからは、「10日後に13億円を超える損失が発生する確率は1％である」ということがわかる。換言すれば、「10日後の損失が13億円以内に収まる確率は99％である」ということになる。このとき、「保有期間10日、信頼区間99％のVaRは13億円である」という。

2　VaRの計測手法

　ここで問題なのは、「VaRをどのように求めるか」ということである。「図表5－1のような損益分布をどのように求めるか」といってもいい。

　一般に、VaRの計測手法は、大きく次の三つに分類することができる。

・分散共分散法
・ヒストリカル・シミュレーション法
・モンテカルロ・シミュレーション法

　以下、分散共分散法とヒストリカル・シミュレーション法について簡単に説明するが、それらの詳細な説明やモンテカルロ・シミュレーション法の内容については、他の書籍・文献を参照されたい。

a　分散共分散法

分散共分散法は、①リスクファクターが正規分布に従うこと、②ポートフォリオが線形リスクしかもたないこと、の二つを前提とした手法である。

ここで、説明を簡単にするため、三つのリスクファクター r_1、r_2、r_3 だけを考えることにする。そして、それらの変動を Δr_1、Δr_2、Δr_3 とする。また、それらのリスクファクターに対するポートフォリオ損益の1次感応度（デルタ）を、それぞれ δ_1、δ_2、δ_3 とする。

たとえば、r_1、r_2、r_3 をそれぞれ1年金利、2年金利、3年金利と考えれば具体的なイメージがつきやすい。このとき、Δr_1、Δr_2、Δr_3 は、各金利の変化を表し、δ_1、δ_2、δ_3 は各金利に対するグリッドポイントセンシティビティ（GPS）と考えることができる。

ここで、ポートフォリオのグリッドセンシティビティが以下のとおりであるとする。

	グリッドセンシティビティ
1年金利	156,342
2年金利	231,112
3年金利	−298,454

グリッドポイントセンシティビティは、ポートフォリオの金利リスクの特性を把握するのに優れている。上記前提②のもとでは、ポートフォリオの現在価値の変動（すなわち現在価値ベースの損益）は、グリッドポイントセンシティビティと金利変化だけで近似できるからである。上表によれば、たとえば、1年金利が1ベーシスポイント（0.01％）上昇すれば、ポートフォリオの現在価値は約156,342円増加することがわかる。同様に、2年金利が2ベーシスポイント下落すれば、ポートフォリオの現在価値はおおよそ、231,112×（−2）＝462,224円減少することがわかる。

これらの変化を同時に考えることもできる。たとえば、1年金利が1ベー

シスポイント上昇し、2年金利が2ベーシスポイント下落した場合は、ポートフォリオへの影響は$156,342 \times 1 + 231,112 \times (-2) = -305,882$円と計算でき、ポートフォリオの現在価値は約305,882円下落するということがわかるのである。

これを一般化すると、ポートフォリオ損益ΔPは、次のように近似できることがわかる。

$$\Delta P \approx \delta_1 \times \Delta r_1 + \delta_2 \times \Delta r_2 + \delta_3 \times \Delta r_3$$

次に、正規分布の性質を利用して、VaRを算出する過程を説明する。

上記前提①によってΔr_1、Δr_2、Δr_3は正規分布である。そして、正規分布を定数倍しても正規分布の性質を失わないので$\delta_1 \times \Delta r_1$も正規分布であり、同様に$\delta_2 \times \Delta r_2$、$\delta_3 \times \Delta r_3$も正規分布となる。さらに、正規分布同士の和も正規分布であるから、$\delta_1 \times \Delta r_1 + \delta_2 \times \Delta r_2 + \delta_3 \times \Delta r_3$も正規分布となる。

以上のことから、ポートフォリオ損益ΔPは、正規分布に近似することがわかる。正規分布の場合、片側1％点は平均から標準偏差の2.33倍離れたところであることが知られている。したがって、ポートフォリオ損益ΔPの平均と標準偏差がわかれば、信頼区間99％のVaRが求められることになる。

ここで、「リスクファクターの変動が平均0である」と仮定する[1]と、ポートフォリオ損益の平均も0となる。そうすると、VaRを求めるためには、ポートフォリオ損益ΔPの標準偏差だけがわかればよい。そして、その標準偏差は、以下の式で求められる（σはΔPの標準偏差、σ_{ii}はΔr_iの分散、σ_{ij}はΔr_iとΔr_jの共分散を表す記号である）。

$$\sigma = \sqrt{\begin{pmatrix} \delta_1 & \delta_2 & \delta_3 \end{pmatrix} \begin{pmatrix} \sigma_{11} & \sigma_{12} & \sigma_{13} \\ \sigma_{21} & \sigma_{22} & \sigma_{23} \\ \sigma_{31} & \sigma_{32} & \sigma_{33} \end{pmatrix} \begin{pmatrix} \delta_1 \\ \delta_2 \\ \delta_3 \end{pmatrix}}$$

よって、信頼区間99％のVaRは、以下のように計算できる。

---

[1] この仮定は、一般的に利用されている。特に保有期間が短期の場合は、この仮定は問題とならない可能性が高い。しかし、保有期間が長期の場合は、この仮定がVaRの正確性に影響を与える可能性があることを考慮すべきであろう。

$$VaR = 2.33 \times \sigma = 2.33 \sqrt{ \begin{pmatrix} \delta_1 & \delta_2 & \delta_3 \end{pmatrix} \begin{bmatrix} \sigma_{11} & \sigma_{12} & \sigma_{13} \\ \sigma_{21} & \sigma_{22} & \sigma_{23} \\ \sigma_{31} & \sigma_{32} & \sigma_{33} \end{bmatrix} \begin{bmatrix} \delta_1 \\ \delta_2 \\ \delta_3 \end{bmatrix} }$$

以上のように、分散共分散法は、1次感応度（デルタ）とリスクファクターの分散・共分散を用いてVaRを計算する手法である。1次感応度（デルタ）は、時価評価システム等から計算することができる。リスクファクターの分散と共分散は、リスクファクター変動のヒストリカル・データを用いて推定するのが一般的である。たとえば、過去2年分とか3年分の日次データから、分散と共分散を計算する。

b　ヒストリカル・シミュレーション法によるVaR

三つのリスクファクターとして1年金利、2年金利、3年金利をもつポートフォリオにおいて、保有期間1日のVaRを算出することを考える。

まず、1年金利、2年金利、3年金利の日々のヒストリカル変動データを、あらかじめ定めたシナリオ数（たとえば1000営業日分）取得する。

	ヒストリカル・データ			ヒストリカル変動データ		
	1年金利	2年金利	3年金利	1年金利	2年金利	3年金利
今日	1.80%	2.31%	3.11%			
1日前	1.79%	2.29%	3.09%	0.01%	0.02%	0.02%
2日前	1.78%	2.31%	3.11%	0.01%	−0.02%	−0.02%
3日前	1.80%	2.33%	3.14%	−0.02%	−0.02%	−0.03%
4日前	1.83%	2.35%	3.16%	−0.03%	−0.02%	−0.02%
⋮	⋮	⋮	⋮	⋮	⋮	⋮
999日前	1.45%	1.88%	2.67%	−0.02%	−0.02%	−0.01%
1000日前	1.44%	1.85%	2.65%	0.01%	0.03%	0.02%

（1日前から今日の金利変化）

次に、この金利変化が今日起きたと仮定したときの金利シナリオを作成する[2]。

---

[2] 「過去の金利が今日起きる」と仮定するのではなく、「過去の金利変化が今日起きる」と仮定することに注意する。

	ヒストリカル変動データ			金利シナリオ		
	1年金利	2年金利	3年金利	1年金利	2年金利	3年金利
今日				1.80%	2.31%	3.11%
1日前	0.01%	0.02%	0.02%	1.81%	2.33%	3.13%
2日前	0.01%	−0.02%	−0.02%	1.81%	2.29%	3.09%
3日前	−0.02%	−0.02%	−0.03%	1.78%	2.29%	3.08%
4日前	−0.03%	−0.02%	−0.02%	1.77%	2.29%	3.09%
⋮	⋮	⋮	⋮	⋮	⋮	⋮
999日前	−0.02%	−0.02%	−0.01%	1.78%	2.29%	3.10%
1000日前	0.01%	0.03%	0.02%	1.81%	2.34%	3.13%

（2日前から1日前の金利変化が今日起きたと仮定した場合の金利）

　そして、各金利シナリオにおけるポートフォリオ価値を算出する。たとえば、1000個のシナリオがあれば、1000通りの損益が得られることになる。もちろん、利益の出ているシナリオもあれば、損失の出ているシナリオもある。

	金利シナリオ			ポートフォリオ	損益
	1年金利	2年金利	3年金利		
今日	1.80%	2.31%	3.11%	233,468	
1	1.81%	2.33%	3.13%	255,247	21,779
2	1.81%	2.29%	3.09%	235,589	2,121
3	1.78%	2.29%	3.08%	229,574	−3,894
4	1.77%	2.29%	3.09%	226,495	−6,973
⋮	⋮	⋮	⋮	⋮	⋮
999	1.78%	2.29%	3.10%	230,567	−2,901
1000	1.81%	2.34%	3.13%	257,259	23,791

（2番目の金利シナリオを利用したときのポートフォリオ時価／2番目の金利シナリオを利用したときのポートフォリオ損益）

　最後に、この損益を小さい順に並べ替え、信頼区間に相当する損失をVaRとする。1000個の損益データにおいて信頼区間99%のVaRの場合は、10番目に悪い損失をVaRとする。

順位	シナリオ	損益
1	765	−25,345
2	879	−24,562
⋮	⋮	⋮
9	255	−20,833
10	327	−19,899
⋮	⋮	⋮
999	1000	23,791
1000	654	25,355

> 信頼区間に相当する順位の損失の絶対値をVaRとする。
> この場合は、19,899がVaRになる。

3 保有期間と信頼区間の設定

VaRには、保有期間と信頼区間という二つの重要な要素がある。同一ポートフォリオでも、保有期間や信頼区間が異なれば、リスク量が変わりうる。これらをどのように設定するかは、VaR計測における重要な論点の一つである。

a 保有期間の設定

保有期間は、一般に、ポジションを解消するのに必要な期間として設定されることが多い。この考え方のもとでは、短期取引で収益を追求する目的で市場流動性が高い金融取引で運用されているトレーディング勘定については、ポジション解消に必要な期間は短いと考えられるので、保有期間は短期間（たとえば1日とか10日）になると考えられる。逆に、市場流動性が低い金融取引で構成されているバンキング勘定については、ポジション解消に時間がかかると考えられるため、保有期間は長い期間（たとえば1年）が設定されることになる。

b 信頼区間の設定

信頼区間は、どの程度のリスクまで許容するかに基づいて設定されるものである。バーゼルⅡの第一の柱では、マーケットリスク相当額を内部モデル

で計測する場合は、信頼区間は99％でなければならないとされている。すなわち、規制上は、信頼区間99％でVaRを計測することになる。

一方、内部管理の目的でVaRを計測する場合は、信頼区間の設定は経営者のリスク・アピタイトによるといえよう。すなわち、高い健全性を求める経営者（リスク許容度が低い経営者）であれば、信頼区間は大きな数値（たとえば、99.99％など）のようになる。逆に、リスク許容度の高い経営者の場合は、信頼区間はそれより小さな数値（たとえば、99％など）となる。

4　VaRモデルに内包される問題点

ここまでは、VaRの具体的な計算方法や、保有期間や信頼区間の設定方法を説明してきた。その説明から、VaRは、さまざまな前提や仮定が置かれて計測されていることがわかる。したがって、これらの前提や仮定が妥当しない市場環境においては、VaRは正しいリスクを表していない可能性がある。

以下、VaRの前提・仮定の内容とその問題点について議論する。

a　VaR計測手法に共通の問題点

分散共分散法やヒストリカル・シミュレーション法などのVaR計測手法に共通の問題としては、以下のようなものがあげられるだろう。

(a)　保有期間

一般に、保有期間は、ポジション解消に必要な期間として設定されていることは既述のとおりである。

しかし、ストレス環境下など市場流動性リスクが顕在したときは、必ずしも保有期間内にポジションが解消できるとは限らない。この点は、VaRに内包される大きな問題点の一つであろう。このことは、サブプライム問題に端を発した金融危機時において、証券化商品を容易に売却できず、価格のさらなる下落によって損失を拡大していった金融機関がみられたことから、容易に理解できると思われる。

(b) ヒストリカル・データに含まれる情報

　VaRの計測においては、恣意性をできるだけ排除し客観性を確保するため、ヒストリカル・データを利用するのが一般的である。

　たとえば、分散共分散法によるVaRの計測では、リスクファクターの変動性や相関を表す分散と共分散を用いるが、その分散と共分散は、ヒストリカル・データを用いて計算されることが一般的である。また、ヒストリカル・シミュレーション法によるVaRの計測では、ヒストリカル・データからシミュレーションのためのシナリオが生成されている。

　このようなヒストリカル・データに、将来のマーケット変動を表現できるだけの十分な情報が含まれているかは、大きな論点である。より正確に将来のマーケット変動を求めたいということと、できるだけ恣意性を排除し客観性を高めるためにヒストリカル・データを利用するということは、必ずしも両立するとは限らないという点が大きな問題といえるのである。

(c) ヒストリカル・データの信頼性

　ヒストリカル・データについて、もう1点議論しておきたい。

　ヒストリカル・データは、統計的に処理されてVaR計測に用いられるものであるが、VaR計測に使用する各データは同程度の重みで処理されるのが一般的である。すなわち、十分な市場流動性がある国債等のデータも、市場流動性が少なく市場データが入手しにくいあるいはその信頼性が低いデータ（証券化商品のプライシングに利用される資産相関やPRDC評価において使用される長期のボラティリティなど）も同じ枠組みで統計処理されるのが通常である。リスクファクター間の相関も同様であり、たとえば、1年円金利と2年円金利間の相関といった信頼性が高いと思われる相関も、そうではない市場データ間の相関も、VaR計測においては同程度の重みで処理されている。

　ポートフォリオが、どのようなリスクファクターの影響を受けやすいのかについて留意が必要である。特に信頼性の低いデータに強い影響を受ける場合は、VaRの信頼性には十分な注意が必要になる。

b 分散共分散法の問題点

ここでは、分散共分散法に特有の問題点を議論する。

分散共分散法は、①リスクファクターが正規分布に従うこと、②ポートフォリオが線形リスクしかもたない、という二つの仮定のもと、正規分布の性質をうまく利用してVaRを計測する手法であり、非常に高速かつ簡易に求められることから、よく利用される手法の一つである。

しかし、これらの仮定が弱点にもなりうるという点に留意が必要である。

(a) リスクファクターの変動分布に正規分布を仮定する点

分散共分散法は、リスクファクターの変動に正規分布を仮定するが、はたしてそれが妥当な仮定であるかが問題となりうる。特に、正規分布よりファットテールな分布（裾野の厚い分布）の場合は、分散共分散法によるVaRはリスクを過小評価している可能性がある。

正規分布を前提とすると、たとえば信頼区間99％は平均から標準偏差の2.33倍離れたところに位置する。しかし、実際の分布がファットテールな分布の場合、本当は、標準偏差の3倍離れたところが信頼区間99％であったというようなことが起きうる。このような場合は、分散共分散法によるVaR

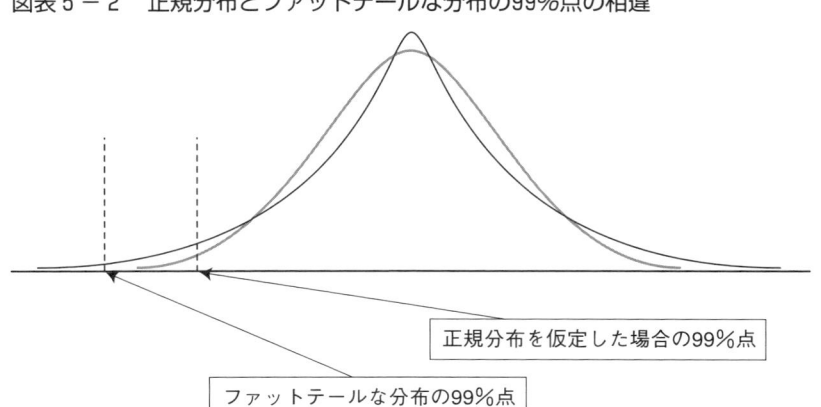

図表5－2　正規分布とファットテールな分布の99％点の相違

正規分布を仮定した場合の99％点

ファットテールな分布の99％点

図表 5 − 3　TOPIX変動率の頻度と正規分布の比較

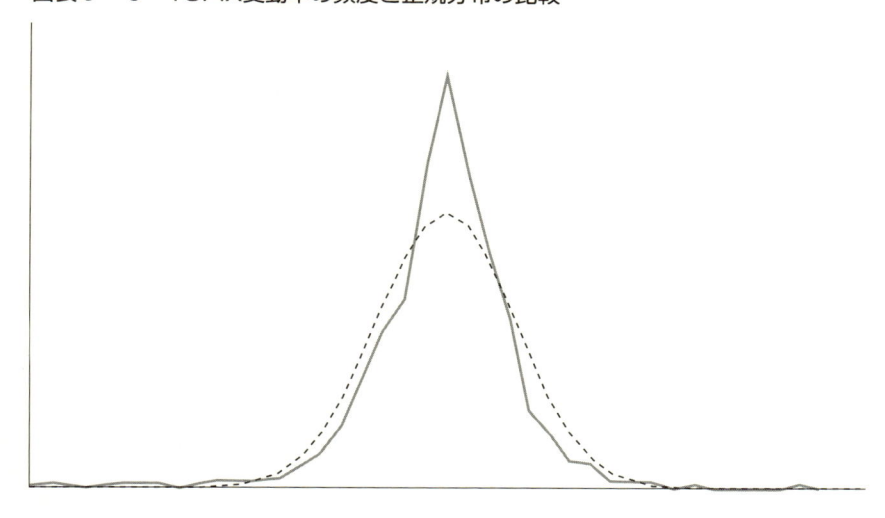

は、本来のリスク量を過小評価しているということになる。

　このことを、実際のデータを使って分析してみよう。図表 5 − 3 の実線は、2006年から2012年までの 5 年間のTOPIX変動率に基づくヒストグラムを表している。一方、破線は、正規分布を仮定した際の理論上のTOPIX変動率の頻度を表している（なお、正規分布のパラメータについては、平均は 0 とし、標準偏差は実際のTOPIX変動率から得た標準偏差である1.65%を利用した）。

　図表 5 − 3 のとおり、正規分布とは形状が若干乖離している。また、信頼区間99%点に相当する損益率は、正規分布を仮定した場合は理論上、− 1.65 × 2.33 ＝ − 3.84%である。しかし、実際のデータに基づけば、信頼区間99%点に相当する損益率は − 4.88%であり、正規分布を仮定した場合の理論値より大きい。つまり、正規分布を仮定した場合、リスクを過小評価している可能性があるということである。

(b)　線形リスクのみを前提とする点

　単純な債券にもコンベクシティがあるように、どのような金融商品におい

第 5 章　市場リスクにおけるストレステスト　223

ても少なからず非線形リスク（１次感応度ではとらえられないリスク）がある。しかし、オプション性のない商品であれば、それは無視しても問題がないことが多い。非線形リスクが問題となるのはオプション性商品がポートフォリオに少なからず存在するときである。このときは、非線形リスクは無視できなくなっている可能性がある。

　２次感応度（いわゆるガンマ）等を利用して非線形リスクを別途計測したうえで分散共分散法のVaRに加算する方法も、実務に利用されている。その場合は、非線形リスクのある程度はカバーできている可能性がある。しかし、そのような手法であっても、３次以上の感応度等は把握できていないことに留意すべきである。

c　ヒストリカル・シミュレーション法の問題点

　ヒストリカル・シミュレーション法の最大の問題点は、シミュレーション回数が十分に行えないということであろう。

　VaR計測方法の一つにモンテカルロ・シミュレーション法と呼ばれる手法がある。モンテカルロ・シミュレーション法は、乱数を用いてリスクファクターの変動をシミュレーションし、各シミュレーションにおけるポートフォリオ損益のデータから、VaRを計測する手法である。

　ヒストリカル・シミュレーション法とモンテカルロ・シミュレーション法は、リスクファクター変動を、ヒストリカル・データを用いてシミュレーションするか、乱数を用いてシミュレーションするかが違うだけである。あるいは、ヒストリカル・シミュレーション法は、ヒストリカル・データを乱数として利用するモンテカルロ・シミュレーションと考えることができ、その考えのもとでは、ヒストリカル・シミュレーション法は、モンテカルロ・シミュレーション法の一種ということができる。

　モンテカルロ・シミュレーションは、真の値を推定するために多くの場面で利用可能な手法であり、その点で非常に強力な手法である。その一方で、真の値に近づく程度はシミュレーション回数に比例せず、収束速度が遅いと

図表5-4　VaR計測手法の問題点

手　法	問題点
各手法共通	・保有期間は、ポジションを解消するのに必要な期間として設定されることが多いが、市場環境によっては、その保有期間でポジションが解消できない場合がある。 ・ヒストリカル・データに、将来の変動に関する十分な情報が含まれているか疑問がある。また、信頼性が高いデータもそうでないデータも同じ重みをもって処理されるのが一般的である。
分散共分散法	・リスクファクターの変動分布に正規分布を仮定するが、実際の変動は正規分布に従っているとは限らない。 ・ポートフォリオの線形リスク（1次感応度のリスク）しかとらえられず、非線形リスク（2次感応度以上のリスク）をとらえることができない。
ヒストリカル・シミュレーション法	・観測期間4年であってもヒストリカル・データを約1000個しか取得できないため、十分なシミュレーションが行えない可能性がある。

いう弱点がある。そのため、数百万回シミュレーションすることもよくあるが、少なくとも、数千回のシミュレーションでは十分な精度の推定値が得られない可能性が高い。

　ヒストリカル・シミュレーション法は、ヒストリカル・データを乱数として利用するモンテカルロ・シミュレーション法と考えることができるが、ヒストリカル・シミュレーション法で利用されるヒストリカル・データはせいぜい数年分のことが多い。しかし、4年分のヒストリカル・データでも、およそ1000回のシミュレーションしかできないのであるから、そのようなシミュレーションによる推定値の精度はそれほど高くないことが予想される。この点が、ヒストリカル・シミュレーション法の問題点なのである。

第2節　バーゼルⅡにおけるストレステスト

1　マーケットリスク相当額の算出

　1996年の国際合意に基づき、国際統一基準行は、トレーディング取引のマーケットリスクに対して自己資本が賦課されることになった。
　マーケットリスク相当額の算出方法としては、以下の二つの方式がある。
① 　当局が定める計測方法である標準的方式
② 　銀行内部で計測されているVaRを用いる内部モデル方式
　当局の承認が必要とはいえ、内部モデル（銀行自身がリスク管理に利用しているモデル）を規制資本におけるリスク量の算出に利用することができることは、画期的であったといえよう。しかも、標準的方式には保守的な算出式が採用されており、内部モデル方式を採用するほうが所要自己資本を少なくすることができるように設計されているので、内部モデル方式へ移行して高度なリスク管理手法を導入するモチベーションを銀行に与えている。
　「高度なリスク管理手法を採用する銀行は自己資本比率上有利になる」という制度設計は、バーゼルⅡにおける信用リスクやオペレーショナル・リスクに対する所要自己資本にも取り入れられている。

2　バーゼルⅡにおけるストレステストの目的

　そもそもVaRは、どのようなマーケット環境下におけるリスク量であるべきであろうか。具体的にいえば、①マーケットのストレス状態も勘案したリスク量であるべきか、②平時のマーケット環境下（ストレス状態以外）におけるリスク量であるべきか、ということである。
　しかし、この議論は、「あるべき論」としては重要かもしれないが、実務上はもはや論点ではない。なぜなら、もし①のように、VaRはマーケットのストレス状態も勘案されたリスク量であるべきであるということであれば、

VaR計測のために用いられるヒストリカル・データの観測期間は、過去のストレス状態の時期を含むように十分な長さであるべきといえようが、内部モデル方式の定量的要件では、ヒストリカル・データの観測期間は1年以上であればよいことになっている。観測期間1年のデータには、まれにしか起きないストレス状態の情報が含まれていない（あるいは、ほとんど含まれていない）のは明らかであろう。

　また、バーゼルⅡの改訂（いわゆるバーゼル2.5）においては、通常のVaRのほかにストレス期間のヒストリカル・データを用いたストレスVaR（stressed VaR）に対しても資本が課されることになった。このことをふまえても、マーケットのストレス状態を勘案したVaRの計測は、「実務的には不可能」であると考えられているといえよう。

　そうすると、VaRは、平時のマーケット環境下におけるリスク量であるということになり、ストレステストの目的は、ストレス環境下における影響分析ということになるであろう。告示においても、ストレステストは、「リスク計測モデルについて、将来の価格変動に関する仮定を上回る価格変動が生じた場合に発生する損益に関する分析を行うことをいう」と定義されている（告示274条2項2号）。

3　ストレステストの要件

　マーケットリスク相当額の算出に内部モデル方式を採用する場合は、ストレステストを定期的に実施することが義務づけられている。

告示274条2項2号

　マーケット・リスク管理部署は、適切なバック・テスティング（第276条に定める要領で行う日ごとの損益とリスク計測モデルから算出される損益の比較の結果に基づき、リスク計測モデルの正確性の検定を行うことをいう。第277条第1項第1号へにおいて同じ。）及びストレス・テスト（リスク計測モデルについて、将来の価格変動に関する仮定を上回る価格変動が生じた場

> 合に発生する損益に関する分析を行うことをいう。）を定期的に実施し、それらの実施手続を記載した書類を作成していること。（注：下線は筆者）

　このように、告示におけるストレステストの定義は、「リスク計測モデルについて、将来の価格変動に関する仮定を上回る価格変動が生じた場合に発生する損益に関する分析を行うこと」であるが、具体的なストレステストの内容は記載されていない。

　求められるストレステストの内容については、バーゼル合意文書"Revisions to the Basel Ⅱ market risk framework（2009年3月）"（以下、合意文書）に戻ることが必要といえるだろう。重要と考えられる条文を順次みていくことにしたい。なお、読者の便宜のため、日本語訳を併記しているが、これは、一般社団法人全国銀行協会の仮訳に基づいている。

a　合意文書の脚注161

> Though banks will have some discretion as to how they conduct stress tests, their supervisory authorities will wish to see that they follow the general lines set out in paragraphs 718（Lxxvii）to 718（Lxxxiiii）.
>
> 銀行はストレス・テストの実施方法についてある程度の自由度を有するが、各監督当局は、パラグラフ718（Lxxvii）から718（Lxxxiiii）に示されている一般的な要件を満たしているかどうかを検証することになる。

　適切なストレステストは、各銀行のポートフォリオ状況によって異なるものであるから、その具体的内容は銀行自身が自らのポートフォリオをふまえて決められるべきものである。内部モデル方式として銀行独自のモデルであるVaRの使用を認めている以上、その弱点や脆弱性をふまえたストレステストを銀行自身が行うことは、当然のことといえるだろう。上記の合意文書の内容はそれを確認したものといえる。

b　パラグラフ718（Lxxvii）

> Banks that use the internal models approach for meeting market risk capital requirements must have in place a rigorous and comprehensive stress testing program. Stress testing to identify events or influences that could greatly impact banks is a key component of a bank's assessment of its capital position.
>
> 　マーケット・リスクに係る所要自己資本額を算出するために内部モデル・アプローチを利用する銀行は、厳格で包括的なストレス・テストのためのプログラムを有していなければならない。銀行に重大なインパクトを及ぼし得る事象や、その影響を特定するためのストレス・テストは、銀行が自行の自己資本の状況を把握する上で重要な要素の一つである。

　このパラグラフは、内部モデル方式を採用する銀行はストレステストを実施しなければならないことを規定したものであり、本邦においては告示274条2項2号において具体化されていることは前述のとおりである。ただし、ストレステストは、「銀行が自行の自己資本の状況を把握する上で重要な要素の一つ」とされている点については留意が必要である。

c　パラグラフ718（Lxxviii）

> Banks' stress scenarios need to cover a range of factors that can create extraordinary losses or gains in trading portfolios, or make the control of risk in those portfolios very difficult. These factors include low-probability events in all major types of risks, including the various components of market, credit, and operational risks. Stress scenarios need to

> shed light on the impact of such events on positions that display both linear and nonlinear price characteristics（i.e. options and instruments that have options-like characteristics）.
>
> 　銀行のストレス・シナリオは、トレーディング・ポートフォリオに非常に大きな損失や利益を創出し得る、もしくはポートフォリオのリスク管理を相当困難にする一連の要因を網羅する必要がある。こうした要因には、マーケット・リスク、信用リスクおよびオペレーショナル・リスクに分類される様々なリスクを生じさせる発生確率の低い事象が含まれる。ストレス・シナリオは、こうした事象が線形および非線形（すなわち、オプションやオプションに類似した性質を有する商品）の価格特性を持つポジションに対して及ぼす影響を明らかにする必要がある。

　いくつかのポイントがあるが、その一つは、必ずしも「大きな損失」だけに注目するのではなく、「大きな利益」にも着目すべきという点であろう。いうまでもないことであるが、ローリスク・ハイリターンという取引はありえない。大きな収益を生む取引は、大きな損失の原因ともなりうるのが一般的だ。もし、収益性が高いにもかかわらずリスク量が小さい商品があるとすれば、その理由としては、「リスク計測モデルで捉えられていないが、特にストレス環境下において顕在化しやすいリスクが存在する可能性」が否定できない。

　たとえば、金融危機の発端となった証券化商品についてみてみよう。証券化商品は、同一格付であれば社債よりも有利な利回りが得られたため、多くの金融機関や投資家が投資を行っていた。しかし、同一格付は同一リスクを表しているわけではない。証券化商品が社債とは異なるリスク特性をもっている理由を、以下にいくつか例示してみよう。

・証券化商品は、複雑なモデルに基づいて評価されており、さらに、そのモデルに必要なパラメータは直接市場で観測できないものもあるなど、モデルリスクが大きい商品といえる。

- 優先劣後型証券化商品のトランシェには非常に薄く切られているものもあり、そのようなトランシェは、ストレス環境下においてリスクが顕在化したとき、全額損失（回収率０）になる可能性が高い。
- トランシェによっては、裏付資産のデフォルト確率、回収率、相関係数などのパラメータが変化すると、当該トランシェのデフォルト確率が大きく変化することがある。つまり、現時点で同一の格付であっても、将来の格付変動性は社債等のそれと異なる可能性がある。
- ストレス環境下においては、証券化商品は、社債等より、市場流動性リスクが顕在化しやすい、あるいは、市場流動性がより低下しやすい可能性がある。

　証券化商品には上記のようなリスクが内在している。逆にいえば、このようなリスクが存在するからこそ、同一格付の社債よりも高い利回りが期待できていたということができよう。しかし、証券化商品を通常の社債と同様に（社債とみなして）管理していた事例も散見されたが、そのようなリスク管理のもとでは、証券化商品と社債のリスクは同一になるから、見かけ上、証券化商品のリスクリターンは社債よりも高くなっていたわけである。

　もしかすると、上記のようなリスクは、通常のマーケット環境下では顕在化せず、ストレス環境下においてのみ顕在化するものかもしれない。そうだとすれば、そのようなリスクこそ、ストレステストによって把握しなければならないといえよう。

　次に、ストレス状況の要因に、「マーケット・リスク、信用リスクおよびオペレーショナル・リスクに分類される様々なリスクを生じさせる発生確率の低い事象が含まれる」とされている点にも着目しておくべきであろう。要は、純粋にマーケットリスクだけを考慮すべきではないということである。たとえば、マーケットに大きな影響を与えるような企業の信用リスクの顕在化や誤発注や取引所のシステムトラブルなどオペレーショナル・リスクの顕在化によってマーケットが異常な状況になることも、そのような事象の一つと考えられるだろう。

また、証券化商品の評価モデルに投入されるパラメータが「甘く見積もられていた」という指摘もあるが、この原因を正確に分析しないと断定はできないものの、オペレーショナル・リスクの顕在化の一例の可能性は否定できない。特に、マーケットで直接観測できないパラメータを利用しなければならないモデルを使う商品については、留意が必要である。そして、このようなパラメータについては、フロントが計測し、ミドルがチェックするという場合もみられる。銀行の風土によると思われるが、マーケットを熟知しているフロントの意見に引っ張られやすい状況があると、ミドルのチェックが形骸化してしまう可能性が否定できない。

d　パラグラフ718（Lxxix）

> 　Banks' stress tests should be both of a quantitative and qualitative nature, incorporating both market risk and liquidity aspects of market disturbances. Quantitative criteria should identify plausible stress scenarios to which banks could be exposed. Qualitative criteria should emphasise that two major goals of stress testing are to evaluate the capacity of the bank's capital to absorb potential large losses and to identify steps the bank can take to reduce its risk and conserve capital. This assessment is integral to setting and evaluating the bank's management strategy and the results of stress testing should be routinely communicated to senior management and, periodically, to the bank's board of directors.
>
> 　銀行のストレス・テストは、市場混乱時におけるマーケット・リスクや市場流動性といった2つの要素を取り入れ、定量的な側面と定性的な側面をともに扱わなければならない。定量的なテストの条件は、銀行が晒される可能性が十分にあると考えられるストレス・シナリオを特定しなければならない。定性的なテストの条件は、ストレス・テストの主要

> な目的が、銀行の自己資本が潜在的な大きな損失を吸収できるかどうかを評価すること、および、銀行がリスクを削減し自己資本を保持するために取り得る手順を特定することであることを、念頭に置いたものでなければならない。こうした評価は銀行のリスク管理戦略の策定や見直しに不可欠な要素であり、ストレス・テストの結果は、テストの都度上級管理職に対して報告されなければならず、取締役会に対しても定期的に報告されるべきである。

ここでは、「市場混乱時における市場流動性の要素を取り入れなければならない」という点に着目しよう。ストレス環境下においては、アスク・ビッド・スプレッドが大きく広がったり、あるいは、商品の売却自体が不可能になったりするという市場流動性リスクが大きい商品がある。既述のとおり証券化商品はその一つといえよう。ストレステストは、このような状況も考慮しなければならないということである。

e　パラグラフ718（Lxxx）

> Banks should combine the use of supervisory stress scenarios with stress tests developed by banks themselves to reflect their specific risk characteristics. Specifically, supervisory authorities may ask banks to provide information on stress testing in three broad areas, which are discussed in turn below.
>
> 　銀行は、監督当局によるストレス・シナリオと、当該銀行特有のリスクの性質を反映させるために独自に開発したストレス・テストを組み合わせて使用すべきである。とくに、監督当局は、銀行に対し、以下で述べる3種類のストレス・テストに関する情報を提供するよう求めるかもしれない。

合意文書によれば、ストレステストのシナリオとして以下のものが例示されている。

(i) Supervisory scenarios requiring no simulations by the bank
銀行によるシミュレーションが必要のない監督当局のシナリオ

(ii) Scenarios requiring a simulation by the bank
銀行によるシミュレーションが必要になるシナリオ

(iii) Scenarios developed by the bank itself to capture the specific characteristics of its portfolio.
自行ポートフォリオの特性を把握するために銀行自身によって開発されたストレス・シナリオ

まず、(i)については、パラグラフ718(Lxxxi)において、以下のように記載されている。

Banks should have information on the largest losses experienced during the reporting period available for supervisory review. This loss information could be compared to the level of capital that results from a bank's internal measurement system. For example, it could provide supervisory authorities with a picture of how many days of peak day losses would have been covered by a given value-at-risk estimate.

銀行は、報告期間中に被った最大損失額に関する情報を監督当局による検証のため提供できるようにしておかなければならない。こうした損失に関する情報と、銀行の内部計測システムによって算定される自己資本の水準とを比較することが考えられる。例えば、監督当局は、こうした情報によって、最大損失額の何日分がバリュー・アット・リスクの推計値によってカバーされていたかということがわかる。

次に、(ii)については、パラグラフ718（Lxxxii）において以下のように記載されている。

> Banks should subject their portfolios to a series of simulated stress scenarios and provide supervisory authorities with the results. These scenarios could include testing the current portfolio against past periods of significant disturbance, for example, the 1987 equity crash, the Exchange Rate Mechanism crises of 1992 and 1993 or, the fall in bond markets in the first quarter of 1994, the 1998 Russian financial crisis, the 2000 bursting of the technology stock bubble or the 2007/2008 sub-prime crisis, incorporating both the large price movements and the sharp reduction in liquidity associated with these events. A second type of scenario would evaluate the sensitivity of the bank's market risk exposure to changes in the assumptions about volatilities and correlations. Applying this test would require an evaluation of the historical range of variation for volatilities and correlations and evaluation of the bank's current positions against the extreme values of the historical range. Due consideration should be given to the sharp variation that at times has occurred in a matter of days in periods of significant market disturbance. For example, the above-mentioned situations involved correlations within risk factors approaching the extreme values of 1 or −1 for several days at the height of the disturbance.
>
> 銀行は、自行のポートフォリオに対して一連のストレス・シナリオを適用し、その結果を監督当局に提出すべきである。こうしたシナリオには、例えば、1987年の株式市場におけるクラッシュ（equity crash）や、1992年と1993年のERM危機、1994年第1四半期の債券市場の下落、1998年のロシア危機、2000年のITバブル崩壊や2007年と2008年のサブプライム危機のような、大きな価格変動と流動性の急激な低下を併せ持

った過去の大きな混乱時の市況変動を、現在のポートフォリオに対して適用するテストが含まれ得る。また、ボラティリティや相関に関する仮定の変化に対する銀行のマーケット・リスク・エクスポージャーの感応度を評価するシナリオも考え得る。すなわち、ボラティリティや相関の過去の変動範囲を分析し、過去の変動範囲の中での極端な値を銀行の現在のポジションに当てはめて評価するテストである。市場が大きく混乱している期間の中でも、とくに、急激な市況変動が生じた際には、数日間でボラティリティや相関に大きな変動が生じ得ることが考慮されるべきである。例えば、上記のような状況下では、変動が最も大きかった数日間をみると、相関係数が1あるいは−1という極端な値に近づいていたという事実がある。

最後に、(iii)については、パラグラフ718 (Lxxxiii) に以下のように記載されている。

In addition to the scenarios prescribed by supervisory authorities under paragraphs 718 (Lxxxi) and 718 (Lxxxii) above, a bank should also develop its own stress tests which it identifies as most adverse based on the characteristics of its portfolio (e.g. problems in a key region of the world combined with a sharp move in oil prices). Banks should provide supervisory authorities with a description of the methodology used to identify and carry out the scenarios as well as with a description of the results derived from these scenarios.

パラグラフ718 (Lxxxi) および718 (Lxxxii) で述べた監督当局によって規定されたシナリオに加えて、銀行は自行ポートフォリオの特性に基づいて最悪事態を想定したストレス・テストを独自に開発すべきである（例えば、国際的に重要な地域で緊張が高まると同時に原油価格が急激に変動する等）。銀行は、こうしたシナリオから生じる結果だけでなく、シナ

リオを特定し適用する際に用いられる手法についても、監督当局に説明すべきである。

これらの記載内容は、ストレス・シナリオを検討する際に参考になると考えられる。

f　パラグラフ718（Lxxxiv）

> The results should be reviewed periodically by senior management and should be reflected in the policies and limits set by management and the board of directors. Moreover, if the testing reveals particular vulnerability to a given set of circumstances, the national authorities would expect the bank to take prompt steps to manage those risks appropriately (e.g. by hedging against that outcome or reducing the size of its exposures).
>
> ストレス・テストの結果は、上級管理職によって定期的に検討され、経営陣や取締役会によって決定される方針やリミットに反映されるべきである。さらに、ストレス・テストによってある状況に対する特に高い脆弱性が明らかとなった場合、各国監督当局は、その銀行がそのようなリスクを適切に管理する対策（例えば、所要のヘッジ取引やエクスポージャーの削減等）を速やかに実施することを期待する。

このパラグラフは、ストレステストを適切にリスク管理プロセスに組み込むことを要求している。すなわち、ストレステストは、単に計測・報告するだけでは足りず、それを経営に活かすことが求められている。その利用方法としては、方針策定やリミット枠設定のみならず、必要に応じて、ヘッジ取引等によるリスク削減を能動的に行うことがあげられている。

4　ストレステストの実施

ストレステストとしては、感応度分析（センシティビティ・テスト）とシナリオ分析によるものがある。また、シナリオ分析においては、過去のストレスイベントを利用するヒストリカル・シナリオと仮想的なシナリオを利用する方法がある。金融機関においては、これらを複数実施していることも多い。

いずれの方法をとるか、またシナリオの設定方法はどのようにすべきかは、各金融機関が、自らのポートフォリオのリスク特性等をふまえて決定すべきものである。ただし、これまでの議論をふまえ、以下のような点に十分に留意する必要がある。

a　商品流動性が低い商品

流動性が低い商品の取引状況には留意が必要であるが、すでに平時のマーケット環境下において流動性が乏しい商品は、比較的識別しやすい。しかし、証券化商品のように、たとえ平時のマーケット環境下では流動性に問題がない場合でも、ストレス環境下においては流動性リスクが顕在化する可能性のある商品は、ややもすると見過ごされやすい。

特に、ストレス時に流動性リスクが顕在化しやすい商品については、ストレス・シナリオを設定する際は、価格変動幅や処分可能期間を十分に検討する必要がある。サブプライム問題を発端とした金融危機においては、証券化商品等の流動性が非常に低下した（あるいはほぼなくなった）という状況が生じたが、それに対して、国債等は流動性に大きな問題はみられなかった。このようなことを考慮すると、金融機関は、自らが保有する金融商品について、ストレス時に流動性が低下しやすい取引を識別し、そのような商品のリスクの大きさ（ポジションの大きさ）によっては、他の商品とは異なる価格変動幅や処分可能期間を設定するなどの対応が必要になろう。

なお、市場流動性リスクのストレステストについては、第8章を参照され

たい。

b　エキゾチック・デリバティブ等複雑なリスク特性をもつ商品

エキゾチック・デリバティブのように複雑なリスク特性をもつ商品には留意が必要である。

分散共分散法は、非線形リスクがとらえられないので、複雑なリスク特性をもつ商品に留意する必要がある点は明らかであるが、ヒストリカル・シミュレーション法であっても、複雑なデリバティブ取引では完全なフル・バリュエーションがむずかしいために簡略化してVaRが計測されている事例は少なくなく、モデルリスクが高いと考えられる。

また、商品条件についても留意が必要である。通常であれば条件が成就する可能性がないようなバリア条件やコール条件等[3]が付されている取引であっても、ストレス環境下では突然それらの条件が成就してしまう可能性があるからである。また同じような観点から、ディープ・アウト・オブ・ザ・マネー[4]のような商品を頻繁にあるいは大量に取引している場合も注意が必要である。このようなリスクはVaRではとらえにくいので、ストレステストによって補う必要があると考えられる。

c　リスクファクターの信頼性

ストレス・シナリオを検討する際は、各リスクファクターが、流動性が高い取引のマーケットデータから推定されるものであるのか、流動性が低い取引のマーケットデータから推定されるものであるのかを十分ふまえることが重要である。特に流動性が低い取引のマーケットデータは、ストレス環境下においては、信頼性がさらに低下すると考えられるからだ。

---

[3] バリア条件とは、原資産価格があらかじめ決められたバリア価格に到達した場合に、オプション権利が生成あるいは消滅するような条件のことである。コール条件とは、債券等の発行体が、繰上償還を行う権利のことである。

[4] 現在価格がオプション行使価格から遠く離れており、一見、権利行使の可能性が非常に低い取引のことである。

また、そのような取引は、ストレス環境下においては、オファー・ビッド・スプレッドが急激に広がる可能性があるが、そのようなリスクはVaRモデルで把握することはむずかしいので、ストレステストで考慮すべきであると考えられる。

第3節　バンキング勘定におけるストレステスト

1　バンキング勘定におけるVaRの活用状況

　すでに述べたように、銀行においては、内部管理の目的で、バンキング勘定においてもポートフォリオの時価変動を管理し、そのリスクをVaRで計測している事例が多い。

　なお、バンキング勘定のVaRモデルとトレーディング勘定のVaRモデルがほぼ同じである事例も少なくない。相違としては、バンキング勘定のリスク特性等をふまえて、信頼区間や保有期間を異なるものにしているという点ぐらいである。

2　バンキング勘定におけるVaRの問題

　バンキング勘定用のVaRモデルは、トレーディング勘定のVaRと同様のモデルが利用されていることが多いので、VaRの抱える問題点や脆弱性は、基本的には、トレーディング勘定のVaRのそれらと同じであると考えてよい。

　しかし、バンキング勘定には預金・貸出のような低流動性の商品が多いこと、ポートフォリオの規模が大きいのでポジションを短期間に減らすことがむずかしいこと、などの理由によって、VaRの保有期間を長期（たとえば1年）とすることがある。このことは、VaRモデルに、以下のような新たな問題点や脆弱性を生み出すことになる。

a 長期の保有期間のVaRの問題

　保有期間1年のVaRであれば、ポートフォリオ損益の1年間の変動性を求める必要がある。しかし、独立な1年間の変動データを集めることは非常に困難である。たとえば、独立な1年間の変動データを100個集めるためには、100年分のデータが必要になる（ノンオーバーラッピング法）。仮に100年分のデータを集めることが可能であったとしても、100年前の経済環境のデータを利用することは必ずしも妥当とはいえないであろう。そのため、なんらかのデータで代替するほかない。一般的な手法としては二つの方法がよく利用されている。

　一つは、ルート t 法と呼ばれる手法である。これは、1日の変動性を用いて長期の変動性を推定する手法である。独立な確率変数 X と Y の和 $X+Y$ を考えると、その分散は、各確率変数の分散の和となる。すなわち、$V[X+Y]=V[X]+V[Y]$ が成り立つ。日々のポートフォリオ価値の変動が独立に同一の分布に従うのであれば、t 日間のポートフォリオ価値の変動の分散は、1日のポートフォリオ価値の変動の分散の t 倍になる。したがって、標準偏差はルート t 倍になる。正規分布のように標準偏差と水準点が一定の関係（たとえば「99％点は標準偏差の2.33倍」といった関係）にあるような分布であれば、保有期間 t 日のVaRは、保有期間1日のVaRのルート t 倍になる。ルート t 法は、この考えに基づくものである。

　ルート t 法は、ポートフォリオ価値の変動に正規分布を仮定している分散共分散法と親和性が高いが、ヒストリカル・シミュレーション法を含めてその他の手法とは整合しない点が問題である。

　もう一つは、オーバーラッピング法でシナリオを生成したり、パラメータを計測する手法である。これは、データの重なりを許して、サンプル数をふやす方法である（図表5－5参照）。

　オーバーラッピング法は、データ数が多くなることが最大のメリットである。ただし、データの重なりがあるため、各データを独立な変動データとみ

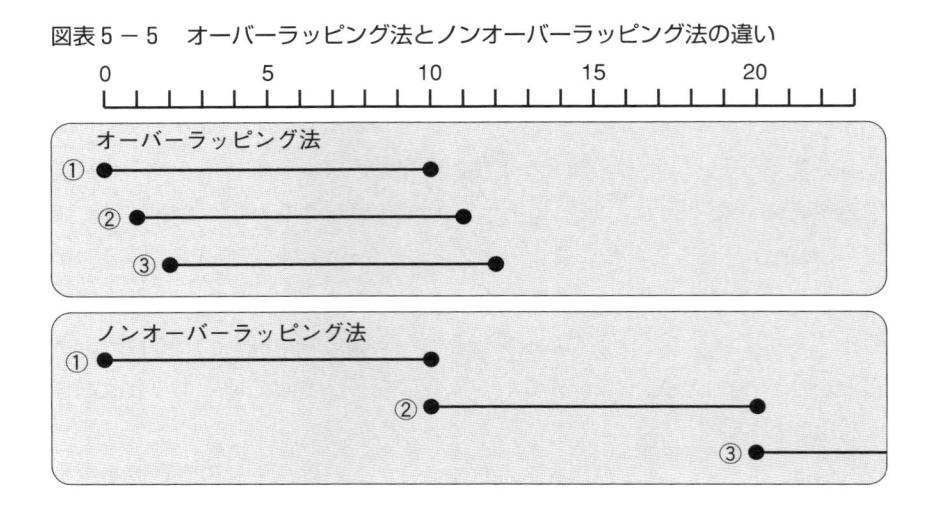

図表 5 − 5　オーバーラッピング法とノンオーバーラッピング法の違い

ることはできない。特に、保有期間1年のように長期の変動データを推定したい場合は、重なりの部分が大きいため、変動性を過小評価しかねない。

b　バック・テスティングの問題

バック・テスティングは、一言でいえば、「ある前提が正しいと考えられていたが、その前提のもとでは非常に確率の低い事象が起きたというときは、その前提が誤っていたと考える」ものである。これは、統計的仮説検定の考え方である。すなわち、もし、250営業日（1年間）で10回もVaRを超える損失が起きた場合は、「VaRは、信頼区間99％のリスク量を正しく表している」という前提が誤っていたと考えるわけである。

トレーディング取引は、内部モデル法を採用している場合、保有期間10日[5]のVaRでリスク量を算出するが、バック・テスティングは保有期間1日のVaRで行うことが義務づけられている。バック・テスティングにおいて異なる保有期間のVaRを利用している理由はここでは議論しないが、保有期間

---

[5]　規制上は、「保有期間10日以上」であるが、10日より長い保有期間で所要自己資本を計測している金融機関はほとんどないと考えられる。

1日のVaRが統計的に問題がないと結論づけられれば、保有期間10日のVaRも問題がないといえる可能性は高いだろう。

しかし、バンキング勘定における保有期間1年のVaRではどうであろう。保有期間1日のVaRが統計的に問題がなかったとしても、保有期間1年のVaRも問題がないとはいえる可能性は、トレーディング取引の場合よりも少ないであろう。かといって、1年間の損益データを利用して、保有期間1年のVaRをバック・テスティングすることも実務上困難である。

このように、長期の保有期間のVaRは、バック・テスティングの実施がむずかしいという点で、モデルリスクのコントロールがむずかしいといえる。

c　ポジション一定の仮定の問題

通常、VaRはポジション一定（ポートフォリオ固定）を前提として計測される。しかし、保有期間が長期の場合、ポジション一定という前提のもとに算出されるリスク量は正確なリスク量といえるかどうかが問題といえよう。

直ちにポジションを0にすることはできなくても、徐々にポジションを減らすことは不可能ではないはずである。ポジション一定という前提で計測されたVaRは、実態のリスクを過大評価する可能性がないとはいえない。

d　VaRとストレステストの関係

トレーディング勘定のマーケットリスク相当額は、内部モデル法を採用している場合、保有期間10営業日、信頼区間99％のVaRとして計測される。つまり、平均して1000営業日に1度の頻度（約4年に1度の頻度[6]）で発生する損失に備える自己資本を保持する必要があるということである。

一方、合意文書であげられているストレスイベントの事例は以下のとおりであることからもうかがえるように、ストレスイベントはそれよりも低い頻度で発生してきたと考えられる。

6　1年は約250営業日とした。

1987年の株式市場におけるクラッシュ
1992年と1993年のERM危機
1994年第1四半期の債券市場の下落
1998年のロシア危機
2000年のITバブル崩壊
2007年と2008年のサブプライム危機

　したがって、トレーディング勘定においては、VaRとストレステストの役割分担は明確であるということができると考えられる。

　それに対して、バンキング勘定では、より長期の保有期間やより高い信頼区間に基づいてVaRが計測されていることがある。たとえば、保有期間1年、信頼区間99.9％のVaRなどである。この場合、平均して1000年に1度の頻度で発生するリスク量[7]に基づいてリスクを管理しているということになるが、この頻度は、明らかにストレスイベントの発生頻度より低いといえるだろう。

　サブプライム問題に端を発した金融危機は、「100年に1回の危機」などといわれる。この「100年に1回」という表現に統計的根拠があるのか疑問があるが、もし統計的に根拠があるとすれば、このような重大な金融危機は平均的に100年に1回程度発生するイベントであるということができる。そうすると、VaRとストレステストは、前者は通常のマーケット環境下のリスク量、後者はストレス環境下の損失額という明確な役割分担はあるものの、「通常のマーケット環境下において平均して1000年に1回発生する損失を表すVaR」と、「100年に1回程度に発生するストレスイベントの影響を分析するストレステスト」の関係は微妙といえるのではないであろうか。

　そもそも、数年分のヒストリカル・データを利用して、平均1000年に1回という頻度のリスク量を精緻に計測できるものなのかという疑問もある。精

---

[7] 「同様のリスクプロファイルをもつ1000行のうち、平均して毎年1行が超過するリスク量」ということもできる。

図表 5 − 6　信頼区間と平均超過頻度の関係（保有期間 1 年の場合）

信頼区間	平均超過頻度
99.9%	1000年に 1 度
99.0%	100年に 1 度
90.0%	10年に 1 度
80.0%	5 年に 1 度
70.0%	3.3年に 1 度
60.0%	2.5年に 1 度

精度？
低精度
高精度

度がある程度保証できるのは、せいぜい平均10年に 1 度起きるような損失程度ではないであろうか。信頼区間に換算すれば、「信頼区間90％程度のVaRまで」ということになる。

　このように考えると、低い信頼区間のリスクについてはVaRをメインのリスク量としつつも、高い信頼区間のリスクについてはストレステストに基づいて管理するという考え方もあるであろう。VaRの前提を崩すような外部環境の大きな変化（ストレス状態）がどの程度の頻度で発生しているか（あるいはどの程度の頻度で起きうるストレス状態を想定しているか）を十分にふまえて、VaRとストレステストの両方を十分に活用することが必要といえる。

3　バンキング勘定のストレステスト

　「 2 　バンキング勘定におけるVaRの問題」で議論してきたように、バンキング勘定のVaRの問題はトレーディング取引のそれよりも大きくなっている。そのため、バンキング勘定のストレステストは、留意すべき点がいくつかあると考えられる。

　まず、バンキング勘定は、低流動性商品が多く、また、ポジションが大きく短期間に手じまうことがむずかしいため、VaRの計測においては保有期間を長期にすることがあることは既述のとおりであるが、この点はストレステストにおいても考慮すべきであろう。すなわち、ストレスイベントは、短期

的に収束するとは限らない。ストレス期間が長くなれば、バンキング勘定に与える影響も大きくなると考えられるのである。

ストレスイベントを検討する際は、そのようなイベントがどの程度の期間続くのか、そのときに金利や価格等のリスクファクターがどのような影響を受けるのか、等を検討する必要があろう。

また、保有期間や信頼区間によってはVaRとストレステストの関係が微妙になってくることや、VaRの精度が必ずしも高くない可能性があることも既述のとおりであるが、このような点をふまえると、ストレステストで把握しようとするリスクが、どの程度の頻度（たとえば10年に1度とか20年に1度）で起きうるものであるのかを意識して、ストレスイベントを検討すべきともいえよう。なお、いうまでもなく、どのような頻度を想定するかは経営者のリスク許容度と密接に関連してくるものである。

第4節　ストレステストの活用

1　従来のストレステストの活用状況

多くの金融機関において、ストレステストはVaRの補完と位置づけられていた。しかし、「補完」という言葉に着目するあまり、VaRを「正」のリスク量とし、ストレステストは「副」のリスク量のように扱われていた面は否定できない。しかし、このようなストレステストの扱いははたして今後も継続させるべきであろうか。

バーゼル合意文書がいうように、ストレステストは、「銀行が自行の自己資本の状況を把握するうえで重要な要素の一つ」であり、資本管理に活かしていくことが重要であるといえるが、この点について、ストレステストが、必ずしも十分にリスク管理プロセスや資本管理プロセスに組み込まれていたとはいえない事例も少なくなかったのではないであろうか。

今後、VaRとストレステストは、両方が重要なリスク量として活用される

べきものといえる。

2 　今後のストレステストの活用方法

a 　経営陣に対するリスクプロファイルの説明資料

　VaRは、資本と対比することができ、また、統計的に処理されており恣意性も可能な限り排除されているので、数値の信頼性も確保されている。これらの点において、VaRは有益な指標であるといえよう（特に、多忙な経営陣にとっては、その有益性はさらに高まると考えられる）。

　しかし、信頼区間99％のVaRは、確率99％での最大損失額を表しているが、その損失が起きるときのマーケット状況に関する情報は与えてくれない。VaRは、「金利、為替、株価がどの程度変化したときに起きる損失なのか」を明らかにしないのである。それが信じられないようであれば、試しに、「VaRと同額の損失が起きるときは、マーケットはどのような状況なのか」をリスク管理担当者に聞いてみるとよい。リスク管理担当者は返答に困るに違いない[8]。

　それに対して、ストレステストは、ストレス・シナリオ（大きな市場変動のシナリオ）に基づいて行われることが多い。つまり、「このようなストレスシナリオが起きたとき、ポートフォリオにどのような影響があるか」を分析する手法である。

　このような「シナリオに基づく損益分析」には、大きな利点があると思わ

---

[8] 分散共分散法によるVaRについては、この点は理解しやすいと思われる。しかし、ヒストリカル・シミュレーションによるVaRであれば、VaRとなったヒストリカル・シナリオを抽出すれば、そのような情報が得られると考えるかもしれない。すなわち、観測期間1000日、信頼区間99％のヒストリカルVaRであれば、ポートフォリオ損益が10番目に悪いシナリオがそのようなシナリオなのではないかということである。

　たしかに、そのようなシナリオは、「VaRと同額の損失が生じる1シナリオ」であることは事実であるが、その1シナリオをあえて取り上げることにどの程度の意味があるかは疑問である。11番目と9番目のシナリオはまったく意味がないシナリオといえるかを考えれば、この疑問の真意が理解できると思われる。

figure 5-7　VaRとストレステストの長所と短所

	長　所	短　所
VaR	・ヒストリカル・データを用いて、客観的に計測される。 ・信頼区間（確率）と損失が、数学的な意味で結びついている。	・テール部分の正確性に疑問。 ・VaRと同額の損失が生じる状況は、どのような経済環境であるか不明。
ストレステスト	・経済環境（ストレス・シナリオ）と損失額が完全に対応している。	・客観性確保が課題。 ・損失額と信頼区間（確率）の関係はあいまい。

れる。それは、経営陣が「その損失が起きるときのマーケット状況はどのようなものか」を認識できるからである。「そのような損失が起きるのはどのようなマーケット状況なのか」を知りたいと思う経営陣も少なくないはずだ。また、逆に、「このようなマーケット状況では、どのような損失が起きるのか」を知りたい経営陣もいるはずだ。シナリオに基づく損益分析は、このような経営陣の疑問にも答えてくれる。

　このように、ストレス・シナリオに基づくストレステストは、経営陣がポートフォリオのリスクプロファイルを認識することにおおいに寄与すると考えられる。

　リスク管理においては、統計的な処理に基づくVaRと、シナリオに基づくストレステストやシナリオ分析のメリット・デメリットをふまえて、適切に組み合わせることが有意義であると思われる。

b　商品別リミット設定等への利用

　VaRの計測においては、十分な市場流動性がある国債等のデータも、市場流動性が少なく市場データが入手しにくいあるいはその信頼性が低いデータも同じ枠組みで統計処理されるのが通常であることはすでに議論したとおりである（第1節4 a(c)参照）。

このことをふまえれば、同じVaRであっても、主たるポジションが国債であるポートフォリオと、エキゾチック・デリバティブや証券化商品が多く含まれるポートフォリオでは、VaRのリスク量としての信頼性にはそれなりの差異があることは明らかであると思われる。

このことから、VaRモデルのモデルリスクを管理する観点から、データの信頼性が低いポジションについては、限度枠を設定することも検討すべきであろう。そして、限度枠の設定額については、ストレステストの結果もふまえることになると考えられる。

c　資本配賦への活用

従来は、資本はVaRに対して配賦されてきたのが一般的である。しかし、ストレステストの重要性にかんがみ、今後は、資本配賦においてストレステストの結果を活用させていくべきであろう。

なお、現在のところ、資本配賦におけるストレステストの活用方法にスタンダードな手法があるわけではない。そもそも、資本配賦は、経営者のリスクに対する考え方によるべきものであるから、ストレステストの結果をどのように資本配賦に反映させるかは、それぞれの金融機関で異なってかまわないと考えられる。

したがって、ストレステストの資本配賦への活用方法に唯一絶対の正解はないと思われるから、ここでは、参考になると考えられる方法をいくつか検討してみたい。

① 基本的にはVaRに対して資本配賦をするものの、余裕枠（バッファー）についてはストレステストの結果を反映させる方法

資本配賦の際には、余裕枠が設定されることが多い。この理由はさまざまあると考えられる。たとえば、年度内に予想される新商品の取扱いに備えることや、VaRを超える損失に備えることなどが、その理由としてあげられることが多い。

このように、余裕枠の設定は、VaRというリスク計測モデルが内包する限

界を補うためのものであるから、ストレステストの結果を参考に余裕枠を設定することは合理的であると考えられる。

② VaRに対して配賦される資本と、ストレステストに対して配賦される資本を分離する

バーゼルⅢは、資本の質が最も重要なキーワードであるが、配賦する資本においてもどの程度の確率で毀損が許されるかという観点の「質」を考えることができると思われる。

たとえば、金融機関の経営上、リスクをとっている以上受け入れざるをえない損失と、これ以上は経営基盤を揺るがしかねない損失などが考えられるであろう[9]。それぞれのリスクに対して配賦される資本は異なった「質」ということができよう。そして、前者に対する資本はVaRで管理し、後者に対する資本はストレステストで管理するということも考えられる。

なお、このような手法をとる際には、VaRの前提として99.9％のような高い信頼区間を置く必要はないかもしれない。たとえば、90％や80％のような信頼区間を設定することも考えられるであろう。

【参考文献】
・BCBS（Basel Committee on Banking Supervision）, 2009. "Revisions to the Basel Ⅱ market risk framework（「バーゼルⅡにおけるマーケット・リスクの枠組みに対する改訂（金融庁仮訳）」）"
・BCBS（Basel Committee on Banking Supervision）, 2009. "Principles for sound stress testing practices and supervision（「健全なストレス・テスト実務及びその監督のための諸原則（金融庁仮訳）」）"
・BCBS（Basel Committee on Banking Supervision）, 2009. "Supervisory guidance for assessing banks' financial instrument fair value practices"
・BCBS（Basel Committee on Banking Supervision）, 2009. "Guidelines for computing capital for incremental risk in the trading book"

---

9 もちろん、これら以外にも経営上重要と考えられる損失レベルは複数あると考えられる。

- 大山剛『グローバル金融危機後のリスク管理―金融機関および監督当局がなすべき"備え"』金融財政事情研究会（2009）
- 大山剛『バーゼルⅢの衝撃―日本金融生き残りの道』東洋経済新報社（2011）
- 監査法人トーマツ金融インダストリーグループ『バーゼルⅡ対応のすべて―リスク管理と銀行経営』金融財政事情研究会（2008）

第6章

市場性信用リスクに関する
ストレステスト

久永健生、岡崎貫治

第1節　市場性信用リスクとは

　市場性信用リスクとは、市場で取引されている金融商品のリスクのうち、信用リスク（具体的には債務者のデフォルト等に起因する元利払いのとりはぐれリスク）にさらされている部分を意味する。具体的には、取引のカウンターパーティに係る信用リスクであるカウンターパーティ・リスクに加え、市場で取引される金融商品の裏付資産が信用リスクにさらされているケースが考えられる。一方、信用リスクにさらされていない部分のリスクは、いわゆる市場リスクや流動性リスクなどとなる。

　それでは、信用リスクにさらされている市場取引のある金融商品には、どういった商品が該当するのか。たとえばCDOという証券化商品がある。CDOは、その原債権がデフォルトしなければ、普通の債券のようにクーポンが受け取れ、満期日には元本が償還される。しかし、原債権のうち、いくつかがデフォルトすると、そのデフォルトした割合に応じ、元本が毀損し、受け取れるキャッシュフローが変動する。したがって、CDOの価値は、原債権の債務者の信用状態に影響を受ける。つまり、通常の貸出金と同じく信用リスクにさらされていると考えられる。

一方、CDO自体は、マーケットで売買されており、その価格は日々変動している。その意味では、CDOは、株式等と同じく市場リスク（価格変動リスク）にもさらされていると考えられる。

　他の例として、たとえば、自動車ローン債権を裏付資産とした証券化商品（以下、自動車ローンABS）を考えてみよう。この金融商品は日本国債と同様に、市場で日々売買されており、価格変動要因には日本国債と同じく利回り変動リスクが該当する。もし、自動車ローンABSが信用リスクなどのあらゆるリスクにさらされていない場合には、利回りはリスクフリーレートに一致すると考えられる。しかし、現実には、信用リスクや流動性リスクなどのさまざまなリスクにさらされているため、その利回りにはリスクフリーレートに上乗せされるかたちで、さまざまなスプレッドが含まれている。こうした事実は、価格変動に影響を与える要因を丁寧に分解して分析および管理することのむずかしさを表している。

　このように、「市場性信用リスク」とは、信用リスクにさらされていると同時に、市場で取引されていることにより市場リスクにもさらされているという意味で、複合的なリスクだといえる。したがって、市場性信用リスクについては、市場リスクと信用リスク（また場合によっては、市場流動性リスク）の双方の側面から、ストレステストを考えていく必要がある。

　こうした問題点を意識しながら、市場性信用リスクに関し、どのようにストレステストを実施すべきなのかについて、議論を進めることにする。

第2節　市場性信用リスクの具体例

　市場性信用リスクにさらされているものについて、以下の二つのタイプに分類し、それぞれの具体的な商品について、以下にいくつかの例をあげておく。
・原資産価値が信用リスクにさらされているもの
・カウンターパーティ・リスクにさらされているもの

1　原資産価値が信用リスクにさらされているもの

　CDS（クレジット・デフォルト・スワップ）等のクレジット・デリバティブの価値は、その名のとおり、参照債務者の信用力に大きく依存している。

　また、CDOやABS、RMBS等、証券化商品にはさまざまな種類があるが、いずれもその原資産（債券、ローン債権等）は信用リスクにさらされている。

　これらクレジット・デリバティブや証券化商品は、その原資産（参照債権等）の価値が、信用リスクにさらされているため、それらの信用力が低下またはデフォルトすると、損失を被ることになる。一方、これらの商品は市場リスクにもさらされており、金利や為替レート（外貨建ての場合など）の変動によっても損失が発生する。

2　カウンターパーティ・リスクにさらされているもの

　普通の社債も、市場で取引されており、かつ、その発行体の信用リスクにもさらされているので、広い意味では市場性信用リスクにさらされていると考えられる。

　OTCの金利スワップ等のデリバティブ（金融派生商品）についても、その取引先の信用リスク（カウンターパーティ・リスク）を負っている。したがって、OTCデリバティブも、市場性信用リスクにさらされていると考えることができる。

　近年、カウンターパーティ・リスクに関連し、「誤方向リスク」と呼ばれるリスクについて言及されることが多くなってきた。誤方向リスクとは、取引先の信用力が、その他のリスクファクターと同時に悪化した場合に、損失が増幅してしまうリスクのことである。誤方向リスクは一般誤方向リスクと個別誤方向リスクに分けられる。

　また、取引先の信用リスクも加味した評価（Credit Value Adjustment：

CVA) を行う事例も多くみられるようになってきた。バーゼルⅢにおいても、CVAの変動に対して、自己資本賦課が求められることになっている。

第3節　市場性信用リスクに係るストレステストの留意点

　上述のとおり、市場性信用リスクに係るストレステストを実施する際には、市場リスクと信用リスクの双方の観点を考慮する必要がある。

　しかし、ストレステストをリスク・カテゴリー（市場リスク、信用リスクなど）ごとに実施しているような場合、いずれのリスク・カテゴリーでも対象とされず、結果的に、市場性信用リスクに関するストレステストが実施されないという危険性がある。したがって、ストレステストをリスク・カテゴリーごとに実施する場合においても、各リスク・カテゴリーのストレステストを実施する部署だけでその対象商品等を決めるのではなく、それぞれのリスク・カテゴリーのストレステストの対象とするのは、どの商品なのか、どのリスクなのかについて、網羅的に決めておき、もれがないようにしておくことが必要である。

　また、市場性信用リスクにさらされている商品のリスクを、市場リスク、信用リスク（さらには市場流動性リスク）の各リスク・カテゴリーに、明確に分離することがむずかしいことも、市場性信用リスクに関するストレステストを困難にしていると思われる。基本的には、リスク・カテゴリー横断的にストレステストを実施することが望ましいと考えられる。その場合には、各リスク・カテゴリーに分離する必要はなく、トータルでの損失額を把握することが可能である。一方、リスク・カテゴリーごとにストレステストを実施せざるをえない、または、リスク管理上、トータルだけではなく、各リスク・カテゴリーにおける損失額についても把握しておきたい、という場合には、何かしらの割切りのもと、リスク・カテゴリーごとにストレステストを実施することも考えられる（第4節1の金利スワップのカウンターパーティ・リ

スクの場合の具体例を参照)。

第4節　ストレスシナリオ生成における留意点

　市場性信用リスクにさらされている商品についてのストレステストも、他の商品に対するストレステストと基本的な考え方、方法等は同様である。しかし、市場性信用リスクにさらされている商品の場合には、さまざまな要因が複雑にその価値に影響するため、特に留意するべきと考えられる点について、いくつかあげておく。

1　市場リスクと信用リスクの同時シナリオ

　前述のとおり、市場性信用リスクに関するストレステストのシナリオを生成する際には、市場リスクファクターに関するシナリオと、信用リスクファクターに関するシナリオの双方を生成する必要がある（前述の誤方向リスクはその典型例である）。

　さらに、市場リスクファクターに関するシナリオと信用リスクファクターに関するシナリオをそれぞれ別々に作成するのではなく、それらが同時に発生した場合のシナリオも考慮することが重要である。このことは、ポートフォリオ全体のストレステストを考えるうえでも、当然のことながら必要であるが、市場性信用リスクの場合には、一取引のストレステストを実施する場合にも、市場、信用両方のストレスを考慮する必要がある。

　例として、金利スワップのカウンターパーティ・リスクに対するストレステストを考えてみよう。金利スワップの価値は、金利の変動により日々変化するため、カウンターパーティのデフォルトによる損失額も、市場リスク（金利）の影響を受ける。したがって、ストレステストにおいても、カウンターパーティの信用力の変化（デフォルト）のみならず、同時に、市場金利の変動に関するシナリオも生成し、デフォルト時点における当該金利スワップの価値（カウンターパーティのデフォルトによる損失額）を算出することが

必要となる。

仮に、市場リスクに関するストレステストと信用リスクに関するストレステストを別々に実施した場合、特に信用リスクに関するストレステストにおけるエクスポージャー（デフォルト時の損失額）の扱いには留意する必要がある。たとえ現時点で当該金利スワップの価値がマイナスであったとしても、将来（カウンターパーティのデフォルト時点）においてはプラスのエクスポージャーとなっている可能性がある。したがって、このような場合には何かしらの保守的なエクスポージャーを見積もっておき（ポテンシャルエクスポージャー）、それを用いてストレステストを実施することが考えられる。

なお、上記では一つの金利スワップのみで説明したが、当然のことながら、複数の金利スワップ等を取引している場合には、それらも含めてストレステストを実施する必要がある。

2 パラメータの変動シナリオ

CDO等のように、参照債務者が複数である場合には、その価値は、すべての参照債務者のデフォルト確率、回収率等のパラメータに加えて、債務者間のデフォルト相関（アセット相関）などのパラメータにも影響を受ける。

さらに、ABSやRMBS、CMBS等の価値は、裏付資産の債務者の信用力に関するパラメータ（デフォルト確率、回収率等）に加えて、裏付資産から得られるキャッシュフローに関するさまざまなパラメータ（期限前償還率、空室率等）にも依存する。

したがって、これらの商品に対するストレスシナリオを生成する場合には、市場リスクファクターや信用リスクファクターに加えて、上記のようなパラメータに関しても、シナリオを生成する必要がある。その際、パラメータごとのシナリオだけではなく、それらが同時にどのように変動するのかについてのシナリオを生成することが必要となる。

第5節　証券化商品等のストレステスト

　証券化商品やクレジット・デリバティブは、複数の債務者の信用力に依存していたり、トランチが設定されていたりすることが多く、それらの商品性は複雑である。したがって、これらの商品の現時点の価値を算出するだけでも、かなりのコストがかかることも少なくない。そのため、従来、これらの商品に対するストレステストを実施する場合には、アドホックにスプレッドにインパクトを与えるなど、なんらかの簡便法を用いていることが多かったものと思われる。しかしながら、それら簡便法を安易に用いることは、ストレステストの結果をゆがめかねないため、慎重に検討することが必要である。

　そこで、証券化商品等のストレステストに関していくつか留意すべき事項を述べた後、実務レベルでのストレステスト運用の実現性を念頭に置き、簡便法から一歩進んだ方法を考える。

1　センシティビティを用いたストレステスト

　ストレス・シナリオにおける損益を計算する際、各リスクファクターに対するセンシティビティ（感応度）をあらかじめ求めておき、それに、ストレス・シナリオにおける各リスクファクターの変動幅を乗じて足しあげることがよくある。

　実際、単純な（線形リスクだけの）商品の場合には、センシティビティを用いて損益を近似することができると考えられる。

　しかし、たとえば、プレーンなオプション取引のように、比較的単純な商品の場合でも、非線形リスクがあり、また、ガンマリスクを考慮するとしても、ボラティリティの値によってデルタやガンマが変動してしまうため、上記のような手法を直接用いることはむずかしい[1]。

　証券化商品等の場合には、リスクファクター（パラメータ）が多く、また

複雑な依存関係があることが多いため、センシティビティを用いた方法を用いる際には、その近似の度合い等を事前に確認するなどしておくことが必要である。

2　モデルリスクに対するストレステスト

　単純な商品を除いては、金融商品の評価にはさまざまなモデルが用いられており、それらはモデルリスクを伴っている。

　証券化商品等の価値を求める際にも、なんらかのモデルが用いられていることが多い。代表的なモデルとしては、ガウスコピュラを用いたモデルがあげられる。このモデルに用いられる重要なパラメータとしてアセット相関がある。この値は、理論上は1を超えないと考えられるが、リーマンショックの際には、市場価格に一致するようにこの値を求めると、1を超えてしまうことがあった。

　このように、通常の市場環境では機能していたモデルであっても、ストレス環境下では機能しなくなることはおおいにありうる。

　これに対し、ストレス環境下でも対応できるようなモデルを開発する[2]、という解決策もあるかもしれないが、そのようなことは一朝一夕にできるものではなく、そもそも、どのような場合にも機能するような「正しい」モデルを開発できるかどうか、については疑問があるところである。

　代替案としては、複雑なモデルと比較すると精緻ではないかもしれないが、少なくとも保守的な評価となるような簡易なモデル（計算方法）を用いてストレステストにおける当該商品の評価に使用することが考えられる。

---

[1]　微小な変動幅の場合には、デルタ、ベガ、ガンマだけでも損益を近似できるが、ストレス・シナリオにおける変動幅の場合には、近似の精度が大幅に悪化すると考えられる。
[2]　実際、アセット相関が1を超えてしまうことに対応するため、さまざまなモデルが開発された。

3　証券化商品のストレステストの具体例

　まずは証券化商品の裏付資産に注目し、それら資産にストレスインパクトを与える方法を検討する。たとえば、貸出債権を裏付資産としたCLOでは、貸出債権の信用力に影響を与えるファクターを特定し、そのファクターをマクロ指標を通じて変動させることでシナリオと整合的にインパクトを与えることが可能となる。この場合、おそらくは事業性与信の属性と近いことから、事業性与信の格付遷移にインパクトを与える仕組みが転用可能となる。また、CBOにおいても、裏付資産となっている債券類似商品の属性が事業性与信に近いようであれば、CLOと同様にインパクトを与えることが可能となる。

　さらに、個人向けのクレジットカード債権を裏付資産としたABSなどでは、債権プールのチャージオフなどに影響を与えるファクターを通じてインパクトを考えることができる。こうした証券化商品は、裏付資産に基づいてリスクを分解することで、より現実感のあるストレステストの実施が可能となる。もちろん、裏付資産に関するすべてのリスクファクターにインパクトを与えることは、データ分析の限界や効率的な業務運用の観点から現実的ではないと考えられることから、過去事例などをふまえたエキスパート・ジャッジメントの重要性はいうまでもない。

　続いて、市場流動性が枯渇するなどによって価格が下落するイベントをとらえる方法を検討する。市場流動性が枯渇するリスクは、リーマンショック時の事例をひもとくと、たとえ裏付資産の信用力に著しい劣化がみられない場合においても発生する可能性を否定できない。したがって、市場流動性枯渇による価格下落リスクは信用力変動では十分にとらえきれないリスクといえ、また、かつては格付機関による格付にも十分に反映されない可能性があった。しかし、リーマンショックを経たいま、市場流動性が枯渇したことによる価格下落を受けて、格付機関による格下げが生じるシナリオを展開することも可能であろう。格下げが生じればリスク・アセットの増加を考えるシ

ナリオも可能である。一方、どの程度価格を下落（スプレッドを拡大）させるかは、たとえばGDP成長率などと関連づけることで説明することも考えられる。

　ここで市場流動性が枯渇する状況をいかにして特定するかを考える。一つの方法として銀行CDSスプレッドのクラスタ分析をあげることができる。なお、銀行を対象とする理由は、市場流動性の枯渇が金融危機による信用収縮に大きく影響を受けると考えられるからである。銀行のCDSスプレッドのヒストリカル・データを市場流動性の枯渇が生じたストレス期とそれ以外の期で分けて、各々でクラスタ分析を実行するとクラスタの集合傾向に大きな変化をみてとることができる。このときに、金融危機の引き金となった金融機関に共通する要因を見つけ、たとえばその要因が不動産向けエクスポージャーや特定地域向けエクスポージャーの大きさであれば、ストレス・シナリオ中でそうした要因が大きく変動するときに、足元の銀行財務と照らし合わせて、一定数の銀行の財務指標が閾値に達した場合に、市場流動性の枯渇が生じると想定することができる。

第 7 章

資金流動性リスクの
ストレステスト

大山　剛、中山貴司、玉橋　準

第1節　はじめに

　本章は、金融機関の資金流動性リスクに係るストレステストの詳細を論じることを目的としている。まず、金融機関における資金流動性リスクの重要性を述べ、金融機関の資金繰り手法、資金流動性リスクのリスクファクターおよびそのリスクファクターの変動が伝播するメカニズムを解説する。次に、これまで金融機関の資金流動性リスクが顕現化した事例をあげて、先に解説したリスクファクターの変化が伝播する様子をみる。その後、主要金融機関で用いられている資金流動性リスクを対象としたストレステストを概観したうえで、今後の資金流動性リスクに係るストレステストの課題を考える。

第2節　資金流動性リスクに係る概論

1　資金流動性リスクとは何か

　資金流動性リスクは、金融検査マニュアルでは「運用と調達の期間のミス

マッチや予期せぬ資金の流出などにより、必要な資金確保が困難になる、又は通常よりも著しく高い金利での資金調達を余儀なくされることにより損失を被るリスク」と定義されている。本章でもこの定義を前提に金融機関にとっての資金流動性リスクの重要性を考えてみたい。なお、本章では、必要な資金の確保がむずかしくなる状態もしくは資金調達コストが著しく増加する状態に陥ることを資金流動性リスクの一次顕現化、資金が底をつき経営が立ち行かなくなる状態に陥ることを資金流動性リスクの二次顕現化と呼ぶこととする。

資金流動性リスクは、主に以下の四つの理由により金融機関にとって特に重大な意味をもつ。

① 金融機関のビジネスモデル

金融機関は個人や法人もしくは金融市場から資金を調達して、当該資金をローンや証券などの形態で運用を行っているが、こうした資金調達、資金運用には期間的なミスマッチ（調達と運用のキャッシュフローの不一致）が存在する。したがって、金融業というビジネスモデルそのものが資金流動性リスクを本質的に内包している。ここ数年、本邦金融機関でもALM（資産と負債の総合管理）の考え方が浸透し、運用と調達の期間のミスマッチに由来するリスクに対する管理手法は高度化している。しかし、ALMの主な目的は、バランスシートの左右における市場感応度（すなわち市場リスク）の管理であって、資金の管理ではない。つまり、ALMの観点から優れた金融機関が資金流動性リスクの管理も優れているとは必ずしもいえないのである[1]。金融機関が事業を継続する限りは、資産と負債のキャッシュフローのミスマッチを完全にゼロにすることは事実上不可能であり、資金流動性リスクの管理

---

[1] たとえば、資金調達を5年の変動金利のローンで行い、その資金で10年の変動利付債券で運用する場合を考えると、資産と負債のデュレーションはそれぞれほぼゼロで一致しているが、キャッシュフローは一致しない。5年後には、ローンの償還という大きなキャッシュ・アウト・フローが存在する一方で投資債券からの大きなキャッシュ・イン・フローは見込めない。したがって、当該ポジションは、市場リスクは限定的であるが、資金流動性リスクが存在する。

は金融ビジネスそのものということができる。

② 信用力の重要性

金融機関にとって「信用」という言葉は、そのビジネスモデルや社会における位置づけから、個人や一般事業会社以上に重要な意味をもつ。金融機関の信用力は、資金流動性リスクを論じる際の重要な要素であると同時に、資金流動性リスクの顕現化もしくは当該リスクに対する懸念が信用力を判定する要素になりうるという双方向のメカニズムが存在する（こうしたメカニズムについては後で詳細に論じる）。もちろん、一般事業法人においてもこうした双方向のメカニズムは存在するが、金融市場の参加者たる金融機関にはこのメカニズムがより強く作用する。さらに、金融機関は預金や無担保コールなど無担保調達への依存度が高く、特に信用度が重要である。このため、金融機関の資金流動性リスクの管理は複雑となり、それゆえに肝要となる。

③ システミック・リスクへの発展

金融システム全体を考えるうえでも、各金融機関が資金流動性リスクを適切にコントロールすることはきわめて重要である。次節でみるように、一つの金融機関による資金流動性リスク管理の失敗が金融システム全体に波及する事例が、これまでに本邦内外問わず幾度もみられており、この場合、問題解消に要する社会的コストは甚大となる。こうした社会厚生の観点からも、各金融機関には資金流動性リスクの適切なコントロールが求められる。

④ 公 共 性

金融機関の多くは私企業であるものの、資金決済や信用創造の役割を担っていることからその公共性は高い。金融機関は社会インフラの一部を構成しており、経営破綻や債務不履行によって不利益を被る個人、法人、公共団体等は非常に多い。すなわち、金融機関で資金流動性リスクが顕現化した場合には、その影響が金融市場や金融機関同士の関係への悪影響にとどまらない可能性も充分に考えられる。そうした社会的な混乱を回避するためにも、金融機関は、自らの事業継続に影響を及ぼしうる資金流動性リスクをきめ細かく管理すべきである。

2　金融機関の資金繰り手法

　これまでは、資金流動性リスクが普遍的に存在するリスクであり、それが顕現化した場合には経済主体の存続にすら影響を与える状況になりうること、一般事業法人に比べ金融機関に対してはより厳格な資金流動性リスク管理が求められることをみてきた。ここでは、金融機関がどのようなオペレーションを通じて資金繰りを行っているのかみてみよう。

　資金繰りの目的は、とりもなおさずバランスシート上の「資金」の増減の管理である。この資金をふやす（減らす）ためには、バランスシートの資産を減らす（ふやす）か、負債もしくは純資産をふやす（減らす）ことになる。したがって、ここではまずバランスシートの各項目に照らし合わせて、代表的な資金繰り手法を眺めてみる。また参考までに、バランスシートの各項目に関し、バーゼルⅢの流動性リスクに係る規制が、どの程度のストレスの想定を求めているかも同時に記す（バーゼルⅢにおける流動性リスクに係る規制の概要は以下のとおり）。これにより、少なくとも、監督当局の視点から、バランスシートの各項目が、資金流動性リスク管理上どの程度重要な資金確保手段とみられているか、あるいは逆にどの程度危険な資金流出源とみられているかがわかる。

バーゼルⅢにおける流動性リスクに係る規制

　バーゼルⅢは、グローバルな金融機関規制としては初めて、流動性リスクを取り込んだ。具体的には、流動性カバレッジ比率と安定調達比率という二つの指標を導入し、それぞれに関し100％以上の水準を求める考えを示した。実はいずれの指標も、従来民間金融機関で用いられてきた資金流動性リスクに係るストレステストの考えをふまえたうえで、ストレス程度を、今次金融危機での経験に基づき決定したものだといえる。

流動性カバレッジ比率は、短期的視点から、1カ月間の資金流動性リスク顕現化にも耐えられるように、逃げ足の速い負債に対し、流動性の高い資産（キャッシュ化が可能な資産）の十分な保有を求めるものである。一方、安定調達比率は、長期的視点から、1年間以上固定化するような資産に相応する水準の安定的な負債の保有を求めるものである。前者が、流動性バッファーとしての「資産」の「流動性」に着目した指標であるのに対し、後者は、流動性バッファーとして「負債」の「安定性」に着目した指標だといえる。今次金融危機では、資産の証券化等による流動性調達に過度に依存した金融機関や、預金ではなくホールセール市場からの資金調達に過度に依存した金融機関が、金融危機において流動性危機に直面したが、今後は、前者に対しては流動性カバレッジ比率が、後者に対しては安定調達比率が目を光らすこととなる。

　既述のとおり、その発想そのものは、従来民間金融機関で用いられてきたストレス・シナリオとまったく同じであるが、そこで想定されるストレス程度は相当保守的なものとなっている。たとえば、流動性カバレッジ比率では、短期間に流出が懸念される流動性をカバーすべき流動資産の範囲が極端に狭く定義されている。その内容をみると、基本的には現金と国債、一部の安全性および換金性のきわめて高い資産に限定されており、金融機関等が発行した債券はいっさい認めない扱いとなっている。

　流動資産の定義と並び、流動性カバレッジ比率の算出において重要な要素は、負債の流出率の仮定である。この仮定の背景には、次のようなシナリオが想定されている。すわなち、①3ノッチの格下げ、②小口預金の駆込的引出し（いわゆる「ラン」の発生）、③市場からの無担保借入れの不可能化と有担保借入れの困難化、④一部例外を除く資産を裏付けとした短期資金調達の困難化、⑤市場ボラティリティの高まりとこれに伴う担保のヘアカット率の拡大、⑥コミットメントの引出し、⑦レピュテーション上の配慮からもたらされる流動性供給の拡大、である。

次に安定調達比率であるが、この比率では、1年以上固定化される可能性がある資産に対し、1年以上資金としてとどまるような負債によって対応されているか否かが重要となる。基本的には、リテールの預金による資金調達が、安定した資金調達源として重視される構造となっている。

　両比率の算出方法、および両比率における、各資産負債項目の扱いの詳細は、図表7－1、図表7－2のとおりである。

図表7－1　流動性カバレッジ比率

流動性カバレッジ比率
　＝適格流動資産額／30日間のストレス期間に必要となる流動性
　＝適格流動資産／（主な資金流出項目－主な資金流入項目）＞100％

1　適格流動資産

項　目	掛け目
（レベル1資産）	
現金、中銀預金、リスク・ウェイトが0％の国債、中銀発行証券、政府・中銀保証債等	100％
（レベル2資産）	
リスク・ウェイトが20％の政府・公共部門の資産、および高品質の非金融社債、カバードボンド（注1）	85％

2　主な資金流入項目（注2）

項　目	掛け目
30日以内に満期を迎える金融機関向け健全債権	100％
30日以内に満期を迎えるその他の健全債権	50％

3　主な資金流入項目

項　目	掛け目
リテール預金	
安定した（注3）個人・中小企業預金	5％
その他の個人・中小企業預金	10％

ホールセール調達	
預金保険制度の保護対象（注4）	5％
無担保調達	
安定した事業法人、政府・中銀等、金融機関からの調達（注5）	25％
上記以外の事業法人、政府・中銀等からの調達	75％
上記以外の金融機関からの調達	100％
有担保調達（注6）	0～100％
3ノッチ格下げ時の追加担保需要	100％
非金融法人向けの信用供与枠（未使用額）（注7）	5～10％
金融機関向け信用供与枠（未使用額）	100％

注1：適格流動資産に占める割合の上限は40％（基本提案の50％から引下げ）。高品質の定義は信用格付AA－相当以上に加え、定量的な基準を追加導入する予定（具体的な基準は観察期間中に検討）。
注2：資金流入総額の上限は資金流出額の75％。
注3：リテール／中小企業預金の安定性を判断する基準は、預金保険制度の保護対象かつ給与振込先口座である等、顧客との関係が強固であること。
注4：本邦では決済性預金が該当。
注5：事業法人、政府・中銀等、金融機関からの預金の安定性を判断する基準は、清算業務、カストディ業務、キャッシュマネジメント業務を提供していること、または、協同組織金融機関の系統預金のうちの預託義務額。なお、該当する銀行預金の預金先は当該預金からの資金流入を0％とする必要。
注6：レベル1資産を担保とした場合は0％、レベル2資産を担保とした場合は15％、それ以外は100％（ただし、政府・中銀等を取引相手とする場合は25％）。
注7：リテール／中小企業向けのクレジットライン未使用枠について5％へ引下げ。
出所：「バーゼル銀行監督委員会によるバーゼルⅢテキストの公表について」（金融庁／日本銀行2011年1月）を参考に作成。

図表7－2　安定調達比率

安定調達比率＝安定調達額／所要安定調達額＞100％
1　所要安定調達額（Required Stable Funding）

主な項目	掛け目
現金、残存期間1年未満の証券・貸出（注1）	要件等（注2）
国債、政府保証債、国際機関債等	5％

項目	掛け目
信用・流動性供与枠（未使用額）	5％
非金融機関発行の社債等（AA格以上）	20％
非金融機関発行の社債等（A－格〜AA－格）、金上場株式、事業法人向け貸出（残存期間1年未満）	50％
個人向け貸出（残存期間1年未満、抵当権付住宅ローンを除く）	85％
高品質の貸出（注3）	65％
上記以外の資産	100％

2　安定調達額（Available Stable Funding）

主な項目	掛け目
資本（Tier 1、Tier 2）	100％
残存期間が1年以上の負債	100％
個人・中小企業からの安定した預金（注4）	90％
個人・中小企業からのその他の預金	80％
協同組織金融機関の系統預金のうち最低預入額（注5）	75％まで
非金融機関からのホールセール調達（残存期間1年未満）	50％
その他の負債（残存期間が1年未満）	要件等（注2）
上記以外の負債および資本	0％

注1：金融機関に対する更新されない貸出に限定。
注2：残存期間1年未満の証券・貸出および負債の掛け目については、より詳細な期間区分に応じた掛け目を設定する方向で観察期間中に見直される予定。
注3：バーゼルⅡの標準的手法において、リスク・ウェイトが35％以下のa)抵当権付住宅ローン（満期を問わない）およびb)金融機関向けを除くその他の貸出（残存満期1年以上）。
注4：預金の安定性を判断する基準案は、LCRと同じ。
注5：最終顧客がリテール／中小企業の場合75％、それ以外の場合は、顧客属性に応じた掛け目（たとえば、非金融機関であれば50％）。
出所：「バーゼル銀行監督委員会によるバーゼルⅢテキストの公表について」（金融庁／日本銀行2011年1月）を参考に作成。

a　負債の増減を伴う資金繰り手法

(a)　預貯金

　預金もしくは貯金取扱機関であれば、預貯金は、一般にその根幹をなす資金調達手段である。預金には、当座預金、普通預金、定期預金など目的や期間ごとにさまざまな口座があり、預金者も小口の個人から中小企業、大企業、官公庁までまちまちである。口座の種類や預金者ごとに動向に特徴はあるが、総じてみれば平時には安定した残高を見込むことができる。一方、預入れや引出しは原則顧客のニーズに基づくため、金融機関サイドでは直接的に残高をコントロールすることがむずかしい。このため、いったん預金の流出が始まるとその残高の減少には慣性が働きやすいという性質をもつ。特に大半が預金保険の付保対象外である大口預金や、機関投資家や法人が提供するホールセールの預金等は、ストレス事象に対する感応度は、小口のリテールの預金に比べれば、はるかに高いといえる。

　ちなみに、バーゼルIII上の扱いをみると、流動性カバレッジ比率上、預貯金は、資金流出項目に含まれるが、その（1カ月間継続が想定される危機時における）流出の程度（掛け目）は、リテール預金が5〜10％と低いのに対し、ホールセール預金の場合は、事業法人、地方公共団体・金融機関等からの預金等の安定的調達で25％、事業法人・地方公共団体等からの安定的でない調達で75％、金融機関からの安定的でない調達で100％と、金融取引としての色彩が強まるにつれ、高い流出が想定されるようになっている。また安定調達比率上、預貯金は、主要な安定調達項目となり、その（1年間継続が想定されるマイルドな危機時における）残存の程度（掛け目）は、「個人・中小企業からの安定した預金」が90％、「個人・中小企業からのその他の預金」が80％、「協同組織金融機関の系統預金のうち最低預入額」が75％、「非金融機関からのホールセール調達（残存期間1年未満）」が50％と評価されている。

(b) コール調達

インターバンク市場を通じた調達方法で、有担保、無担保それぞれの取引形態が存在する。主な資金の取り手は商業銀行、投資銀行、証券会社で、主な資金の出し手は信託銀行、投資信託、保険会社、系統金融機関、信用金庫である。期間は、オーバーナイトから数カ月程度の取引が大勢を占める。資金需給は調達コストに反映されるため、平時には安定的な残高維持を見込むことのできる資金調達手法である。しかし、いったん信用力や資金繰りに懸念をもたれると、カウンターパーティからすぐに上乗せ金利を要求されたり、場合によってはロール（資金の折返し）の減額を突きつけられるといった影響が出やすい調達手段でもある。また、資金の出し手にとっては残高を調整しやすい運用手法でもあるため、金融不安時には残高の維持がむずかしくなることもある。

ちなみに、バーゼルⅢ上の扱いをみると、流動性カバレッジ比率上、コール調達は、資金流出項目に含まれるが、その（1カ月間継続が想定される危機時における）流出の程度（掛け目）は、無担保の場合は金融機関預金と同じく100％、すなわちすべてが流出すると想定されている。一方有担保の場合は、担保資産が現金、国債等のレベル1資産の場合は0％、高格付の非金融債、カバード・ボンド等のレベル2資産を担保とした場合は15％、それ以外は100％（ただし、政府・中銀等を取引相手とする場合は25％）となっている。また安定調達比率上、コール調達は、その（1年間継続が想定されるマイルドな危機時における）残存の程度（掛け目）が0％と想定され、有担・無担の違いを問わず、安定調達源としてまったく期待されていない。

(c) レポ調達

これも短期金融市場を通じた調達方法である。レポ取引とは、一般的には買戻し条件付きの売買取引であり、債券などの金融資産の売り手は資金調達、買い手は資金運用の場となる。なお、日本の場合は、買戻し条件付きの売買取引は現先、金銭消費貸借取引がレポ取引と呼ばれているが、本稿ではそれらをまとめてレポ取引と呼ぶ。資金繰りの観点からは、有担保の資金調

図表7－3　日本の短期金融市場規模

(単位：兆円)

	2003年3月末	2004年3月末	2005年3月末	2006年3月末	2007年3月末	2008年3月末	2009年3月末	2010年3月末	2011年3月末
インターバンク市場合計	44.6	48.5	56.9	60.8	44.4	54.5	41.8	47.6	40.9
コール市場	15.5	18.7	17.5	21.6	24.0	24.8	16.6	17.4	15.8
有担保コール	11.5	14.2	12.7	13.1	11.0	10.7	11.0	13.3	11.5
無担保コール	4.0	4.5	4.8	8.5	13.0	14.1	5.6	4.1	4.3
手形市場	29.1	29.8	39.4	39.2	20.4	29.7	25.2	30.2	25.1
日銀買入手形（共通担保貸付含む）	29.1	27.2	37.6	37.8	20.4	29.1	25.2	30.2	25.1
日銀売出手形	0.0	2.6	1.8	1.4	0.0	0.6	0.0	0.0	0.0
オープン市場合計	193.8	244.8	273.6	302.0	301.1	328.4	279.0	291.4	283.5
CD市場	28.1	30.2	29.2	28.9	27.1	31.7	31.0	31.7	32.7
CP市場	15.0	15.6	16.8	18.6	19.0	20.3	18.7	14.1	14.0
TB市場	34.4	40.6	46.6	51.4	41.5	32.5	23.1	—	—
FB市場	57.5	86.1	96.1	97.6	101.0	107.7	116.1	149.7	150.1
債券レポ市場	45.3	54.4	61.8	75.3	78.3	86.7	66.8	80.0	71.5
債券現先市場	13.5	17.9	23.1	30.2	34.2	49.5	23.3	15.9	15.2
短期金融市場総合計	238.4	293.3	380.5	362.8	345.5	382.9	320.8	339.0	324.4

注1：インターバンク市場の各計数は、東京短資「インターバンク市場残の推移」より掲載。
注2：CD、TB、FBの各市場残高は、日本銀行「金融経済統計月報」より掲載。
注3：CP市場残高は、2005年3月までは日本銀行「金融経済統計月報」、それ以降は証券保管振替機構「発行者区分別残高状況」より掲載。
注4：債券レポ市場残高は、日本証券業協会「債券貸借取引状況」債券貸付（現金担保のみ）より掲載。
注5：債券現先市場残高は、日本証券業協会「公社債投資家別条件付売買（現先）月末残高」残高合計より掲載。
出所：セントラル短資「短期金融市場の規模」(http://www.central-tanshi.com/seminar/1-03.html) をもとに著者作成。

達手段と位置づけられる。主な資金調達主体は投資銀行、証券会社、資金運用主体は商業銀行、信託銀行、投資信託、保険会社である。レポ取引の期間は1日から数カ月が主要で、利率は期間、売買（もしくは貸借）される金融資産の種類、金融資産の売り手の信用力などが加味されて決定される。レポ

市場は規模が大きく、平時には安定的かつ大きな金額の資金調達の場となる。しかし、資金調達を行う金融機関の信用力の低下や売買される金融資産の価値の下落など危機発生時には、調達レートの著しい上昇や調達額の大幅減少の可能性がある。

バーゼルⅢ上の扱いは、上記の有担保コール調達とまったく同じである。

(d)　**中央銀行による金融調節（オペレーション）**

各国中央銀行は、それぞれの金融政策目標（短期金利水準の誘導目標、インフレ率に対する目標、中央銀行の預金額に対する目標等）を達成するために、金融調節を実施し市中の資金額を増減させている。こうした金融調節の対象先となっている金融機関（商業銀行、投資銀行、証券会社、系統金融機関など）は、中央銀行のオペレーションを通じて資金調達を行うことが可能である。この金融調節は、中央銀行が能動的に行う公開市場操作と中央銀行が受動的に行うバックアップ・ファシリティに大別される。

公開市場操作は、さらに短期オペと長期オペに分類される。短期オペでは中央銀行が資金供給（もしくは吸収）額と期間（通常１年以内）を提示し、民間金融機関が金額とレートを提示するというオークション形式で行われる。民間金融機関にとっては、有担保による資金調達の機会（資金供給の場合）もしくは短期資金の運用機会（資金吸収の場合）となる。長期オペでは、中央銀行が残存期間の長い国債などを民間金融機関からオークションを通じて買い取ることによって、市中の資金額を増加させる。民間金融機関にとっては、長期債権の換金を通じた資金調達の機会となる。長期オペ、短期オペのいずれの場合も、担保債権もしくは売買対象債権は、公開市場操作を行う中央銀行が適格と考える債権に限定される。民間金融機関の資金繰りの観点からみれば、一般に低レートによる資金調達の機会とはなるが、ファイナンスの期間が中央銀行サイドの都合で決められること、調達額がオークションの結果決定されるので不確実であるという特徴をもつ。このため、最終的な資金の帳尻あわせには活用しづらい資金調達手段である。

他方、バックアップ・ファシリティは、民間金融機関の求めに応じて中央

銀行が当該民間金融機関に資金供給を行うという形式で行われる資金供給方法である。資金供給の利率や期間はあらかじめ設定されている。民間金融機関の資金繰りの観点からは、一見使い勝手のよい資金調達手段ではあるが、いわゆる「スティグマ問題」から積極的な利用を控える金融機関も存在する[2]。

一方で、あまり使い勝手がよ過ぎると、「いざという時は、中央銀行が助けてくれる」という期待のもと、民間金融機関の資金繰り運営がルーズに流れやすくなるという「モラルハザード」の問題も発生する。ちなみに、日本銀行は2010年7月に「国際金融危機を踏まえた金融機関の流動性管理のあり方」を公表しており、このなかで、日本銀行の代表的なバックアップ・ファシリティである補完貸付に関し、その相手方の資格要件としての流動性リスク管理の重要性（補完貸付の常態的な利用により自律的な流動性リスク管理がないがしろにされる可能性への懸念）を強調している。このように、補完貸付については、少なくとも金融危機がある程度収束した段階では、本来の目的をふまえた限定的な運用に心がけるなど、金融機関の自律的な流動性リスク管理の強化を働きかけるようになっている。

なお中央銀行は、バックアップ・ファシリティの究極の手段として、資金繰りに窮し金融機関に対し、最後のラインとして資金を供給するLLR（Lender of Last Resort）としての役割も負っている。ただしこれも、当然ながら無条件に供給するというわけではなく、各中央銀行により一定の条件が付されることとなる。ちなみに日本銀行は、1999年にLLRに関する以下のような4原則（正確には、「信用秩序維持のためのいわゆる特融等に関する4原則」）を定めている。

---

[2] スティグマ問題とは、金融機関が「バックアップ・ファシリティを利用したという事実が他の市場参加者に知れると、自社の資金調達能力に懸念がもたれるのではないか」という警戒心を抱くことによって、バックアップ・ファシリティが有効に活用されないという問題のことである。

> 原則1　システミック・リスクが顕現化する惧れがあること
> 原則2　日本銀行の資金供与が必要不可欠であること
> 原則3　モラルハザード防止の観点から、関係者の責任の明確化が図られるなど適切な対応が講じられること
> 原則4　日本銀行自身の財務の健全性維持に配慮すること

ちなみに、バーゼルⅢ上の扱いをみると、流動性カバレッジ比率上、中央銀行からの借入れ（通常は有担保だと考えられる）の（1カ月間継続が想定される危機時における）流出の程度（掛け目）は、25％となっている。また、国によっては、中央銀行との間で結ばれた流動性ファシリティ・ラインを流動資産中のレベル1あるいはレベル2資産として認めるケースもある[3]。また安定調達比率上、中央銀行からの借入れは、その（1年間継続が想定されるマイルドな危機時における）残存の程度（掛け目）が0％となり、安定調達源としては期待されていない。

(e) コマーシャルペーパー、社債、ローンによる調達

コマーシャルペーパー（CP）や社債の発行は、資本市場を通じた資金調達方法である。CPは一般に無担保、社債は有担保、無担保それぞれ存在するが、無担保が中心である[4]。CPおよび社債とも、発行体は事業法人が中心であるが、金融機関によるコマーシャルペーパーや社債の発行も活発に行われている。CPは1年未満の短期資金の調達、社債は中長期のより安定した資金調達を目的として発行される。発行額や資金調達レートは、発行体自体の信用リスクといった個別要因と発行時の市場環境といったマクロ要因の両方に左右される。一般に社債の保有者は複数で発行体にとっては匿名となるため、条件の変更は大変困難となる。他方、ローンは、銀行等の資金の出し手

---

[3] こうした措置は、財政の状況によって国債市場の規模がそれほど大きくない国々へ配慮するために導入された。
[4] 電力会社が発行する社債については、有担保（一般担保）のものが主流である。

と相対交渉を経て行われる資金調達方法である。

　期間や担保の有無などさまざまであるが、一般には安定した中長期の資金調達手法と位置づけられる。社債が資本市場から広く資金を募るのに対して、ローンでは単数もしくは少数の投資家が資金を提供するため、ローンによる資金調達の条件は、資金の提供先との親密さなど社債とは異なる要素も加味される。

　バーゼルⅢ上の扱いをみると、流動性カバレッジ比率上、CP等の発行は、資金流出項目に含まれるが、その（1カ月間継続が想定される危機時における）流出の程度（掛け目）は、無担保の場合は、買い手が金融機関預金の場合は100％、非金融機関の場合は25〜75％となる。一方有担保の場合は、担保資産が現金、国債等のレベル1資産の場合は0％、高格付の非金融債、カバード・ボンド等のレベル2資産を担保とした場合は15％、それ以外は100％（ただし、政府・中銀等を取引相手とする場合は25％）となっている。また安定調達比率上、CP等の発行は、買い手が金融機関の場合、その（1年間継続が想定されるマイルドな危機時における）残存の程度（掛け目）は0％、買い手が非金融機関の場合は50％と想定されている。

b　純資産の増減を伴う資金繰り手法

(a)　増　　資

　増資は、外部から資本を受け入れることによって資金をふやすという資金調達方法である。平時であれば資金繰りの観点よりも、長期的な資本政策の観点から検討されることが多い。しかし、危機発生時には、2008年10月の三菱UFJファイナンシャル・グループのモルガン・スタンレーに対する出資の例にみられるように、有力な資金調達手段の一つになりうる。

　バーゼルⅢ上の扱いをみると、流動性カバレッジ比率上、資本は当然ながら、資金流出項目としてはみなされてない。また安定調達比率上、資本は、Tier1、Tier2ともに、その（1年間継続が想定されるマイルドな危機時における）残存の程度（掛け目）が100％と想定されている。

c 資産の増減を伴う資金繰り手法

(a) 短期金融市場での資金運用

コール、レポ、CP、短期国債市場等から構成される短期金融市場では、金融機関は余分な資金を運用し、収益をあげることができる。資金繰りの観点からは、運用残高を減らすことによって手持ちの資金をふやすことが可能である。先述のとおり、短期金融市場では期間の短い取引が多いため、機動的な資金残高の調節が可能である。しかし、運用先の破綻など危機発生時には、見込んでいたタイミングで資金が戻ってこない場合や全額返済されない場合等が想定され、入金日や入金額の不確実性がわずかながらも存在する。

バーゼルⅢ上の扱いをみると、流動性カバレッジ比率上、短期金融市場における資金運用は、資金流入項目に分類され、その（１カ月間継続が想定される危機時における）流入の程度（掛け目）は、30日以内に満期を迎える健全債権であれば100％が想定されている。一方、流動性カバレッジ比率の想定は１カ月という短期間における流動性危機であることから、満期が30日以上のものは、同比率上は勘案されない。また安定調達比率上、短期金融市場における資金運用は、所要安定調達額に分類されるが、その（１年間継続が想定されるマイルドな危機時における）リファイナンスが必要になる程度（掛け目）は原則０％だと想定されるが、詳細は引き続き検討中の扱いとなっている。

(b) 金融資産等の購入・売却

国債、社債、株式といった金融資産の購入は資金を減らし、売却は資金をふやす。平時において、金融機関が金融資産の売買を行うのは収益の計上を目的としており、資金の増減は二次的、三次的な目的である。しかし、なんらかの理由によって短期金融市場で資金の不足額を調達できないような状況になれば、資金化を目的とした金融商品の売却も検討されよう。この際、調達できる金額や調達に要する期間は、当該金融資産の市場リスクや市場流動性リスクに依存する。たとえば、値動きが乏しく市場も厚い短期国債であれ

ば、見込みどおりの価格で即座に資金化できる可能性が高い。一方、平時から売り買いの機会に乏しい証券化商品を資金化しようとしても、売却先が見つかるか、当該売却先がどの程度の期間を要して検討を行うか、見込みどおりの売却価格が得られるか、といったさまざまな不確実性が存在する。

バーゼルIII上の扱いをみると、流動性カバレッジ比率上、保有金融資産の扱いは、現金や国債等のレベル1の資産であれば、適格流動資産として掛け目（すなわち、1カ月間継続が想定される危機時における売却可能性の程度）が元本の100％、また高格付の非金融債、カバード・ボンド等のレベル2の資産であれば85％、その他の資産の場合は0％（すなわち、売却は不可能）が想定されている。また安定調達比率上の扱いは、所要安定調達額に分類されるが、その（1年間継続が想定されるマイルドな危機時における）リファイナンスが必要になる程度（掛け目）は、残存期間が1年未満の証券であれば原則0％だと想定されるが、詳細は引き続き検討中の扱いとなっている。その他は、国債等であれば5％、非金融機関発行の高格付社債（AA格以上）であれば20％、非金融機関発行のAレンジの社債（A－～AA－格）であれば50％、その他は100％が想定されている。

(c) ローンの実行・返済

顧客へのローンの実行や顧客からのコミットメントラインの引出しによって、金融機関の資金は減少する。他方、ローンの返済があれば、資金は増加する。ローンの実行は貸出先の資金需要に依存し、また、返済に関しても借り手には期限の利益が存在すること、期限の利益が喪失したローンについても返済額は借り手の経営状態に依拠することから、短期的な資金繰りの観点からローンを積極的に活用するケースはまれである。また、換金性にも乏しく、平時であってもローンを売却することによる資金化、もしくはローンを担保とした資金調達は、資金提供先が存在するのか、借り手が承諾するのか、見込みどおりの金額を調達できるのかといった観点から、さまざまな制約が存在する。

バーゼルIII上の扱いをみると、流動性カバレッジ比率上の貸出の扱いは、

第7章　資金流動性リスクのストレステスト　279

適格流動資産としての掛け目（すなわち、１カ月間継続が想定される危機時における売却可能性の程度）が元本の０％であり、換言すれば、流動資産としてはまったく想定されていない。ただし、30日以内に満期を迎える健全債権は、資金流入項目として、金融機関向けであれば掛け目100％、その他向けであれば掛け目50％が認められる。また安定調達比率上の扱いは、所要安定調達額に分類されるが、その（１年間継続が想定されるマイルドな危機時における）リファイナンスが必要になる程度（掛け目）は、残存期間が１年未満の金融機関向け貸出であれば原則０％だと想定されるが、詳細は引き続き検討中の扱いとなっている。その他は、残存期間が１年未満の事業法人向け貸出であれば50％、住宅ローンであれば65％、残存期間が１年未満の個人向け貸出であれば85％、その他貸出は100％が想定されている。

(d) アセット・ファイナンスの実行

資産を活用した資金調達方法である。資産流動化による資金調達の代表例として、証券化商品の組成および販売があげられる。個人向けローン（住宅ローン、消費者ローン等）や法人向けローン、社債といった債権や不動産といった実物資産などキャッシュを生み出す資産をSPCや信託等に売却し、それを見合いに発行した証券を投資家に販売することで資金調達が行われる。原資産の種類によって資金調達期間や調達金額はまちまちであるが、大規模かつ長期資金の調達も可能である。比較的短期間、低コストで流動化可能な資産もあるが、資金調達の検討から実施まで時間やコストを必要とする場合もある。また、資本市場から調達を行うため、調達額や調達レート等の条件は投資家のリスク選好度に強く依存する。

バーゼルⅢ上の扱いをみると、流動性カバレッジ比率は、アセット・ファイナンシングに関し、危機時においていかなる資産であれば、どの程度資金が調達できるのかという点と、すでにアセット・ファイナンシングで資金を調達したものに関し、それらが危機時にどの程度流出するかの目安を示している。前者については、基本的に適格流動資産として認められたものだけが、１カ月間継続が想定される危機時において、アセット・ファイナンスの

裏付資産として利用可能だと想定している。具体的には、たとえば、高格付非金融債やカバード・ボンドのレベル２資産であれば、同資産を裏付資産としてアセット・ファイナンシングで元本の85％まで資金を調達することが可能だと想定されている。一方、その他の資産を裏付けとしたアセット・ファイナンスは、流動性カバレッジ比率上はいっさい想定されていない。一方後者については、レベル２を裏付資産としたファイナンスであれば、流出率は15％にとどまるのに対し、その他の資産を裏付資産とした調達については、流出率が100％と想定されている。

また安定調達比率上の扱いをみると、ファイナンシングに用いたアセットのタイプに依存するわけではなく、残存期間（１年以上か否か）、および資金調達先（非金融機関か金融機関か）に依存する。残存期間１年以上の負債であれば、安定調達額として元本の100％が想定される一方、残存期間が１年未満の場合は、非金融機関からの調達であれば50％が想定されている。なお、金融機関からの調達については原則０％だと想定されるが、詳細は検討中の扱いとなっている。

3 　資金流動性リスクのリスクファクター

金融機関の資金流動性リスクはさまざまな要因によって顕現化する。ここでは、それらの要因（リスクファクター）を内部要因と外部要因の二つに分類して、代表的なリスクファクターを整理する（なお、これに基づく分類を、以下では「大分類」と称する）。次に、それらリスクファクター間の変化の関係を考察することによって、資金流動性リスクの顕在化プロセスに内在する正のフィードバック・メカニズムを論じ、資金流動性リスクの本質の理解を試みる。

a　内部要因（イデオシンクラティックな要因）

内部要因とは、個別の金融機関に由来するリスクファクターである。これはさらに、資金繰りの観点から①本源的内部要因と②資金繰りに直接影響を

与える内部要因に分類できる。それぞれのカテゴリーで、代表的なリスクファクターおよびその事例を以下に列挙する。
① 本源的内部要因
　（i）損　　失
　　　大幅な損失の計上やその見込み
　（ii）資産の質
　　　融資ポートフォリオの劣化、保有株式の価値下落、短期金融市場における資金運用先の破綻、債券等の担保資産の価値下落等
　（iii）レピュテーション
　　　自社に関する悪い風評や噂話の発生、自社株価の下落、自社の信用格付の引下げやその見通し等
　（iv）犯罪行為
　　　従業員による許可されていない取引の実行、会計操作等
　（v）訴　　訟
　　　損害賠償請求の支払、利害関係者との和解による資金の支払等
② 資金繰りに直接影響を与える内部要因
　（i）市場との関係
　　　社債の発行不能、カウンターパーティからのクレジットラインの引締め、追加担保の要求等
　（ii）債権者との関係
　　　預金の流出、ローンのリファイナンスの減額、親密先からの資金支援の停止等
　（iii）システム
　　　送金ミス、担保管理システムダウン等
　（iv）中央銀行との関係
　　　オペレーションの対象先からの除外等

b　外部要因（システマティックな要因）

　外部要因とは、金融市場や金融システム、マクロ経済といった対象金融機関の外部で発生するリスクファクターである。この大分類におけるリスクファクターは、さらに①金融経済に由来する外部要因と②その他外部要因に分類できる。それぞれのカテゴリーに属する代表的なリスクファクターと事例は以下のとおり。

① 金融経済に由来する外部要因
　(i) 市場流動性
　　　市場流動性の低下や枯渇
　(ii) 金融危機
　　　市場参加者同士での疑心暗鬼の発生、金融機関の資金保有ニーズの高まり等
　(iii) 金融政策
　　　政策金利の変更、通貨供給量の引締め、オペレーション手法の変更等
　(iv) 資産の市場価値
　　　株価の急落、金利の急騰、不動産バブルの崩壊等
　(v) 法律、規制
　　　新しい法律や規制の導入、既存の法律や規制の変更等
　(vi) 決済システム
　　　決済システムの利用不能等

② その他外部要因
　(i) 天変地異
　　　地震、台風、洪水、噴火等の大規模な自然災害の発生
　(ii) 戦争、テロ
　　　国家間の争いやテロの発生

　資金流動性リスクの顕現化は、資金繰りに直接影響を与える内部要因に属するリスクファクターを経由する。資金繰りに直接影響を与える内部要因

は、直接発生する場合もあれば、本源的内部要因が発生して、そこから伝播される場合もある。たとえば、送金に必要な自社のシステムが突発的に停止したというケースは、前者の例に該当する。自社の信用格付が引き下げられ、資金調達先がクレジットラインを引き締めるというケースは、後者の例にあげられる。すなわち、内部要因に属するリスクファクターは、一次リスクファクター（発生原因）にもなるし、二次ファクター（他のリスクファクターからの派生）にもなりうる。

このように、資金流動性リスクに対するリスクファクターの変化は、その深刻度合いに応じて他のリスクファクターの変化に伝播するという特徴をもっている。深刻度合いが強いほど、リスクファクター間の変化の伝播速度およびその程度は強くなり、資金調達の困難化や調達コストが上昇し（資金流動性リスクの一次顕現化）、なおも伝播が収束しない場合は資金の枯渇という究極の事態（資金流動性リスクの二次顕現化）が発生することになる。

こうしたリスクファクター間の変化の伝播は、内部要因に分類されるファクター間のみで発生するわけではない。内部要因が外部要因に伝播するケースもあれば、その逆もある。たとえば、ある金融機関（A銀行と呼ぶ）のデリバティブ評価損が急増し、追加担保の提供余力が低下したとしよう。この事態が深刻であれば、市場参加者が「A銀行以外にも同じようなリスクをもつ金融機関があるのではないか」という懸念を抱き、A銀行の資金調達コストのみならずインターバンク市場全体のレートが上昇、取引量が減少という事態が発生しうる。また、こうしたインターバンク市場の機能低下に伴い、もともと資金調達に苦労していたB証券会社が資金繰りに窮するという事態も考えられる。この例の場合、前半は内部要因が外部要因に伝播するケースであるし、後半は外部要因が内部要因に伝播するという大分類をまたぐ例である。内部要因間の伝播であれば、一次リスクファクターが発生した当該金融機関の対応で断ち切られる場合が大半であろう。他方、上記の例でみたような大分類をまたがるリスクファクターの伝播が発生した場合には、その収束には中央銀行や規制当局の介入が必要となる場合もある。

次に、リスクファクターの変化の伝播力について考えてみよう。同じ種類、同じ大きさの一次リスクファクターの変化が発生した場合でも、ある金融機関では二次リスクファクターの変化へ伝播することなくリスクが沈静化し、別の金融機関では深刻な二次リスクファクターの変化へ発展するというケースも考えられる。こうしたリスクファクターの変化の伝播のしやすさは何によって決められるのであろうか。一つには、その金融機関のバランスシートの状態があげられる。たとえば、資金繰りの大半をレポ市場で行っている金融機関にとっては、担保資産価値の大幅な減少は当該金融機関に対する悪い噂話の引き金となるかもしれない。他方、資金調達の大半を預金で行っている金融機関にとっては、担保資産の大幅な価値減少が発生しても、資金繰りに特段影響は出ないかもしれない。また、バランスシートの構成のみならず、バランスシートの大きさそのものもリスクファクターの変化の伝播のしやすさに影響を及ぼす。規模の大きな金融機関は、規模の小さな金融機関よりも内部要因から外部要因への伝播を引き起こしやすいということは、過去の事例からも明らかであるし、直感的にも理解しやすい。バランスシートの状態のほか、経営方針や企業ガバナンスの状態、リスク管理体制等もリスクの伝播へ影響を及ぼす。たとえば、一次リスクファクターの変化の発生を感知し、それがリスクだと認識する力はリスク管理体制に依存する。一次リスクファクターの変化の発生が迅速に認識できたとしても、不適切な経営判断が行われた結果、その一次リスクファクターの変化が別のリスクファクターの変化へ伝播し、きわめて深刻な事態を引き起こすことも考えられる。こうしたバランスシートの状態や経営判断、ガバナンス、リスク管理体制等、リスクの伝播に関与する要素を以下では金融機関のリスク特性と呼ぶことにする。

　本章では、リスクファクターの変化と金融機関のリスク特性を明確に区別する。すなわち、リスク特性はあくまでリスクの伝播に関与するものであって、それ自体は資金流動性リスクの背後にあるリスクファクターの変化ではない。資金流動性リスクを山火事に例えると、こうした考え方を理解するた

めの一助となる。資金流動性リスクに係る一次リスクファクターは、タバコの火の不始末といった直接的な発火原因に相当する。いったん発生した火は、炎となって別の場所へと燃え広がる。これが、リスクファクターの変化の伝播に相当する。その燃え広がりやすさは、山火事が発生している山の状態によって異なる。枯れ草が大量に放置されている山では火は瞬く間に燃え広がるだろう。山火事の監視員を設けている山であれば、燃え広がる前に消火されるかもしれない。こうした山の状態は、金融機関のリスク特性に相当する。

　資金流動性リスクに係る一次リスクファクターの変化が直接、資金流動性リスクの二次顕現化（資金枯渇に伴う経営破綻）に結びつく例は非常にまれである。通常、二次顕現化が発生する前に、なんらかのかたちで一次顕現化（資金繰りの困難化や資金調達レートの上昇）が発生する。この資金流動性リスクの一次顕現化は、他のリスクファクターへと伝播する可能性があり、しかも、リスクファクター間の変化の伝播力を決める金融機関のリスク特性を変化させる原因にもなるという特徴をもっている。こうした一次顕現化の特徴は、リスクファクターの変化の伝播に時として正のフィードバック効果を生み出す。たとえば、預金の流失によって資金繰りに窮している銀行を考えてみよう。この銀行が預金の流出に伴う資金調達額の減少をコール市場での調達額をふやすことによって穴埋めするという行動に出たとする。このような資金調達の困難化は、資金流動性リスクの一次顕現化である。この行動の結果、当該銀行のコール市場への依存度は高まり、この銀行のリスク特性が変化する。同時に、資金流動性リスクの一次顕現化は、他のリスクファクターの変化へと伝播する。当該銀行のコール市場における急激かつ積極的な調達行動が経営危機をあおり立てるマスコミ報道を誘発し、悪い風評が広がるかもしれない。こうしたレピュテーションの低下がさらなる預金の流失につながれば、資金流動性リスクはスパイラル的に高まり、最終的には二次顕現化といった事態に発展するおそれがある。この正のフィードバック・メカニズムがいったん働き始めると、その連鎖を断ち切るためにはより大掛かりな対

図表7－4　資金流動性リスクの伝播

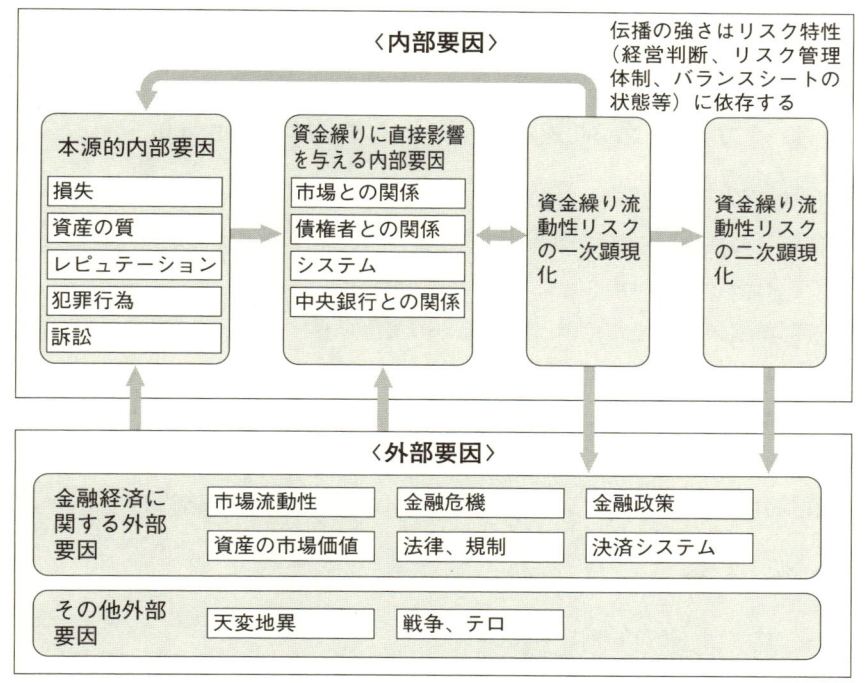

〈内部要因〉

伝播の強さはリスク特性（経営判断、リスク管理体制、バランスシートの状態等）に依存する

本源的内部要因
- 損失
- 資産の質
- レピュテーション
- 犯罪行為
- 訴訟

資金繰りに直接影響を与える内部要因
- 市場との関係
- 債権者との関係
- システム
- 中央銀行との関係

資金繰り流動性リスクの一次顕現化

資金繰り流動性リスクの二次顕現化

〈外部要因〉

金融経済に関する外部要因
- 市場流動性
- 資産の市場価値
- 金融危機
- 法律、規制
- 金融政策
- 決済システム

その他外部要因
- 天変地異
- 戦争、テロ

出所：著者作成。

応が必要となる。このため、資金流動性リスクの管理では、ショックの伝播が始まる前、もしくは伝播の初期段階で適切な対応をとり、一次顕現化の発生を回避することが肝要である。

第3節　これまでみられた資金流動性リスク顕現化の事例

　前節では、金融機関にとっての資金流動性リスクの重要性および資金繰りの方法を総括したうえで、資金流動性リスクに係るリスクファクターの変化が伝播していくことによって当該リスクが顕現化するメカニズムを述べた。

本節では、金融機関の流動性リスクが顕現化した国内外のいくつかの具体的な事例を取り上げることによって、こうしたメカニズムが実際にどのように作用したのか解説する。

1　コンチネンタル・イリノイ銀行（1984年5月）

　コンチネンタル・イリノイ銀行（以下、コンチネンタル）は米国の銀行で、1970年代の拡張期を経て、1980年代初頭には、全米第7位の規模を誇るに至った。しかし、1984年5月には取付騒ぎが発生し、その後、コンチネンタルは連邦準備銀行や連邦預金保険公社等の支援を受けることとなった。なお、コンチネンタルの経営危機やその後の当局の対応は、いわゆるToo Big To Failの議論や銀行監督に関する議論の契機となった意義深い事例である。このコンチネンタルについて、1984年5月の資金流動性リスクの顕現化に至った背景およびリスクファクターの変化の伝播の様子をみてみよう。

a　背　　景

(a)　拡張期（1970年半ば〜1981年）

　コンチネンタルは、もともとは保守的な経営に努めていたが、1970年代半ばに経営方針を転換し、米国内の企業向け融資に注力するようになった。特に、資産規模の拡大を経営目標に掲げ、融資残高を積極的に伸ばしていった。この結果、1976〜1981年にかけて融資残高は50億ドルから140億ドルに、資産規模は215億ドルから450億ドルにそれぞれ急増した。同期間における他の大手米銀の資産規模および国内企業向け融資残高と比較すると、コンチネンタルの融資残高の伸びや全資産に占める当該融資の比率が際立って高い様子がうかがわれる。このような資産残高の拡張は、Fed funds（公開市場操作を通じた資金調達）や大口譲渡性定期預金の増加によって支えられた。1977〜1981年にかけて、コア預金は56億ドルから58億ドルの微増にとどまるに対して、Fed fundsとレポ調達は44億ドルから78億ドル、大口定期預金は45億ドルから92億ドルに急増している。この結果、コア預金比率（バランス

図表7－5　1976〜1981年の大手米銀の資産規模および国内企業向け融資残高の変化

金融機関名	1976			1981			1976〜1981	
	総資産	国内企業向け貸付	総資産に占める国内企業向け貸付の割合(%)	総資産	国内企業向け貸付	総資産に占める国内企業向け貸付の割合(%)	総資産の変化率	国内企業向け貸付の変化率
Bank of America	$72.94	$7.06	9.67	$118.54	$12.10	10.21	62.52%	71.51%
Citibank	61.50	7.71	12.54	104.80	12.54	11.97	70.40	62.57
Chase Manhattan	44.75	9.24	20.66	76.84	10.05	13.07	71.69	8.67
Manufacturers Hanover	30.10	4.43	14.73	54.91	9.46	17.22	82.44	113.39
Morgan Guaranty	28.49	3.07	10.79	53.72	5.61	10.44	88.57	82.43
Chemical Bank	26.08	4.65	17.82	45.11	10.82	23.98	72.94	132.74
Bankers Trust	21.76	3.06	14.04	33.00	5.23	15.84	51.66	71.08
Continental Illinois	21.44	5.09	23.74	45.15	14.27	31.61	110.56	180.42
First National Bank of Chicago	18.68	4.04	21.61	32.55	5.59	17.16	74.25	38.42
Security Pacific	16.15	2.49	15.43	30.46	5.91	19.38	88.59	136.98

出所：FDIC "History of the Eighties-Lessons for the Future" をもとに著者作成。

シート全体に対するコア預金の割合）は22％から13％に低下することとなった。

(b) 不良債権問題の発生から表面化（1981〜1982年7月）

1970年代半ば以降の拡張的な経営方針のもと、コンチネンタルは、融資残高を積み上げるために信用状態の悪い企業に対しても、低利で積極的に資金を供給し続けた。こうした融資姿勢が、将来の不良債権の温床となり、1982年、問題はついに表面化し始める。コンチネンタルのいくつかの大口融資先（たとえば、Nucorp EnergyやInternational Harvester）の経営不振が明るみに出ると、コンチネンタルの株価は急落した。しかし、この時点では、「株価の下落は本質的な問題よりも市場心理を反映したもの」といった見方が優勢であり、外部格付（Fitch's Investor Service Inc.）も最上位格付であるAAAを

維持していた。

　1982年7月、オクラホマ州のペン・スクウェア銀行が経営破綻すると、コンチネンタルに対するこうした楽観論は一掃された。ペン・スクウェア銀行は、投機的な石油やガスの開発ローンで利益をあげていた銀行であったが、コンチネンタルはペン・スクウェア銀行から10億ドル相当の製油業者などに対する債権を購入していた。市場は当該債権からの損失を警戒し、株価は再度急落することとなった。1982年7月の株価は、前年比62%減まで低下し、主要格付機関はコンチネンタルの格下げを発表した。1982年8月のメキシコ債務危機の到来によって、大口融資先3社がデフォルトすると、コンチネンタルに対する市場の信用は一段と低下した。メディアは銀行の経営方針やずさんな内部管理体制、リスクを度外視したプライシングを批判するようになる。

(c) **短期金融市場への派生から取付騒ぎの発生（1982年7月～1984年5月）**

　前述のとおり、コンチネンタルはその資産規模の拡大を市場性調達によってまかなっていた。しかも、短期の調達を繰り返すことによって支払利息額を抑制するという方針で資金繰りを行っていた。不良債権問題の表面化に伴い、この調達戦略が裏目に出る。ペン・スクウェア銀行の破綻後は、コンチネンタルの信用力が懸念されるようになり、コンチネンタルのCDレートは急騰、米国内での短期資金調達のリファイナンスに支障が出るようになった。この結果、コンチネンタルは高い利回りを要求されるユーロ・ドル市場での資金調達によって米国内のファンディング・ギャップを埋めることを余儀なくされる。

　1983年に入り、市場のコンチネンタルに対する見方はしばらくこう着状態が続いた。しかし、この間にもメキシコ債務危機のあおりを受け不良債権はふえ続け、1984年の第1四半期の決算発表においてその金額（23億ドル）が公となった。それから間もなく、コンチネンタルに対するさまざまな噂や憶測が飛び交うようになる。それらの風評は預金者の不安をあおり、1984年5月上旬、ついに大量の預金流失が発生した。コンチネンタルはこの流失分を

図表7-6 コンチネンタルの株価の推移（週次平均）

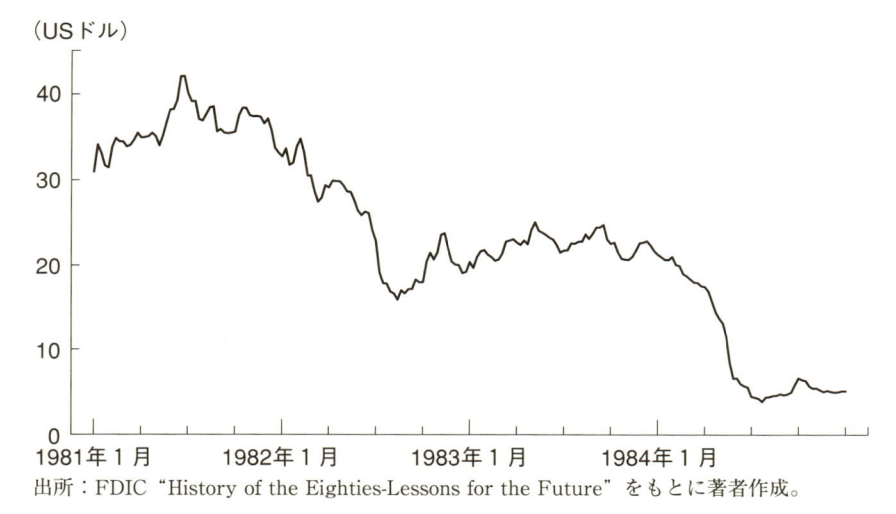

出所：FDIC "History of the Eighties-Lessons for the Future" をもとに著者作成。

埋め合わせるための資金調達手段を見出せず、もはや外部の支援を頼る以外の選択肢がなかった。この結果、1984年5月11日にはコンチネンタルに対して連邦準備銀行から36億ドルの流動性の供給が行われた。その後も当局や大手銀行団による資金提供パッケージの提供などさまざまな資金繰り支援が行われたが、事態は悪化を続け、7月26日に連邦預金保険公社からコンチネンタルの不良債権の買取りおよび資本の出資を内容とする救済策が公表される運びとなった。

b　ショックの発生と伝播

1982年後半から調達レートの上昇および市場性資金の調達困難、1984年5月に預金の大量流出というかたちでコンチネンタルの資金流動性リスクが顕現化したわけであるが、そうした現象の発生原因（一次リスクファクター）は、石油およびガス関連企業の信用力の悪化と考えられる。このような特定業界の信用力の悪化は、程度の差こそあれ特別な現象ではない。実際に、コンチネンタル以外の当時の大手米銀において大規模な取付騒ぎは発生してい

ない。それがコンチネンタルでは資金繰り流動性危機にまで発展した理由として、コンチネンタルのリスク特性に由来したリスクファクターの変化の伝播メカニズムの存在があげられる。

(a) **不十分な与信審査と特定業種への与信集中**

不十分な審査のもと構成された与信ポートフォリオでは、負のショックが発生した場合の損失額の期待値は大きい。また、エクスポージャーが集中している業界にショックが発生した場合も、当然ながら損失額は大きくなる。したがって、石油・ガス関連企業の信用力悪化というリスクファクターの変化は、コンチネンタルに対して他行よりも大きな損失をもたらした。

(b) **ずさんな内部管理体制**

適切な内部管理体制が構築されていれば、問題は早期に発見されていた可能性が高い。こうした内部管理体制の不備によって、一次リスクファクターの変化は逓減することがなく損失の発生、株価の減少、格下げといった他のリスクファクターの変化へ伝播していった。

(c) **低いコア預金比率**

預金は市場調達に比べて、危機が発生した場合の利率や残高の変動が短期的には小さな資金調達手段である。逆にいうと、市場性調達比率が高いということは、ショックが発生した場合の調達コストの上昇や資金繰りの困難化が発生しやすいことを意味する。コンチネンタルのケースでは、預金の流出という資金流動性リスクの一次顕現化が、市場調達比率をさらに高めるといったかたちでコンチネンタルのリスク特性を変化させた。こうしたリスク特性の変化は、市場調達レートの上昇から風評悪化というリスクの伝播の温床となった。

(d) **高い短期の資金調達比率**

短期の資金調達比率が高いということは、リファイナンスの頻度が高いことを意味する。ショックは時間の経過とともに逓減する場合もあるので、長期の資金調達を行っていれば次のリファイナンスまでに悪影響が解消されるという事態も考えられる。また、資金繰り困難化に対する抜本的な解決案を

検討する時間的猶予も確保される。コンチネンタルの場合は短期調達が主であったため、こうした時間的な猶予を確保できなかったことがショックの伝播速度を早めることとなった。

(e) **低い資産の市場流動性**

コンチネンタルの資産の中心はローン債権であった。国債や地方債などの証券に比べ、ローン債権は市場流動性に劣る。市場流動性の高い資産を豊富に保有していれば、それらの資産を換価することによって、ショックの伝播を和らげることが可能であったかもしれない。

これまでみてきたように、コンチネンタルの資金流動性リスクの顕現化は、一次リスクファクターの変化がコンチネンタルにとっては程度の大きな

図表7-7　コンチネンタルの資金流動性リスクの顕現化

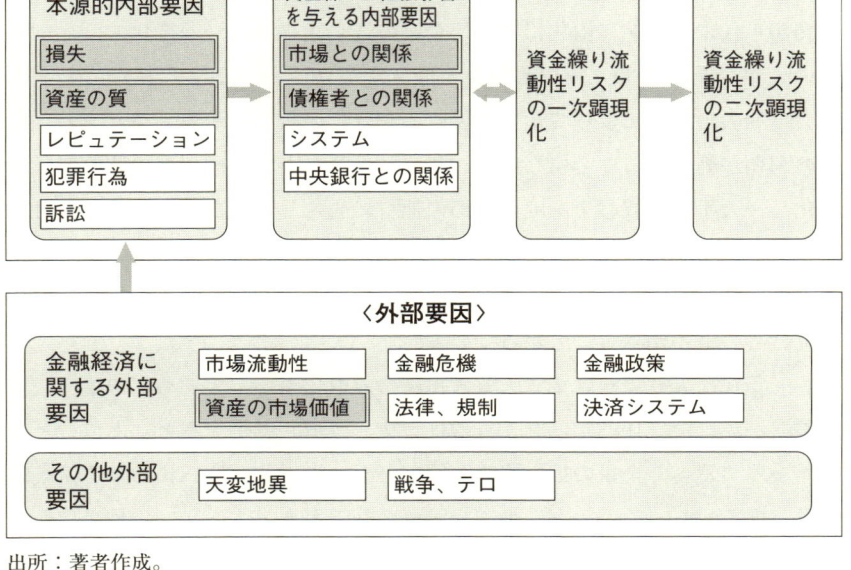

出所：著者作成。

ショックであったにもかかわらずそれに適切に対処しなかったこと、同行固有のリスク特性によってリスクの伝播が逓減しなかったこと、また、ショックに対する行動の結果、リスクの伝播を加速させるようなリスク特性になってしまったことが確認できる。

2　北海道拓殖銀行（1997年11月）

　北海道拓殖銀行（以下、拓銀）は北海道を基盤とした都市銀行であったが、1997年11月に経営破綻し、北洋銀行と中央信託銀行に事業を譲渡することになった。経営破綻に至るまでには、預金の流出やコール市場での資金調達困難化といった資金流動性リスクの顕現化がみられた。また、1997年後半〜1998年にかけてのいわゆる本邦銀行危機の中心的な存在であったため、内部要因と外部要因にまたがるリスクの伝播が発生した事例でもある。

a　背　景

(a)　拡張期（1980年半ば〜1990年代初め）

　1970年代末の金融自由化によって企業の資金調達方法が多様化すると、日本の大手企業の間で「銀行離れ」という現象がみられるようになった。また、金利の自由化によって預金や融資の利率に競争原理が導入されると、銀行の利鞘が縮小することになった。こうした背景から金融機関の間の競争は激化し、大手行は収益をあげるために他行に先んじて融資先を開拓し、融資残高を伸ばす必要に迫られた。当時、拓銀は都市銀行のなかで最下位という位置づけであったが、拓銀の基盤が北海道という地理的な弱みも手伝って、上位行との格差がさらに広がっていった。

　1980年代に入り、それまで大蔵省出身の頭取にかわって初めての生え抜きの頭取が現れた。1983年に2代目の生え抜き頭取が誕生すると、上位行との格差を埋めるべく拓銀の拡張路線が明確となった。北海道内における伝統的産業（農業、紙・パルプなど）の資金需要の低迷もあって、1980年代半ばから拓銀は「インキュベーター路線」に軸足を移していった。このインキュベー

ター路線とは、営業基盤である北海道内で成長力の見込めるベンチャー企業を自らの手で育て、そこに積極的に融資を行うことによって競争相手からの出遅れ分を取り戻すという経営方針である。折しも、日本経済は不動産バブルの真っ只中にあったことから、インキュベーター路線の対象は、リゾート開発に関連する観光、建設、不動産といった企業が主であった。1990年9月には「21世紀ビジョン」が発表され、それまでのインキュベーター路線の継続が確認されたが、この時期には日本経済のバブルの終息、崩壊の兆候はすでに表れ始めていた。

(b) 不良債権問題の発生から表面化（1993～1998年3月）

「21世紀ビジョン」の発表後、組織内に総合開発部が新設され、それまで法人部が担ってきた不動産関連事業を継承した。当時、拓銀には審査部が存在したが、総合開発部の扱う融資案件は、総合開発部内で審査がなされていた。こうした内部管理体制の甘さも手伝って、拓銀は不動産やリゾート開発ビジネスへ乱脈融資を行うようになっていく。

バブルの崩壊が本格化するにつれて、こうした乱脈融資は不良債権化する。しかし、当時の経営陣は、そうした大量の不良債権の発生が周知の事実とならないように、融資先の問題解決を先延ばしにした。たとえば、大口融資先であるカブデコムやソフィアの開発案件の扱いにそうした行動原理が明確に表れている。一般に、開発途中の不動産からの回収額は少ない。したがって、カブデコムやソフィアが開発案件を手がけたままで倒産すると、これらの先への融資からの回収が見込めなくなる。こうした事態を回避するために、これら大口融資先の企業の信用力が悪化し、資金繰りが逼迫するようになっても、さらなる融資を実行して倒産を回避した。拓銀は、こうして完成に漕ぎ着けた物件を処分し、債権の回収を図るつもりであったが、完成した不動産の価値に対する見積りが甘く、思惑どおりに回収は進まなかった。このため、結果的には問題先に対する融資額が増加することとなり、不良債権額はさらに増加していった。

こうした問題の先送りを繰り返すも、不動産価格の下落は、開発関連の大

口与信先のさらなる信用力の悪化を招く。いよいよ融資の担保資産の処分（すなわち、損失の確定）が必要な時期になったが、拓銀経営陣は、再度問題先送りに動く。カブデコムへの融資は系列ノンバンクからも積極的に行われていた。拓銀は、1992年の暮れから、いくつものペーパーカンパニーを設立し始め、これらペーパーカンパニーに対してカブデコムの資産を買い取るための資金を融資した。こうした資金は不動産の売却によってカブデコムへ流れ、融資の返済として系列ノンバンクへ流れていった。このように、拓銀が大きなエクスポージャーをもつ系列ノンバンクを救済するために、拓銀はさらに不良債権を積み上げていった。しかし、こうしたさまざまな工作によっても大量の不良債権を隠しきれなくなり、1994年1月にはマスコミが「危ない銀行」と名指しで報道するようになった。その後も、拓銀の信用力の悪化は止まらず、1995年8月にはムーディーズによる銀行格付の最低ランクへの引下げ、1997年1月には株価の暴落へと発展した。

(c) **預金の流出から経営破綻まで**（1997年3月～1997年11月）

　株価の暴落によって拓銀の経営危機がいよいよ周知の事実となると、機関投資家や法人の大口預金の流出が始まった。その後、マスコミ報道が活性化すると1997年3月には預金の流出が個人の定期預金へまで波及した。こうした預金流出によって、拓銀はコール市場における短期資金の積極的な調達や、著しく高い利回りの定期預金による調達を余儀なくされた。

　預金の流出が本格化すると、拓銀経営陣は合併による生き残りの道以外はないと判断するようになった。拓銀は、合併先として同じく北海道を営業基盤にもつ北海道銀行と話合いを進め、1997年4月には両行の合併が発表されるに至った。しかし、合併に関する交渉は難航を極めた。1997年9月に合併の延期が公表されると、株価はさらに低下し、預金の流出も加速した。これを受け、コール市場での調達残高はさらに増大し、1997年3月以来3,500億円程度であったものが合併延期発表後は6,000億円をやや下回る規模にまで達した。こうした状況下、1997年11月3日、準大手証券である三洋証券が会社更生法の適用の申請を行い、その翌日、本邦コール市場で初めての債務不

図表7-8　北海道拓殖銀行の資金調達額の推移

	残高（主要勘定）					
	一般預金	大口定期	有担コール	うち翌日物	無担コール	うち翌日物
1996年12月末(a)	55,739	16,485	987	987	2,364	484
1997年3月末	52,697	8,572	2,517	2,517	1,095	5
6月末	52,552	11,643	2,437	1,913	1,384	484
8月末(b)	51,217	9,194	2,403	1,502	1,022	472
9月末	49,693	7,998	4,994	3,294	842	342
10月末(c)	48,792	7,261	4,919	2,876	868	818
1996／12⇒1997／10(c)-(a)	▲6,947	▲9,224	3,932	1,889	▲1,496	334
1997／8⇒1997／10(c)-(b)	▲2,425	▲1,993	2,516	1,374	▲154	346

出所：服部泰彦「拓銀の経営破綻とコーポレート・ガバナンス」をもとに著者が作成。

履行が発生した。それまでは、コール市場参加者の間では運用先の破綻があったとしても運用資金は全額返済されるという認識があった。しかし、三洋証券のイベントによって運用先の信用リスクが認識されるようになると、コール市場における資金の出し手は信用力の低い先への資金の放出にきわめて消極的となった。11月14日、拓銀の主幹事であった山一證券を含め複数の金融機関が拓銀に対するコール資金の供給を控えると、拓銀の資金繰りのメドはつかなくなり、翌営業日の11月17日に、拓銀は経営破綻に関する記者会見を開くに至った。

b　ショックの発生と伝播

拓銀の資金流動性リスクは、1997年3月に預金の流出、同年11月に資金枯渇というかたちで顕現化したが、そのルーツは、不動産価格の下落という外部要因の発生にある。この一次リスクファクターの変化が、拓銀固有のリスク特性によって時に強められ、加速され、次々と他のリスクファクターの変化へ伝播していき、資金流動性リスクの顕現化に至った。また、拓銀の例で

は、日本の銀行危機という時代背景から外部要因と内部要因の間での伝播もみられた。まず、ショックの伝播を強めた拓銀のリスク特性をまとめ、その後リスクファクターの変化の伝播の様子を眺めてみよう。

(a) **不十分な与信審査と特定業種への与信集中**

これは先のコンチネンタルのケースとも共通する。拓銀のケースでは、営業基盤の関係や他の都市銀行に出遅れたことから北海道内の不動産開発へエクスポージャーを集中的にふやしていった。また、そうした融資を行う際に、審査部門からの牽制が働くような内部管理体制になっていなかった。この結果、不動産市況の悪化という一次ショックの影響が他行対比で大きなものとなった。

(b) **不適切なガバナンス**

1980年代半ば～1990年代の初頭にかけて、拓銀では極少数の人間が経営、人事の実権を握り、行内の敵対勢力を組織の中枢から排除していた。この結果、社内には経営方針や経営判断を実質的にチェックする機能が欠如することとなり、経営の暴走を止めることができない体制となった。経営を監視する機能が存在し、それが適切に働けば、インキュベーター路線の見直しや問題先送り体質の是正が行われ、ショックがスパイラル的に増大していくという事象が回避されたかもしれない。

(c) **コール調達に対する過度な依存**

株価の暴落を契機に1997年1月に預金の流失が本格化した。この資金流動性リスクの一次顕現化を通じて、拓銀はコール市場での資金調達額を急増させ、そのバランスシートはコール市場のショックに対して脆弱となった。こうしたなか、三洋証券のコール市場での債務不履行が発生したことはタイミング的には不運であったが、資金繰りが苦しいなかでも資金調達の分散に努めていれば、コール市場での信用収縮という外部要因から資金流動性リスクの顕在化という伝播を和らげることができたかもしれない。

このように、拓銀のケースでは、不適切なガバナンスやリスク管理のためにリスクファクターの変化の伝播が収束しなかったこと、またショックに対

図表7－9　拓銀の資金流動性リスクの顕現化

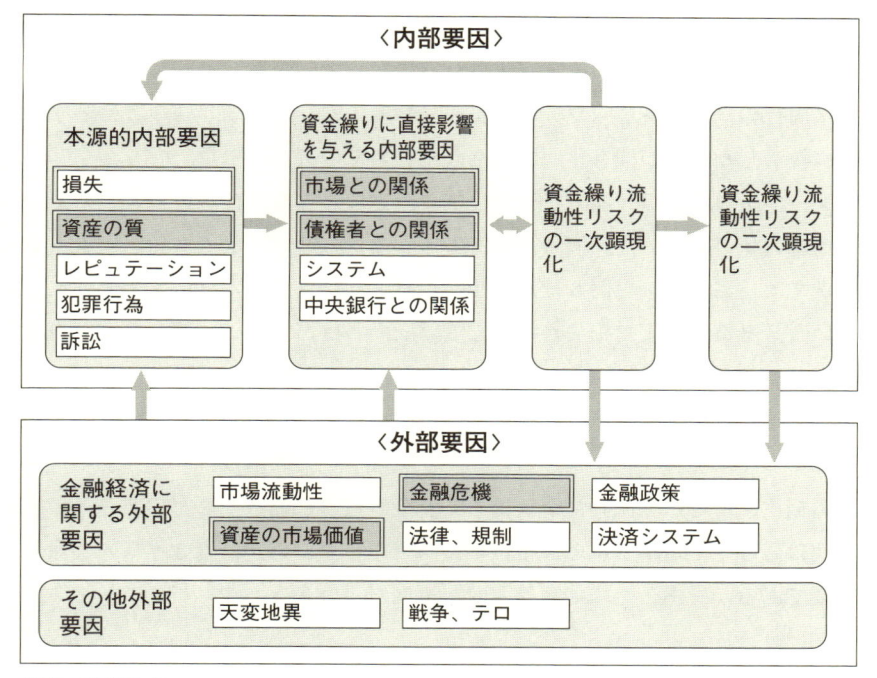

〈内部要因〉

本源的内部要因
- 損失
- 資産の質
- レピュテーション
- 犯罪行為
- 訴訟

資金繰りに直接影響を与える内部要因
- 市場との関係
- 債権者との関係
- システム
- 中央銀行との関係

資金繰り流動性リスクの一次顕現化

資金繰り流動性リスクの二次顕現化

〈外部要因〉

金融経済に関する外部要因
- 市場流動性
- 資産の市場価値
- 金融危機
- 法律、規制
- 金融政策
- 決済システム

その他外部要因
- 天変地異
- 戦争、テロ

出所：著者作成。

する不適切な対応がショックをさらに大きなものとしたことが確認された。また、三洋証券のコール市場におけるデフォルトが拓銀の経営破綻の引き金となるなど、外部要因と内部要因の間でリスクの伝播もみられている。こうした、各金融機関の内部要因と外部要因の間でリスクが伝播し、日本の銀行危機をかたちづくっていったとみることもできよう。

3　ノーザンロック（2007年9月）

　ノーザンロックは英国のイングランド北部に本拠地をもつ住宅金融銀行である。1997年に建築組合（Building Society）から株式会社（plc）に移行し、ロンドン証券取引所に上場した。2000年にはFTSE100種総合株価指数の構

成銘柄に選ばれ、一時は住宅ローン残高で英国第5位となるまでに成長した。そのような銀行が2007年9月、英国で150年ぶりともいわれる取付騒ぎを起こし、2008年2月には国有化されるに至った。なお、英政府は2011年11月に同行の株式を英バージン・グループ傘下の銀行に売却し、今次金融危機時に救済した銀行の国有化が解消された初めての例となった。

　ノーザンロックは、2007年まで住宅ローンに必要な資金調達の大半を証券化市場に依存していた。同時期、2007年春頃からサブプライム問題によって破綻する住宅ローン専門会社が米国で現れ、サブプライムローンを流動化していた金融機関にまで損失が拡大していったわけだが、ノーザンロックの場合、サブプライムローンへの直接的な関与が問題となったわけではない。ノーザンロックの同資産へのエクスポージャーは、2007年6月末時点で資産全体のわずか0.24％にすぎない。ノーザンロックの問題は、サブプライム問題の発生により市場流動性が枯渇し、資金調達難に陥ったことである。金融機関にとって、運用資産の健全性維持のみならず、いかに資金繰りの確保が重要であるかをあらためて認識させた事例だといえる。

a　背　　景

(a)　拡張期（2000～2007年上半期）

　ノーザンロックは、19世紀に設立された複数の建築組合を母体としていた。業務は、リテール向けの貯蓄と貸出が中心である。住宅ローンは中核的業務であり、2007年時点で貸出残高の約9割を占めた。ノーザンロックは1999年より証券化の利用を始め、それ以降、証券化市場からの資金調達を急速に拡大させた。証券化は、2005年には最大の調達手段となり、2007年下半期には全調達の約6割を占めるようになった。こうした動きに伴い、リテール預金の割合は1998年の約65％から2006年には24％にまで減少した（図表7－10参照）。また、ノーザンロックは資金調達先を国際市場にも求めており、証券化債券は主に欧州大陸と米国を中心に発行された。2000年以降の総資産の成長率は、2006年までは軒並み年率20％を超え、英国住宅ローンに占

図表7-10　資金調達率

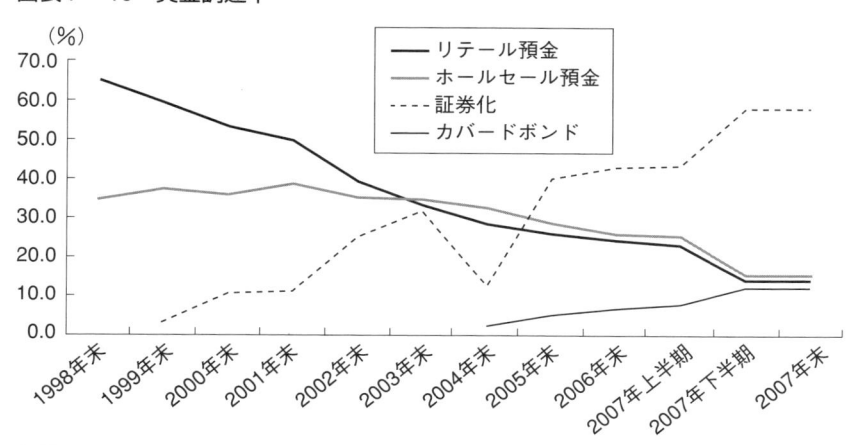

出所：Northern Rock Annual Report and Accountsおよび「ノーザン・ロックの取付と流動性選好（I）」より著者が作成。

めるシェアは1997年の3％から2006年には7％となり、住宅ローン残高では英国で第5位、新規貸出では同3位の存在となった。

このような経営は、当時は市場からも革新的な資金調達手法として賞賛された。実際、2000～2007年1月までに、株価は325％上昇した。格付会社フィッチ・レーティングスは「同規模の銀行のなかでは最優良」と評価していた。

(b)　サブプライム問題の余波（2007年夏頃）

米国を発端とするサブプライム問題、さらには証券化市場の問題の悪化により、ノーザンロックは調達コストの上昇という経営問題を抱えることとなった。これまで証券化に過度に依存していた資金調達の構造的な問題が表面化したのである。2007年6月頃から、投資家、特にヘッジファンドを中心に、ノーザンロックの株式に対して売り圧力が強まった。2007年2月から8月までに株価は42％下落し、この株価下落がノーザンロックの信用を低下させた。

2007年9月初旬、ノーザンロックは証券化債券を発行して資金を調達しよ

うとしたが、ほとんど買い手がつかなかった。クレジット市場の悪化は投資家の選好志向を変化させ、証券化債券に対する需要を激減させた。

(c) 取付騒ぎ（2007年9月）

2007年9月13日の夜、ノーザンロックが中央銀行のイングランド銀行に緊急融資を依頼したという情報が流れた。14日には、英政府はイングランド銀行に対し、金融支援を承認する。この時点で、イングランド銀行は、ノーザンロックは短期的な支援が必要なだけで支払能力に問題はない、と判断していた。しかし、実際には、預金者は破綻を懸念し、ノーザンロックの75店舗の前に預金の引出しを求める人々の行列ができるなど取付騒ぎが始まる。14日から週末にかけて、預金残高の8％、20億ポンドの預金が引き出されたといわれる。これについては、インターネット・バンキングが預金の引出しを加速させたとの見方もある。株価に至っては2日間で60％の大幅安となった。17日にダーリング財務大臣が預金の全額保護の声明を発表し、取付騒ぎはとりあえず沈静化する。

(d) 国有化から株式売却まで（2008年2月〜2011年11月）

英政府は2008年2月、ノーザンロックの一時国有化を発表した。それから3年9カ月後の2011年11月、英政府はノーザンロック株を英バージン・グループ傘下の銀行であるバージン・マネーに売却することで合意し、今次金融危機時に救済した銀行の保有株式を初めて売却することとなった。英政府は14億ポンドで取得した株式を10億ポンドで売却することとなり、少なくとも4億ポンドの損失が発生した。

b ショックの発生と伝播

これまでみてきたように、ノーザンロックのケースでは2007年夏場に資金調達コストの上昇、同年9月に取付騒ぎの発生というかたちで資金流動性リスクが顕現化したが、その源泉はサブプライム問題の発生にある。このサブプライム問題が金融市場（特に証券化市場）の市場流動性を低下させ、ノーザンロックの資金繰りを圧迫した。こうした外部要因として発生したショッ

クがノーザンロックのリスク特性によって増幅され、資金調達コストの上昇という資金流動性リスクの一次顕現化を引き起こした。さらに、この資金調達コストの上昇が株価の下落や預金者の不安を招き、中央銀行による資金支援や財務大臣による預金保護の発表という実質的には資金流動性リスクの二次顕現化へと発展した。

　こうしたリスクの伝播を許容したノーザンロックのリスク特性の最大の特徴は、その資金調達構造である。ノーザンロックは総資産に占める住宅ローンの比率が高い一方で、預金の調達割合が低いことから、資金調達手段を資本市場、特に証券化市場に大きく依存しており、証券化市場に発生したショックに対して脆弱な体質となっていた。また、ノーザンロックの満期別資産・負債残高をみると、短期の負債残高が比較的多く、マチュリティ・ギャップという視点からも資金流動性リスクに対して脆弱な構造となっていた。

　住宅ローンの組成に必要な資金の大半を資本市場でまかなうというビジネスモデルは、安定した環境下でビジネスを急成長させるには適当なモデルと考えられるが、逆に、ホールセールの資金調達市場の流動性が枯渇すれば、すぐに破綻するモデルでもあった。特に証券化を通じての資金調達に関しては、一般には証券化商品の組成および販売を手がけるアレンジャーが介在することから、オリジネーター（資金調達者）は資金の最終的な提供者である投資家と直接的に深い関係を築く機会に乏しい。このため、資金繰りが困難になった場合でも、これまでのリレーションを持ち出して資金繰り支援を交渉するという選択肢は現実的には存在しない。こうした観点からも、過度な証券化への依存がショックに対して脆弱な体質を育んだとの解釈もできる。

　またノーザンロックのケースでは、単にノーザンロックの問題のみではなく、中央銀行と銀行監督当局間のコミュニケーションの不十分さが問題をより深刻にした可能性も指摘されている。すなわち、インターバンク市場における流動性の枯渇という事態に直面した際、主要国の中央銀行の資金供給と比べ、イングランド銀行の流動性の供給は、オーバーナイトに限る、適格担

図表7-11　ノーザンロックの資金流動性リスクの顕現化

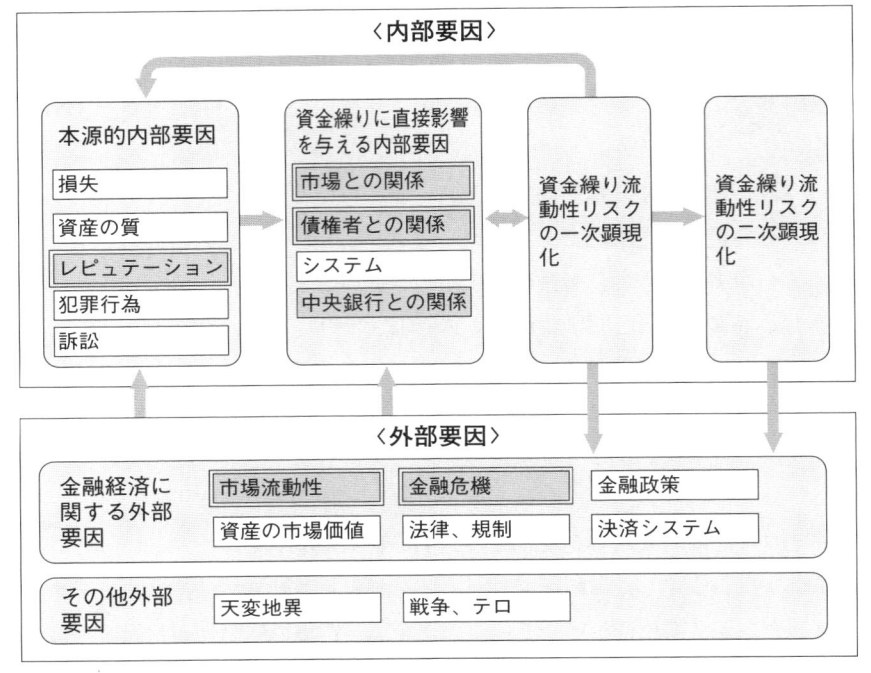

〈内部要因〉

本源的内部要因	資金繰りに直接影響を与える内部要因	資金繰り流動性リスクの一次顕現化	資金繰り流動性リスクの二次顕現化
損失	市場との関係		
資産の質	債権者との関係		
レピュテーション	システム		
犯罪行為	中央銀行との関係		
訴訟			

〈外部要因〉

金融経済に関する外部要因	市場流動性	金融危機	金融政策
	資産の市場価値	法律、規制	決済システム
その他外部要因	天変地異	戦争、テロ	

出所：著者作成。

保基準も緩和しない等、限定的な対応にとどまっていた。ノーザンロックに対する資金供給も、その対応がより早く、さらに適格担保の要件を緩和し、長めの資金を供給していれば、ここまで事態が悪化することもなかったのではないかともいわれている。

4　リーマン・ブラザーズ（2008年9月）

リーマン・ブラザーズ（以下、リーマン）は、米国のニューヨークに本社を置き、160年近い歴史をもつ全米第4位の証券会社であった。不動産の証券化業務を得意としており、サブプライムローン等の高リスク商品を活用することで事業を拡大させたが、そこに潜在していたリスクが結局破綻の原因

ともなった。

　すなわち、サブプライム問題に発展した住宅バブルの崩壊で保有資産が急速に劣化し、2008年6月に発表した第2四半期決算（3～5月）では、上場以来初の赤字に転落した。その後、60億ドルの増資で財務体質の改善を図るが、追加損失がふくらみ、業績悪化の見通しが強まった結果、ついに2008年9月15日に破産法の適用を申請することとなる。負債総額にして約64兆円という史上最大の倒産となり、リーマンショックとして世界的な金融危機を招くこととなった。

　リーマンは自己資本比率も決して低いわけではなかった。リーマンの2008年8月末のTier 1比率は11％であり、これは、当時のMUFGの7.6％、みずほの7.4％、SMFGの7.1％を上回るものであった。また、破綻直前の9月12日時点では、S&P社から長期格付としてA格、短期格付はA－1格を得ていた。

　以下では、このように、破綻直前まで相対的に高い自己資本および高い格付を維持していたリーマンがなぜ破綻に瀕したのかについて、資金流動性リスクに焦点を当てて考察する。

a　背　景

(a)　拡張期（2007年前半まで）

　リーマンは1990年以降の不動産好況期に、大きな手数料がとれる不動産関連証券化商品の組成・販売に力を入れるようになった。利益向上のためにレバレッジを高め、自己投資を積極的に推し進めるようになったのである。こうしたビジネスモデル変化の背景には、低金利によって造成されていったサブプライムローンと、そこからつながる住宅バブルの拡大があった。

(b)　サブプライム問題の表面化（2007年前半～2008年前半）

　2007年4月、サブプライムローン最大手、ニュー・フィナンシャル・センチュリーが破産法の適用を申請する。これが嚆矢となり、多くのファイナンス・カンパニーが経営難に陥ったほか、サブプライムローンの8割以上が証

券化されていたため、サブプライムローン以外も含めた、すべての証券化市場に影響が広がることとなる。

2007年7月、ムーディーズとS&Pがサブプライム関連の住宅ローン担保証券を多数かつ大幅に格下げした。これを契機に、サブプライムローンを組み込んだ証券化商品の価格が急落する。この大量格下げは、投資家の証券化商品に対する不安を増幅させると同時に、格付自体へも不信感を強めることとなった。こうしたなかで、証券化商品の市場流動性は極端に低下するようになる。そして、これらの商品の投売りで損失を確定させようとする動きがさらに価格を下落させ、証券化商品に対する市場の流動性が一気に枯渇することとなった。

リーマンの破綻に関しては、米国のJenner&Block法律事務所のアントン・バルカス氏が2,200ページにわたる調査報告書（以下、調査報告書）を裁判所に提出している。この調査報告書は、リーマンのサブプライム問題表面化後の対応を記している。同報告書によれば、リーマンは当初、サブプライム問題は他の市場には伝播しないと考え、問題の表面化後も商業用不動産やプライベート・エクイティへの積極的な投資を続けたとしている。リーマンは実際こうした積極策により、2007年は過去最高の純利益42億ドルを計上している。しかし、この積極策が翌期には裏目に出ることとなる。

(c) **赤字転落から経営破綻（2008年6〜9月）**

2008年3月に、大手証券会社で財務基盤に問題はないと繰り返し発表してきたベア・スターンズが事実上破綻した。その際、株価は2日間で一時54％以上暴落し、最後にはJPモルガン・チェースによって救済買収されることになる。一方、リーマンは、2008年6月、第2四半期（3〜5月）の最終損益が28億ドルの赤字になると発表した。これにより、財務基盤が盤石であったと考えられてきたリーマンの流動性に対する懸念が強まるようになる。同年8月には、資産増強のため、プライベート・エクイティを含む複数の買い手候補に資産運用部門の売却を打診していることが判明する。また同年9月には、資金調達をめぐる懸念で株価が40％以上下落すると同時に、サブプライ

ム問題での損失処理を要因として、第3四半期（6～8月）の最終損益が39億ドルの赤字決算の見通しとなると発表した。この発表直後には、株価が4ドル台にまで急落し、その後米銀大手バンク・オブ・アメリカなどの他の金融機関との身売り交渉に乗り出すが、米政府の公的資金活用などの支援が望めないため、結局これら金融機関がリーマン買収を断念し、9月15日には、米連邦破産法11条の適用を申請するに至る。

調査報告書は、リーマンが「レポ105」や「レポ108」と呼んでいたレポ取引の財務諸表への記載について、投資家をミスリードする内容があったと指摘している。米国基準におけるレポ取引の会計処理では、譲渡人（資金調達者）がレポ取引を売却取引として処理するには、譲渡資産が譲受人から法的に隔離されている、かつ、譲渡人は譲渡資産に対する有効な支配を有していない、という二つの条件を満たす必要がある。これら二つの条件を満たすレポ取引はほとんどないため、通常は金融取引とするのが一般的である。

調査報告書には、有利な信用格付を維持するため、資産を簿外にプールする「レポ105」や「レポ108」取引を利用し、負債比率を引き下げたと記されている。一般的なレポ取引であれば、負債も認識するため、総資産・総負債が増加することになるが、それを避けるため、レポ取引を売却取引とする要件を満たすようなストラクチャーを組成したのである。リーマンは、レポ取引を売却取引とし、有価証券（譲渡資産）をオフ・バランス化したにもかかわらず、注記ではこれら取引を一般的な金融取引としていた。

また、調査報告書は、リーマンが資金流動性を損なった要因の一つとして、他の投資銀行がリーマンの担保設定、契約条件の変更を要求した点を指摘している。リーマンのデリバティブ・ポジションの正味の価値は、2008年5月時点で210億ドルとバランスシート全体の3％程度にすぎないが、契約件数は900,000にものぼり、想定元本ベースでは巨大な金額であったことが想像される。デリバティブ取引では契約当事者間で市場価値がマイナスである契約当事者がカウンターパーティーに対して担保を差し入れることが通常であるが、一部の債権者がこの掛け目の引上げ等を要求したことが、リーマ

図表7-12 リーマン・ブラザーズのCDSスプレッドの推移(無担保シニア5年)

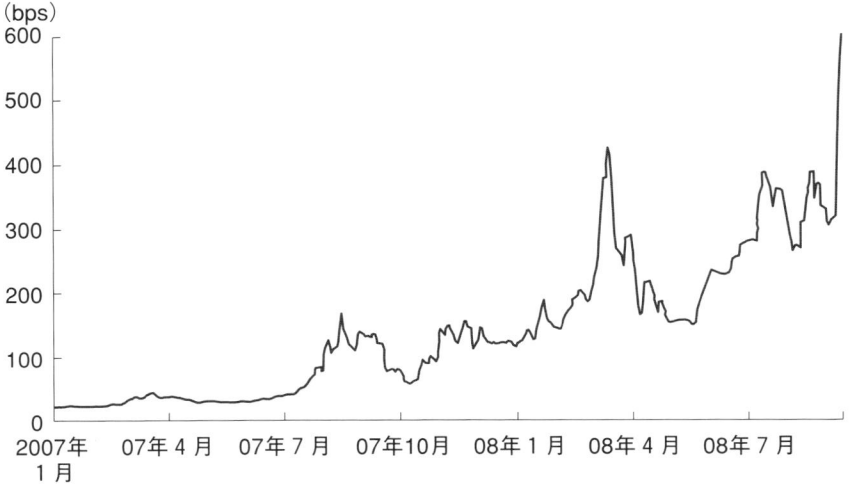

(bps)

出所:Bloombergのデータをもとに著者作成。

ンの担保繰りをいっそう逼迫させることになった。

b ショックの発生と伝播

　調査報告書などをみる限り、リーマンは当時想定されていたほど盤石な財務体質ではなかったことがわかる。リーマンの破綻に関してはさまざまな要因が複合的に作用した結果であると考えられる。以下、資金流動性リスクの顕現化を招いたリーマンのリスク特性を列挙する。

(a) 経営上の判断ミス

　リーマンはロシア財政危機、同時多発テロを乗り越えてきたという自負があった。今回の金融危機に対してはその自信が裏目に出るかたちとなった。サブプライム問題の表面化後、競合他社に対する優位性を得ようとしてとった積極策によりリスクを抱えることになった。

(b) 過度のリスクテイク

　投資銀行は市場から資金調達し、多くの場合レバレッジを掛けてリスク商

図表7-13 リーマン・ブラザーズの資金流動性リスクの顕現化

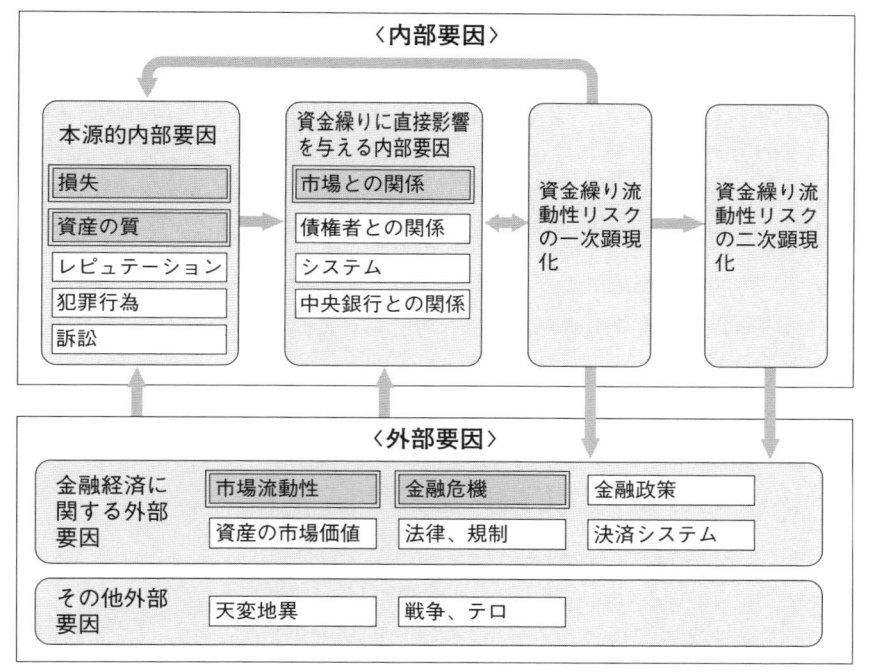

〈内部要因〉

本源的内部要因	資金繰りに直接影響を与える内部要因	資金繰り流動性リスクの一次顕現化	資金繰り流動性リスクの二次顕現化
損失	市場との関係		
資産の質	債権者との関係		
レピュテーション	システム		
犯罪行為	中央銀行との関係		
訴訟			

〈外部要因〉

金融経済に関する外部要因	市場流動性	金融危機	金融政策
	資産の市場価値	法律、規制	決済システム
その他外部要因	天変地異	戦争、テロ	

出所:著者作成。

品への投資を行う。運用が成功すればよいが、失敗した場合の損失が莫大となる。1998年に破綻した米ヘッジファンドLTCM（Long-Term Capital Management L.P.）がこのビジネスモデルをとっていた。リーマンの最終的なレバレッジ比率は30倍を超えていたが、同数値は、オフ・バランス処理されていたレポ105をオン・バランスと見直すことで、より高くなる。

(c) **複雑なデリバティブ取引の活用**

デリバティブ契約は、その契約内容や取引の目的などにもよるが、一般にレバレッジ効果を生じさせ、損益やバランスシートに対するショックの影響を増大させる。カウンターパーティー・リスクの削減のために、デリバティブ契約当事者間では、担保契約（Credit Support Annex）を交わし、デリバ

ティブの市場価値がマイナスとなった当事者が相手方に担保を差し出すことが一般的である。このため、過度なデリバティブ契約の活用が、資金流動性リスクの顕現化を早めてしまう場合もある。また、複雑なデリバティブ契約や参照資産の流動性が乏しいデリバティブ契約[5]では、精緻な理論や過去データの蓄積が不十分であるため、「ヘッジ・ポジションを組んでいたが、ある特定事象の発生に関してヘッジが機能しない」といったベーシス・リスクを生じやすくなる。このため、リスク管理も非常にむずかしく、当該デリバティブの積極的な活用が、ベーシス・リスクの顕現化を通じて担保繰りひいては資金繰り困難化をもたらしたと考えられる。

(d) ビジネスモデルの偏り

リーマンは商業用不動産関連の資産が相対的に大きい。サブプライム問題が、CDS（クレジット・デフォルト・スワップ）や商業用不動産へと急速に波及していった結果、より大きな影響を受けることとなった。

5 その他の事例

コンチネンタル、拓銀、ノーザンロック、リーマン以外にも、これまでさまざまな金融機関で資金流動性リスクが顕現化している（図表7－14参照）。これらの例から、資金流動性リスクの顕現化の原因や顕現化に至る経過はさまざまであることがあらためて確認される。1985年のニューヨーク銀行の事例では、システム障害が短期間かつ直接に資金流動性リスクの顕現化に結びついた。1997年の紀陽銀行の事例では、当時発生していた金融危機を温床とした同行の経営を不安視する風評の発生が取付騒ぎにまで発展した。こうした短期的な事例に対比して、資金流動性リスクの顕現化がある程度の時間を要している例では、経営判断やリスク管理の稚拙さや不適切なバランスシート構造を背景に危機が深刻化していった様子がみられる。1998年のLTCMの事例でも、運用手法への過信に由来する判断ミスやリスクを認識できなか

---

5 一例として、CMBSのポートフォリオの特定トランシェを参照するCDSがあげられる。

図表7-14 流動性リスクの顕現化の例

事 例	発生原因	顕現化に関与した主要なリスクファクター	リスク特性に係る問題点	結 果
ニューヨーク銀行（1985年）	国債決済システムの不具合発生	システム	―	当座預金の220億ドルの赤残（中央銀行による緊急融資の実行）
紀陽銀行（1997年）	経営不安に関する風評の発生	レピュテーション、金融危機	リスク管理体制	3,000億円程度の預金流出
LTCM（1998年）	ロシア財政危機による大幅な損失の計上	損失、資産の質	経営判断 リスク管理体制 過度なレバレッジ	取引金融機関からの約36億ドルの緊急融資の実行
協栄生命	保険の大量解約の発生	レピュテーション 債権者との関係	経営判断 リスク管理体制	経営破綻

出所：参考文献をもとに著者作成。

った稚拙なリスク管理が、ロシア財政危機というトリガーにより、結果的に事業継続の困難化という事態をもたらした。

　一般に負債サイドのデュレーションが長い生命保険会社でも、資金流動性リスクが顕現化した例が確認されている。その一つに2000年10月の中堅生命保険会社の協栄生命の経営破綻があげられる。協栄生命の財務体質は、いわゆる逆ザヤ問題（運用利回りが予定利率を下回る状態が継続すること）によって悪化しており、経営不振がささやかれるたびに保険の解約に見舞われていた。こうした地合いのなかで発生した同じく中堅生保である千代田生命の経営破綻を受けて、保険契約者の間で「次に危ない生保」を模索する動きが強まり、協栄生命の保険解約が急増、資金繰りが急速に悪化した。こうして発生した資金繰りの問題が、協栄生命破綻の契機となったのである。

第4節 今次金融危機前後における、主要行等での資金流動性リスクに係るストレステストのプラクティス

1 資金流動性リスクに係るストレステストの考え方

　既述のとおり、資金流動性リスクの大きさは、通常一義的には、マチュリティごとの想定キャッシュフローのギャップの大きさや、ストレス想定下における（資金繰りという観点からみた）サバイバル期間の長さ等によって表現される。したがって、資金流動性リスクに係るストレステストでは、なんらかの特定事象が生じた場合に、どの程度、上記の資金流動性リスク指標が変化するかを確認すると同時に、これに対しどのように対応するかを決めることが主な作業となる。具体的な対応例としては、一定のリスク・アピタイト内にリスクが収まるようなリスクを制御するシステムの構築や、資金流動性リスク顕現化時を想定したコンティンジェンシー・プランの設計等がある。

　これまでみてきたストレステスト同様に、資金流動性に係るストレステストでも、まずは資金流動性リスクに係るリスク許容度の考え方があり、これをベースに、実際のリスクがリスク許容度を超えることがないようにリスクをコントロールするというプロセスが必要となる。そして、そのリスクの大きさを測る際に主に用いるのが、ストレス・シナリオに基づくストレステストということになる。なお、例外的には、VaRのような統計的手法を用いるもの（Liquidity at Risk等の名で呼ばれている手法）もあるが、データの制約が強いといった理由から、極度のストレスを想定したリスク計測に用いられることは少ない。理想的には、こうしたストレステスト結果に基づき、資金流動性リスク指標に係るさまざまなリミットがセットされ、これによりリスク量が常にリスク許容度内に収まることとなる（さらに最近では一部の先で、資金の内部トランスファーに係るプライシング（liquidity transfer pricing等の名で

呼ばれる手法）により、リスク量を制御することがなされている）。ただし、従来のプラクティスをみる限り、両者が常に結びついていたわけでもない。少なくない先が、ストレステストを経てリミットを設定しているわけではなく、むしろ担当者のエキスパート・ジャッジメントに依存して、リミットを設定してきたといえる。

　上記のように、資金流動性リスクをあらかじめ決めた手法により半ば自動的に制御する手法に加え、資金流動性の逼迫度合いに応じたフェーズをあらかじめいくつか決めたうえで、それぞれのフェーズごとにより、組織全体のコマンド体系も含め、詳細で具体的な対応を決めるケースも多い。これが、一般に資金調達に係るコンティンジェンシー・プランと呼ばれるものである。もっともこのプランも、従来については、上記のストレステストと、必ずしも有機的に結びついていないケースが多かったとみられる。

　以下では、資金流動性リスクに係るストレステスト・プロセスを次の七つに分けたうえで、それぞれに関し、金融危機前のプラクティスの特徴とその後の変化をみていくこととする。

① 　リスク許容度の設定
② 　シナリオに取り込むリスクのスコープ
③ 　資金流動性リスクのグラニュラリティ
④ 　シナリオで想定するストレス程度やホライズンの長さ
⑤ 　シナリオで想定する具体的なストレス事象
⑥ 　ストレステスト結果をふまえたリスク制御手段
⑦ 　ストレステスト結果をふまえた資金調達コンティンジェンシー・プラン

2　従来のプラクティスと金融危機後の変化

a　リスク許容度

　一般に、従来の資金流動性リスクに係るストレステストにおけるリスク許容度は、他のリスク・カテゴリーと比べ、それほど明瞭に意識されていたと

は言いがたい。これは一つに、リスク許容度が当局の意向に強く影響される面が強いなかで、これまでは規制という視点から、最低保有すべき流動性バッファーに係る統一的な指針が出されてこなかったことが影響している（もっともこの点は、後述するように、バーゼルⅢが示す流動性指標の導入により、今後大きく変わることが予想される）。

　リスク許容度の表現方法としては、たとえば、流動性バッファーの算定のために想定するイベントの発生頻度（たとえば、30年に1度程度）や、最近数年間の流動性状況の変動幅に基づくもの（たとえば、最近1年間で最大のネット要調達幅）がある。さらには、大きなイベントが生じた際に生存できる期間（俗にサバイバル・ホライズンと呼ばれるもので、たとえばリーマンショック時と同じショックが再び生じた場合、1カ月同じ状況が続いても資金繰りがショートすることはないといったもの）を用いる考えもある。さらに、後述する資金流動性リスクに係るコンティンジェンシー・プランで定めるフェーズを用いる方法もある（たとえば、平常時フェーズ内の最も危機度の高いサブ・フェーズを用いる、あるいは懸念時フェーズを用いる等）。このほか、上記のような事象が影響をもたらす資金流動性インディケータの変化幅そのものを、リスク許容度の表現に用いるケースもある。たとえば、バーゼルⅢで導入される流動性カバレッジ比率や安定調達比率に関し、組織として許容する最低水準を設け、これをもってリスク許容度とする考えである。

　一般に、資金流動性リスクのストレス・シナリオで想定するストレスのタイプ（結果としてのストレスの程度）はさまざまだといえる。これは一つに、資金流動性リスクに係る情報や、「適切なストレス程度」に関する業界のコンセンサスが必ずしも十分ないなかで、各金融機関が試行錯誤のうえ決定している表れとみることもできる。そうしたなかで、従来の邦銀のケースをみると、シナリオで想定されるストレスは、一般にわが国における1990年代末や2000年代初頭の金融危機時代に経験した状況（コール市場の機能麻痺や外貨調達市場におけるジャパン・プレミアムの発生等）がそのまま採用されていることが多かった。また、それ以外では、当局が示す流動性バッファー等に係

る最低要件に準拠するもの、あるいは、過去1〜3年間程度の間に経験した最大のネット要調達幅といった統計的手法に準拠するものを、並行的に用いるケースもある。一方、European Central Bank (2008) によれば、たとえば欧州の銀行のケースでは、従来想定されていたシナリオはイデオシンクラティックなものが大半で、市場全体の混乱を想定したものは少なかったようである。こうした日欧の差は、やはり従来における危機経験の差に由来していると考えられる。

　リスク許容度に関し、今次金融危機を経てみられた最大の変化は、当然ながら、今次金融危機をふまえたうえでのリスク許容度の大幅な低下ということになる。こうした変化は、具体的には、想定するストレス・シナリオに今次金融危機の経験を反映させることで、あるいは、バーゼルⅢの流動性規制で求められるさまざまな要件を反映させることで生じることとなる。前者に関しては、特に、①ホールセール資金調達市場の枯渇、②証券化市場の麻痺等一部資産の流動性の急低下、③証券化ビークルに対する流動性供給の必要性に始まり、④カウンターパーティの信用度に係る情報の非対称性に起因するインターバンク市場そのものの機能の停止や、⑤中央銀行与信に依存することに伴うスティグマ問題の発生等が、新たにストレス・シナリオに追加されるようになり、結果的に必要となる流動性バッファーは飛躍的に増加した。

　またタイム・ホライズンという意味でも、2009年以降の欧州におけるユーロ危機も含め、インターバンク市場の機能麻痺が長期にわたって続くケースが生じており、これをストレス・シナリオにおいても、サバイバル・ホライズンの長期化というかたちで織り込むことが求められている。なお、バーゼルⅢの流動性規制は、今次金融危機で発生した事象をふまえたうえで、一定の流動資産や安定的な資金調達手段の確保を求めるものとなっており、そういう意味では、ストレス・シナリオで想定するストレス程度に係る当局的視点からみたリスク許容度という見方もできよう。

　なお、今次金融危機では、必ずしも邦銀が資金流動性リスクの顕現化に直

面したわけではなく、そういう意味では、欧米金融機関に比べ、邦銀の資金流動性リスクに係るリスク許容度が大きく変化したわけではない。これは先にあげた①〜⑤の今次金融危機で顕現化した要因のうち、①〜③については、ビジネスモデルの違いにより、現状の邦銀にはあまり当てはまりにくいこと、さらに⑤も、かつての金融危機の経験等から、日本で問題になることがやや考えにくい等が影響している。ただし、そうしたなかでもバーゼルⅢの流動性規制は、全世界一律で導入されるわけで、そうした視点からみた場合のリスク許容度の高まりは無視できない。また、南欧諸国の一部が現在経験しているようなソブリン問題に起因する金融機関の資金流動性リスクの問題に対しどのように対処すべきかは、日本にも該当しうる新しいストレス事象として、今後リスク許容度設定の際に明示的考慮することが求められるようになるかもしれない。

　最後に、リスク許容度に関し、今後の検討課題として一つあげておきたいポイントは、市場流動性リスク顕現化の結果として資金流動性リスクが顕現化するような、システム全体が危機にさらされている場合に、いったいどの程度まで、金融システムや決済システムのガーディアンとしての中央銀行の役割を期待してよいかという点であろう。これをいっさい期待してはいけないということになると、今般の欧州におけるユーロ危機の例をみてもわかるとおり、各金融機関があらかじめ準備しなければならない流動性バッファーは相当程度の規模となり、それこそ円滑な金融仲介に支障をきたすものとなるかもしれない。もちろんその一方で、中央銀行による緊急時の流動性供給を第一線の手段として期待されてしまうと、今度はモラルハザードの問題が生じてしまう。この点に関する明確なコンセンサスが金融機関と中央銀行や当局間で明確に形成されるまでは、少なくとも各金融機関は、自らのリスク許容度のなかで、どこまでが金融機関自らが備えるもので、どこから先が中央銀行に頼らざるをえないものなのか、その線引きを明確化したうえで、この是非に関し中央銀行や当局と議論していくべきであろう。

b　資金流動性リスクのスコープ

　邦銀、あるいは欧米銀においても、従来の資金流動性リスクに係るストレステストで、主に取り上げられてきたリスクは、自行の問題に起因する、いわゆるイデオシンクラティックな要因（個社要因）に基づく資金流動性リスク顕現化が大半であったといえる。具体的には、資金繰りに係るオペレーションミスやシステムトラブルに起因するもの、多大な信用リスク損失や市場リスク損失等に伴うもの、格付低下等信用度の低下に伴う、風評リスクに伴うもの等がそれである。また危機のデュレーションも比較的短期（1カ月程度）で、さらにトリガー・イベントの効果まではとらえていても、二次ショック等まで考慮することは少なかった。

　それが今次金融危機以降は、イデオシンクラティックな要因に加え、システマティックな要因（金融システム全体に及ぶ要因）の重要度が、資金流動性リスクの評価においても高まったといえる。システマティックな要因に基づく流動性リスクは、本書では「市場流動性リスク」と呼び、第8章で詳説しているが、昨今の資金流動性リスクは、今次金融危機の経験をふまえたうえで、この市場流動性リスクの顕現化と結びつけてとらえることが求められるようになっている。またストレス対象とする期間の長さも、最近ではたとえば1年といった長期を考慮する先がふえている。また大規模な金融機関の場合、初期の事象に対する自らや他の大手先の反応をふまえた二次的効果まで勘案するケースもみられてきている。

c　資金流動性リスクのグラニュラリティ

　資金流動性リスクのグラニュラリティは、マチュリティという視点から、超短期ではリアルタイム、短期ではデイリー、長期ではマンスリーということになる。またキャッシュフローの集計単位という視点では、邦銀の場合多くはエンティティ単位、通貨単位、国単位、およびグループ単位ということになる。またこのほか、時には、商品単位や取引単位で資金繰りを管理する

ケースもある。

　上記のグラニュラリティは、基本的には金融危機後も変わっていないが、たとえばグローバルでみた場合、以前に比べ国ごとの資金繰り状況の重要性が高まったり、また商品単位でみても、たとえば証券化商品関連ビジネスの資金繰りの重要性が高まるといった事例がみられた。

d　シナリオで想定するストレス程度やホライズンの長さ

　ストレス程度やホライズンの長さは、基本的には冒頭に示したリスク許容度に準拠したものとなる。既述のとおり、今次金融危機に伴い、リスク許容度が大幅に低下したことで、ストレス・シナリオで想定するストレス程度は相当程度高まると同時に、ホライズンも相当程度長期化したといえる。たとえば、金融市場全体の機能不全といったシステマティックな要因に基づくシナリオで想定するストレス程度は、従来のものに比べはるかに高いといえる。またストレスの持続期間も、従来であれば、せいぜい3カ月程度の長さであったものが、最近では1年にまで長期化している。また、仮に資金流動性リスクのコンティンジェンシー・プランのフェーズを、ストレス程度の一つのメドとするならば、流動性バッファー確保の目安となるストレス程度は、従来の「平常時フェーズ内の最も高いサブ・フェーズ」から「懸念時フェーズ」、あるいは「懸念時フェーズ」と「危機時フェーズ」の中間にまで高まるケースも出てきている。

　なお、こうしたストレス程度やホライズンの決め方であるが、従来は基本的にエキスパート・ジャッジメントや過去の実際の経験に基づくものが多かった。もっとも最近では、バーゼルⅢによりグローバルに適用される流動性規制が導入されたこともあり、規制で求められる要件をベースにストレス程度やホライズンを決めることも多くなってきている。

e　シナリオで想定する具体的なストレス事象

　以下では、ECB（2008）で示された主要欧州銀における代表的なシナリオ

等に基づくシナリオ事例を示す。以下のうち、下線で記した部分が、今次金融危機以降に目立つようになったと筆者が考えるシナリオである。金融危機以降の大きな変化としては、イデオシンクラティックな要因に基づくシナリオにおけるストレス程度の高まりや、多くのシステマティックな要因に基づくシナリオの新規追加等が指摘できる。

[イデオシンクラティックな要因に基づくストレス・シナリオ例]
・格付機関による格下げ（最大4ノッチ）
・預金の流出（10%が一般的ながら最大30%）
・銀行間預金の流出（最大100%）
・投資家資金の流出（最大100%）
・ヘアカットの増加および追加担保差入れの要請
・ホールセール・ファンディングへのアクセスの減少
・風評リスクの影響
・決済システムにおける深刻な障害の影響
・主要カウンターパーティや市場参加者のデフォルトの影響

　ちなみに最近のユーロ危機では、実際に以下のような事象が発生している。
・ムーディーズが英国の小規模金融機関を2011年10月に5ノッチ格下げ
・ギリシャでは家計による預金が2009年末〜2011年8月までの1年8カ月において、1,969億ユーロから1,571億ユーロまで2割強減少
・今回のユーロ危機で、ギリシャ国債が実質70%近くヘアカットされることが、2012年2月に決定されており、結果的に同国債を担保とした資金調達は不可能化

[システミックな要因に基づくストレス・シナリオの例]
・レポおよびインターバンク市場の崩壊
・預金の流出とレポ、CDおよびCP市場の崩壊
・カバード・ボンド市場の崩壊
・通貨スワップ市場の崩壊

・証券化市場の崩壊
・貸渋り

　このほか、特に国境を越えてビジネスを行う場合、エンティティ間での資金の融通に係る障害を想定したシナリオがふえているのも、最近の特徴である。

f　ストレステスト結果等をふまえたリスク制御手段

　資金流動性リスクは通常、さまざまなキャッシュフローのギャップに係るさまざまなリミットの設定によるギャップの抑制や、ストレス状況下における資金流動性管理指標悪化幅の把握および同悪化を乗り切るためのバッファーの確保により、一定の範囲内に制御されるようになっている。具体的には、前者は、資金繰り表および資金ギャップ枠等といった資金流動性リスクに係る管理指標を常時モニタリングし、これら指標があらかじめ決めた一定のリミット内に収まっているかを確認し、リミットを超過する場合には、これを解消するためのなんらかの施策を検討するものである。リスク管理指標としては、たとえば、通貨別の資金ギャップ枠や最低流動性準備金額といった確保すべき資金流動性の大きさを示す指標が使用されることが多い。リミットの決定にあたっては、ストレステスト結果等が参考とされるケースもあるが、従来においては、エキスパート・ジャッジメントで決めるケースも多かった。一方後者は、ストレステスト結果をふまえて、決定されることとなる。

　上記に加えてさらに、今次金融危機以降は、流動性の逼迫状況を流動性移転価格（部門間でやりとりする資金に対する価格（Liquidity Transfer Pricing：LTP））に反映し、これにより、各部門の所要流動性額を制御する試みも多くなっている。これは全社的な資金繰りを統括する中央資金管理部門が中心となって、流動性に由来する利益、費用、リスクを社内の各部門に明示的に帰属させる枠組みである。たとえば、個人預金を扱う部門は、長期の定期預金を獲得し、その流動性に関するメリットを中央資金管理部門に転移させる

ことによって社内利益を得る。他方、顧客に長期のローンを提供して金利収入を得る融資部門に対して、中央資金管理部門は流動性を供給した見返りとして社内チャージを要求する。こうした体制を導入することによって、各部門は流動性に関するメリットやデメリット、リスクを認識し、それらをプライシングに反映させるようになる。

　LTP自体に課題も多い。たとえば、社内コストをどのようなビジネスの対価として徴収するのか、どのタイミングでいくら徴収するのか、またそれらを決定するうえでどのような情報を利用するのかといった点について、現状では合意は形成されていない。このように手探りの状態ではあるものの、多くの金融機関は、LTPの有用性を理解し、それぞれのかたちで導入およびその高度化に取り組んでいる。こうしたLTPの枠組みを用いることで、ストレステストにより把握された資金流動性リスクを加味した各ビジネス部門の採算性の検討が可能となる。またたとえば、社内コストを自社のCDSスプレッドをもとに決定している金融機関では、CDSスプレッドの拡大を想定する全社的なストレステストを行うことによって、各ビジネス部門にどの程度の社内コストが課せられ、その結果それぞれの部門のビジネスがどの程度変容する可能性があるのかを検討することができる。ストレステストの結果、ある特定部門に対して過度な負荷が生じるようであれば、LTPに関するパラメータの見直しを検討すべきかもしれない。

g　ストレステスト結果をふまえた資金調達コンティンジェンシー・プラン

　上記で示したような、資金流動性リスクをあらかじめ決めた手法により半ば自動的に制御する手法に加え、通常金融機関では、資金流動性の逼迫度合いに応じたフェーズをあらかじめいくつか決めたうえで、それぞれのフェーズごとに、組織全体のコマンド体系も含め、詳細で具体的な対応を決める対応がとられている。これが、一般に資金調達に係るコンティンジェンシー・プランと呼ばれるものである。金融機関において大規模なコンティンジェン

シー・プランが存在するのは、通常、地震やパンデミック等の大規模災害発生に備えたものと、資金流動性リスク発生に備えたものに限られる。これは、資金流動性リスクがそれだけ、突発的なかたちで発生する可能性が高いと同時に、一度発生すれば、外部環境が目まぐるしく変わるなかで臨機応変に対応する必要があること、さらには平常時のガバナンスや管理体制を非常時用に急きょ変える必要があることによると考えられる。

具体的には、資金流動性の逼迫状況に応じて、いくつかの異なる「リスク管理フェーズ」を設定すると同時に、確保すべき資金流動性の大きさ、あるいはリスクの大きさ自体を示す指標として、各フェーズごとに「リスク管理指標」を定義し、いざという事態に対し機動的に対応できるようにしている。

リスク管理フェーズは、金融検査マニュアルに記載されている「平常時」「懸念時」「危機時」などの三つに区分するのが一般的であるが、銀行によってこうした区分をさらに複数に細分化している場合もある。各フェーズへの移行は、通常、市場調達時のプレミアム、自行の株価水準や外部格付、風評、マクロ経済や金融情勢、預金動向、市場取引の状況、資金余力など資金繰りの状況等を総合的に判断しながら決めるのが一般的である。

一般に、「平常時」から「懸念時」へのフェーズの移行トリガーは、複数の指標（たとえば、市場調達時のプレミアムに加え、株価や格付等）が異常な変動を示すなかで、必要な資金を当初計画どおりに調達することがむずかしくなってきた場合に引かれることが多い。この場合には、たとえば、以下のような対応をとることが考えられる。

〈基本的対応〉
・対応施策の内容確定と責任分担の確認
・危機時へのフェーズ移行の可能性の検討
〈業務面での対応〉
・必要に応じて、取引の全部または一部の凍結
・業務計画の修正の検討

・資金の前倒し調達、調達期間の長期化
・リミットの見直し
〈危機管理体制〉
・ALM委員会等の招集
〈報告の頻度〉
・取締役等経営陣へのすみやかな報告
〈その他〉
・日本銀行や金融庁に適時適切な報告
・フロント・ビジネス・ラインによる風評把握
・タイムリーなディスクロージャー体制の確保

　また、一般に「懸念時」から「危機時」へのフェーズ移行のトリガーは、必要な資金の確保が非常にむずかしくなった場合に引かれることが多い。この場合には、通常、以下のような対応をとることが考えられる。

〈基本的対応〉
・コンティンジェンシー・プランの発動
〈業務面での対応〉
・既約定分を除き、取引の全部の凍結、業務計画の凍結
・資金利用の全案件の決裁を、危機に対する対策本部に移行
・即時に資金化が可能な資産の売却
〈危機管理体制〉
・危機に対する対策本部の設置
・全部署に対応責任者を置き、連絡体制を確保
〈報告の頻度〉
・取締役等経営陣への即刻な報告
〈その他〉
・日本銀行や金融庁に即時報告
・タイムリーなディスクロージャーの実施

　上記の基本的な枠組みは、金融危機前後で大きく変わったわけではない。

ただし、フェーズ移行のトリガー・ポイントの設定に関しては、特に今次金融危機において、欧米銀のいくつかで、レピュテーショナル上の理由から、なかなか発動に踏み切れなかったケースもみられたことから、最近のケースでは、より明瞭で透明性の高いトリガー・ポイントの設定がふえていると考えられる。また、コンティンジェンシー・プランの「使い勝手」を増す目的から、フェーズ移行のタイミング自体を早める動きも聞かれるところである。

第5節　資金流動性リスクに係るストレステストの今後の課題

　前節で述べたとおり、今次金融危機以降、民間金融機関の間では資金流動性リスクに関するストレステストでさまざまな試みが行われているほか、中央銀行、規制当局でもストレステストに対する多様な提案がなされている。また、学界でも今次金融危機の現象をふまえて、新たなストレステストの手法に関する研究が進んでいる。本節では、こうした取組みをふまえつつ、①ストレス・シナリオ作成の高度化、②運用・実施体制の高度化、の観点から、資金流動性リスクに係るストレステストの今後の課題を考えてみたい。

a　ストレス・シナリオ作成の高度化

(a)　フォワード・ルッキングなシナリオの作成

　まず第一に重要な点は、第2章でも強調したように、今後想定される事態をしっかりととらえたフォワード・ルッキングなシナリオを作成することである。主要な論点はすでに第2章で指摘したとおりだが、資金流動性リスクに係るシナリオにおいても、まだまだフォワード・ルッキングなシナリオができているとは言いがたい。たとえば、わが国のケースで考えれば、今後大規模なシステマティック要因を伴う資金流動性リスクに係るシナリオとしては、財政ファイナンスの困難化に伴う国債金利急騰局面や首都直下型地震の

発生局面等が考えられる。こうした事態において、トリガー・イベントがマクロ経済や金融市場に与える影響に加え、各行の資金流動性リスクにいかなる影響を与えるかを、一定の時間軸をもつシナリオのなかで考える必要がある。また同時に、こうした国家的な危機シナリオにおいて、中央銀行がどのように行動するかを想定することも重要である。

(b) システマティック要因や市場のダイナミックな側面の勘案

前節で指摘したように、今次金融危機以降、資金流動性リスクに係るストレス・シナリオのなかでいちばん大きく変化したのが、システマティック要因の勘案である。具体例は前節で示したとおりだが、多くの先においては、まだまだこうした要因に基づくシナリオが織り込めていないのが実態だといえる。

またシステマティック要因を、単に静態的なかたちで勘案するのではなく、動態的（ダイナミック）なかたちで勘案することも重要である。具体的には、トリガー・イベントが起こす二次的効果や市場参加者の後追い行動（herding behavior）等を勘案することが求められる。たとえば、今次金融危機では、インターバンク市場でファイナンシングは可能であっても、タームが極端に短期化する事例が相次いだ。さらに、その後のユーロ危機では、欧州において、インターバンク市場におけるカウンターパーティに対する疑心暗鬼の発生から、いわゆる"流動性の抱え込み"（liquidity hoarding）が発生し、これにより同市場が実質的に機能を停止する事態にまで追い込まれたほか、いくつかの主要資金調達市場の同時機能不全に陥る事態も観察された。こうした状況を、自国の金融市場の状況をふまえたうえで、フォワード・ルッキングなかたちで、自らのシナリオに織り込んでいくことが必要となる。

ちなみに以下の図表7－15では、IMF（2011）が公表したいくつかの国の監督当局が示す、マクロ的視点からみた流動性リスクに係るストレステストの手法が紹介されている。各金融機関がこれをそのまま用いることはむずかしいかもしれないが、一つの参考にはなるかもしれない。

図表7-15 監督当局が示す流動性リスクに係るストレステスト手法

フレームワーク	イングランド銀行	オランダ中央銀行	香港金融管理局	IMF（2011）が示すストレステスト・フレームワーク案
データ	銀行の財務報告	銀行の財務報告	銀行の財務報告	銀行の財務報告
流動性ショックの発生要因	ソルベンシー・ショック（マクロ・ストレステストでの信用損失および市場損失）による格下げから、資金調達の流動性ショックが発生。	保有資産に係る評価損の発生および（または）資金引揚げ。	銀行における、ストレスを掛けた債務不履行確率（資産価格下落による損失）に基づく預金流出。	資産価格ショック。銀行における、ストレスを掛けた債務不履行確率による負債の流出。
考慮対象となるフィードバック効果、波及効果、増幅効果	線形的な平時での連鎖。単純ではなく主観的なスコアリング・システムを用いた非線形的な影響。銀行のデレバレッジによって、資産価格が影響を受ける二次的影響、およびネットワークによる影響。	銀行がより大きなショックに対応するためにデレバレッジを行うことで、資産評価と資金調達にその影響がはね返る非線形的な影響（二次的影響）。	低迷した資金調達を回復させるためデレバレッジを行うと、資産市場の逼迫によりコスト高となる。インターバンク市場での伝播（ネットワークによる影響）。	銀行がネット・キャッシュフローの回復を図り資産を売却すると、これが資産の市場流動性に影響を与え、より高いヘアカットが用いられるなど、資金調達の流動性がさらに逼迫する。
ストレス測定	さまざまな測定基準（ソルベンシー比率、流動性比率、資産価値、信用損失、格付、利益等）。	銀行全体およびショックの度合いに応じた流動性バッファーの配分。	現金不足およびデフォルトの可能性、予測される最初の現金不足時期、予測されるデフォルト時期。	ソルベンシー比率、ネット・キャッシュフローおよび資本の配分、複数の金融機関が同時に現金不足に陥る同時確率。
システミック、	初期のマクロ経	二次的影響に起	資産価格、ネッ	資産価格におけ

リスク顕現化メカニズム	済ショックとさまざまな二次的影響に起因。	因。	トワークの影響における初期の複合的なショックに起因。	る初期の複合的なショック、およびさまざまな二次的影響に起因。
長所	非線形的な流動性ショックおよびさまざまな二次的影響。	非線形的な二次的影響。	信用リスク・資金調達リスク・市場流動性リスクの相互作用。	非線形的な二次的影響、流動性危機の同時確率および個別行の寄与評価。
短所	非線形的なモデルに主観的要素が含まれる。	説得力あるミクロ的根拠を欠いた、銀行行動の仮定およびフィードバック効果。	銀行危機から資産価格へのフィードバック効果の欠如。	説得力あるミクロ的根拠を欠いた、銀行行動の仮定およびフィードバック効果。

注:イングランド銀行は、2009年のAikmenなどのストレステスト案を反映している。オランダ中央銀行は、2008年のvan den Endのストレステスト案を反映している。香港金融管理局は、2009年のWongとHuiのストレステスト案を反映している。
出所:IMF(2011)に基づき著者が作成。

　また今次金融危機では、レピュテーション・リスク発生の危惧から、一部ファイナンシング手段(含む中銀信用)の活用が困難化したり、従来活用していなかった市場の突然の活用がレピュテーション問題を引き起こしやすいことも観察されている。こうしたレピュテーション・リスクを明示的にシナリオのなかに取り込むことも求められる。

　上記で示したような危機下における市場参加者の行動を、エキスパート・ジャッジメントを超えて、より客観的に想定することはなかなかむずかしい。ただしそれでも、たとえば、今次金融危機の経験をふまえ、市場参加者の特定行動に係る早期警戒指標を見出す、あるいはクラスター分析等を用いることで、金融危機の各局面で、市場が特定の市場参加者の信用度をどのように観察しているかを確認し、これをシナリオづくりに活用する方法(たとえば、特定業務でのシェアが高いA行とB行は、通常時は市場における評価に大きな違いがある一方で、特定業務が大きな影響を受ける金融危機時には、同じよ

図表7−16 クラスター分析結果の変化（例）

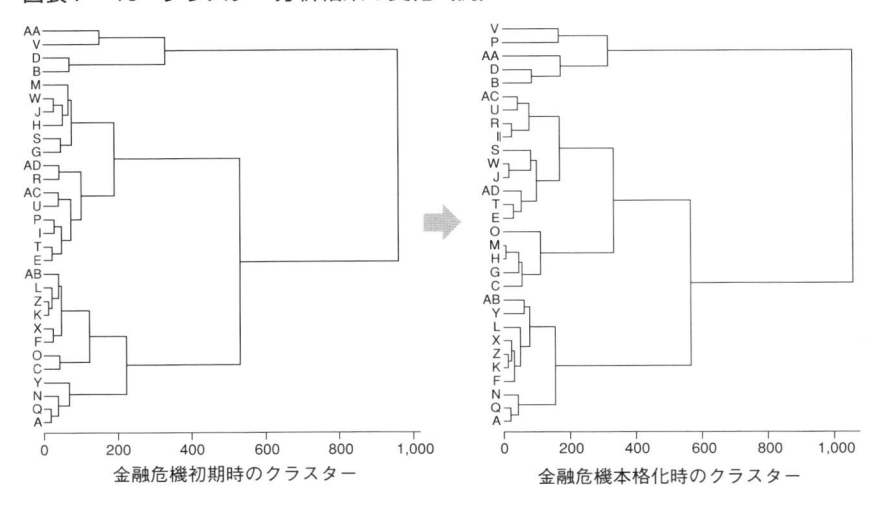

金融危機初期時のクラスター　　　　　金融危機本格化時のクラスター

うな評価を受けるようになる等）も考えられよう。ちなみにクラスターとは"群れ"や"集団"を意味し、このクラスター分析とは、統計的手法を用いることで、特定指標の動きに関し、似たもの同士の群れに分ける手法を指す（詳細については、たとえば、石村・石村（2008）を参照）。図表の例では、アルファベットは金融機関名を示し、横軸の左方に分岐点があるほど、クラスター間の類似性が強くなる。このほか、第8章で示す市場流動性リスクの分析手法に倣い、各市場のマイクロストラクチャーを十分把握したうえで、ストレス時における市場の動きを予測することも有用な方法だと考えられる。

(c) 自らの市場行動に対する市場リアクションの勘案

市場でのプレゼンスが大きな金融機関では、自身の行動が市場での値動きや取引量に影響を与え、そうした市場の変化が自身に悪影響をもたらすという負のスパイラルをもたらすメカニズムが存在することが指摘されている。また大手金融機関で取引が寡占化されている市場では、自身の行動に対する特定他社の行動を読むことが重要となる。こうしたフィードバック・メカニズムを扱うためには多期間のストレステストが必要となり、そこで想定され

るシナリオは一般に複雑になる（時に、ゲーム論を用いたシナリオ想定が必要となる）。

　もっとも、ストレステストの長所の一つであるわかりやすさやコミュニケーションツールとしての有効性を重視するのであれば、モデルの複雑化にこだわるよりも、できるだけ関係者が理解しやすいかたちで、シナリオに市場メカニズムを組み入れることを模索すべきかもしれない。たとえば、金融危機を想定した、ウォーゲーム・タイプの演習を、組織内の関係者で行うことも一つの方法であろう。

　なお、最後に1点付言したいのは、システミックな視点から重要だとみなされている金融機関、いわゆるSifi（Systemically important financial insitution）に関しては、特に同先が有するシステミック・リスクを軽減するという視点から、必ずしも自身にとって最適な行動がとれない可能性もある点である。たとえば、金融危機時において、特定資産の早期売却が自身の資金繰り、あるいは資産価値の保持という視点からは最適な行動であっても、市場価格に負のスパイラルをもたらすことで、金融市場全体をいっそう不安定化してしまうかもしれない。こうした場合に、Sifiに対しては、自身のシステミック・リスクを勘案することで、個の利益を全体の利益のために犠牲にする行動が求められるかもしれない。この点に関する議論は、今後の金融機関および監督当局の大きな課題だといえる。

(d)　ショックの伝播の適切な設定

　資金流動性リスクに係るストレス・シナリオの作成において、リスクファクターの間にどのような関係を設けるかも、きわめて重要かつ本質的な問題である。たとえば、損失の大幅計上を契機に預金が流出するというリスクファクターの変化の伝播を考える場合、損失額や預金の流失額の関係は、その時点の金融機関が置かれている状況（たとえば、個社要因により多額の損失が発生したのか、あるいは金融システム全体の問題により同損失が発生したのか）にも依存する。また資金流動性リスクの顕現化が、調達コストの上昇や、資産の投売り等を通じて、収益や資本に大きな影響を与える可能性も考える必

要がある。有意義なストレステストを実施するためには、過去の経験をふまえながらも、想定しているシナリオのもとでリスクファクター間にどのような関係を設定するのが適切なのか、十分な議論が必要である。

b 運用・体制の高度化

(a) コンティンジェンシー・プランとストレステスト間の有機的結びつけの強化

第1節で述べたとおり、資金流動性リスクの顕現化の際には、リスクファクターの変化の伝播に正のフィードバック・メカニズムが働くことがある。これは、資金流動性リスクの一次顕現化に対する金融機関のリアクションの結果、当該金融機関のリスク特性が変化することによってもたらされる。こうした危機発生時のリアクションは、第4節で説明したコンティンジェンシー・プランと呼ばれるものだが、同プランとストレステストが、必ずしも有機的に結ばれていないケースがまだ多い。具体的には、ストレス・シナリオがコンティンジェンシー・プランの発動をどの程度想定しているか(特に、自身の行動が市場に大きな影響を与える大手金融機関の場合は重要)、あるいはコンティンジェンシー・プランのなかにストレス・シナリオが想定するダイナミックな事態の進行がどこまで織り込まれているかをチェックすることも重要である。

たとえば、「預金の流出に伴う資金不足はレポ市場での調達でまかなう」というコンティンジェンシー・プランは、短期的には資金流動性リスクの一次顕現化の回避に有効に機能したとしても、長期的には資金流動性リスクの二次顕現化を引き起こしやすいリスク特性をもたらす可能性もある。もし、事前にコンティンジェンシー・プランの実行がもたらすリスク特性の変化を組み込んだストレステストを実施していれば、こうしたコンティンジェンシー・プランの不備が危機発生前に判明するかもしれない。

(b) **コンティンジェンシー・プランにおけるフェーズ移行のトリガー・ポイントの明確化**

既述のとおり、コンティンジェンシー・プランにおけるフェーズ移行を決定するトリガー・ポイントが、多くの欧州の金融機関において、危機時になかなか機能しなかったことが問題点として指摘されている。こうした事態を回避するためには、あらかじめ、いかなる事態に直面した場合にはフェーズを移行するのかを、多くの具体的な指標で明確化しておくことや、ウォーゲーム・タイプの演習をふやすことが重要であろう。さらに、コンティンジェンシー・プラン発動の抵抗感を減らすという意味では、初期のフェーズ移行に係るストレス度合いを下げて、比較的頻繁に同プランが発動されるようにすることも一つの考えかもしれない。

また同時に、今次金融危機での経験をふまえたうえで、フェーズ移行のトリガーに係る、より信頼性の高い早期警戒指標を開発していくことも重要であろう。

(c) **全組織的な実施体制の整備**

資金流動性リスクは、信用リスク、市場リスク、レピュテーション・リスク、市場流動性リスクといったさまざまなカテゴリーのリスクファクターとの相互作用を経て顕現化する。したがって、有意義なストレステストを実施するためには、資金繰りを実行する部門や資金繰りを企画する部門のみならず、シナリオに含まれる各リスク・カテゴリーに関連する部門の協力や全社横断的なシステムの整備が必要となる。

【参考文献】
・Bank for International Settlements, 2009a. "Monetary policy frameworks and central bank market operations" Markets Committee.
・Bank for International Settlements, 2009b. "Monetary policy frameworks and central bank market operations" Markets Committee.
・Bank for International Settlements, 2008. "Monetary policy frameworks and cen-

tral bank market operations" Markets Committee.
- Bank for International Settlements, 2007. "Monetary policy frameworks and central bank market operations" Markets Committee.
- Basel Committee on Banking Supervision, 2008. "Liquidity Risk：Management & Supervisory Challenges"
- Basel Committee on Banking Supervision, 2008. "Principal for Sound Liquidity Risk Management and Supervision"
- European Central Bank. 2008 "EU Banks' liquidity stress testing and contingency funding plans"
- Federal Deposit Insurance Corporation, 1997. "History of the Eighties−Lessons for the Future"
- G. Hartono and G. Gniewosz, 1996. "An Analysis Of International Inter-Bank Settlement Problems And Responses" Working Papers, University of Wollongong
- International Monetary Fund, 2011"How to address the systemic part of liquidity risk" Chapter 2 of Global Financial Stability Report/April 2011.
- Jenner & Block, "the Report of the Examiner in the Chapter 11 proceedings of Lehman Brothers Holdings Inc" March 2010
- Joel Grant, 2011. "Liquidity transfer pricing：A guide to better practice" Australian Prudential Regulation Authority
- Mathias Drehmann and Kleopatra Nikolaou, 2010. "Funding liquidity risk：definition and measurement," BIS Working Papers No 316.
- Northern Rock plc, Annual Report and Accounts 2004〜2007
- Van den End, J.W., 2010. "Liquidity Stress-Tester：A model for stress-testing banks' liquidity risk, CESifo Economic Studies," 56/1, 38-69.
- 石村貞夫・石村光資郎「入門はじめての多変量解析」(2008年) 東京図書
- 金融庁「金融検査マニュアル」(2012年)
- 井上武「ノーザン・ロックへの取り付けとその影響」野村資本市場研究所、資本市場クォータリー2007秋号
- 漆畑春彦「最近の生命保険会社の経営破綻について」野村資本市場研究所、資本市場クォータリー2001冬号
- NIRA研究報告書「次の危機に備えた金融システムの構築」(2009年)
- 小立敬「サブプライム問題と証券化商品の格付け」野村資本市場研究所、資本市場クォータリー2008年夏
- 柿原和夫「ノーザン・ロックの取付と流動性選好(I)」千葉大学経済研究第25巻第2号 (2010年)
- 繁本知宏「欧米における認識中止に関する会計基準と開示規則の動向：リーマン・ブラザーズの「レポ105」を巡る動向を踏まえて」日本銀行金融研究所、

- 杉岡登志夫「米国個人金融資産動向検証の試み―1980年代後半の金融危機時における家計の投資行動―」野村資本市場研究所、資本市場クォータリー2002夏号
- 東短リサーチ株式会社編『東京マネー・マーケット〔第7版〕』有斐閣（2009年）
- 日本銀行金融市場局「サブプライム問題に端を発した短期金融市場の動揺と中央銀行の対応」BOJ Reports & Research Papers（2008年）
- 日本銀行金融機構局「ストレステストの課題と先進的な取組み事例」"ストレステストの先進的な取り組み"ワークショップ検討資料（2010年）
- 日本銀行金融機構局「リスク管理と金融機関経営に関する調査論文　わが国金融機関の流動性リスク管理に関するアンケート調査結果」BOJ Reports & Research Papers（2010年）
- 日本銀行「金融機関経営とリスク管理の高度化―環境変化への対応とリスクコミュニケーションの充実」福岡で金融高度化セミナー（2011年）
- 日本銀行企画局「主要国の中央銀行における金融調節の枠組み」（2006年）
- 日本銀行企画局「今次金融経済危機における主要中央銀行の政策運営について」BOJ Reports & Research Papers（2009年）
- 服部泰彦「銀行の経営破綻と預金流出―預金者による市場規律―」立命館経営学第45巻第4号（2006年）
- 服部泰彦「拓銀の経営破綻とコーポレート・ガバナンス」立命館経営学第41巻第5号（2003年）
- 花尻哲郎「3つのジャパン・プレミアム：97年秋と98年秋―市場間でのプレミアム格差はなぜ生じたのか―」日本銀行金融市場局ワーキングペーパーシリーズ99-J-4（1999年）
- 深尾光洋「サブプライム問題と世界金融危機について」（2009年）行政減量・効率化有識者会議（第65回）における議事資料（2009年）
- 吉川浩史「金融危機に直面した米国企業の流動性管理」野村資本市場研究所、資本市場クォータリー2009春号

第 8 章

市場流動性リスクのストレステスト

岸本浩一

第1節　市場流動性リスクの概念

　市場流動性リスクという言葉自体、さまざまな解釈がある。「流動性の低下」や「流動性の悪化」という言葉は、マーケットでしばしば聞かれるが、市場流動性リスクの定義というものは確立されていないという認識が現実的ではないかと考える。そこで、市場流動性のストレステストを考えるうえで、まずは、概念を簡単に整理しておく。

　バーゼル銀行監督委員会では、「健全な流動性リスク管理及びその監督のための諸原則（2008）」において、「市場流動性リスクとは、市場の厚みが不足していたり、市場が正常に機能しなくなったりした結果、金融機関が市場価格でポジションを相殺したり解消したりすることを容易に行えなくなるリスクを意味する」と表現している。また、金融検査マニュアルにおいては、「市場の混乱等により市場において取引ができなかったり、通常よりも著しく不利な価格での取引を余儀なくされることにより損失を被るリスク」と定義されている。

　マーケット・マイクロストラクチャー理論[1]においては、市場流動性は、以下の三つの概念でとらえられることが多い（Kyle［1985］）。

・価格指標性（Tightness）
・市場の厚み（Depth）
・市場の回復力（Resiliency）

　価格指標性は、取引価格と実績価格との乖離、市場の厚みは、現在の価格で取引できるボリューム、市場の回復力は、価格の振れから実勢価格へ収束する速度として表現される。価格指標性を計測する手法としてビッド・アスクスプレッド、市場の厚みを計測する手法として出来高等、市場の回復力を計測する手法としてビッド・アスクスプレッドが平常時の水準に戻る速度（期間）が考えられる。

　市場流動性のストレス・シナリオとしては、金融危機等のイベントにより市場の厚み以上の取引ニーズが発生したり、市場の厚み自体が喪失することにより、価格指標に影響を与え、市場の回復力が鈍化することが考えられる。言い換えれば、通常の出来高以上の取引ニーズや市場の吸収力の減少により、流動性リスクプレミアムが増加し、この流動性悪化が一時的ではなく、なかなか平常時の水準に戻らないということになる。

第2節　市場流動性ストレス・シナリオ作成時の留意点

1　市場流動性の指標

　前述のように、市場流動性という定義自体確立していないなかで、市場流動性リスクプレミアムを数値で把握し、ストレステストに活用することは、非常にむずかしい課題である。ここでは、まず、市場流動性が低下していることを、なんらかの指標で確認し、ストレス・シナリオ作成のためのヒストリカル分析の基礎とすることを考える。市場流動性を計測する指標として、

1　マーケット価格がどのように形成されるのかを、取引ルールや各種制度、流動性の面から研究する理論。

たとえば、Amihud［2002］の非流動性指標（illiquidity measure、以下、ILLIQ）というものがある。この指標は、株式等の市場流動性分析において、比較的よく使用されているものであり、銘柄 i について以下のように定義される。

$$ILLIQ_{i,t} = \frac{1}{D}\sum_{t=1}^{D}\frac{|r_{i,t}|}{y_{i,t}}$$

ここで、$r_{i,t}$ は銘柄 i の時点 t おける日次リターン
　　　　$y_{i,t}$ は銘柄 i の時点 t における売買代金合計
　　　　D は観測日数

この指標は、日次リターンの絶対値を売買代金合計で除しているが、流動性が低い銘柄ほど取引量が少なくても大きな価格変化を起こし、ILLIQは大きくなる。つまり、ILLIQが大きいほど流動性が低く、小さいほど流動性が高いことを表す指標である。

2　市場流動性の分析例

では、リーマンショック前後で、市場流動性がどのように推移しているか、個別銘柄を例にして確認する。今回、対象とした銘柄である全日本空輸は、リーマンショックだけでなく、同一業種である日本航空の経営破綻時の状況も同時に確認できるため、同銘柄を選択した。

図表8－1は、2007年11月～2010年11月の全日本空輸の株式のILLIQ推移である。観測期間Dを20営業日とし、移動平均をグラフ化したものである。

ILLIQは、リーマンショック後の2008年10月に急激に大きくなっているため、この時期に市場流動性が低下していることがわかる。その後、2009年3月にILLIQが急激に小さくなっている。この流動性指標が、リーマンショック前の水準になるまでの期間は約5カ月程度である。前述の価格の回復力により価格指標性がショック前のレベルへ収束するまでは、約5カ月かかっていることになる。一方、2010年1月に日本航空の経営破綻した際の動きをみると、ILLIQは若干大きくなっているが、リーマンショック後の動きに比べ

図表 8 − 1　ILLIQの動き

るとわずかである。

　このような指標を使用し、市場流動性の低下がどの時期に発生し、どの程度の期間続いたかを概観することができる。

　次に、社債を例に市場流動性を考えてみる。同じ全日本空輸の社債による分析を行うが、ここではILLIQではなく、もっと直観的に市場価格と流動性スプレッドの推移から流動性の低下を把握することを試みる。

　図表 8 − 2 は、2007年11月～2011年 1 月の全日本空輸の社債価格の推移と流動性スプレッドの推移である。流動性スプレッドは、前述のように価格指標性を計測する手法としてビッド・アスクスプレッドから推計することが考えられる。しかし、社債は取引所取引ではなく、ビッド・アスクスプレッドのヒストリカル・データを安定的に取得することがむずかしい。このため、代替手法として、日本証券業協会が公表している社債価格の業者間の最高値と最低値の差を流動性スプレッドとした。

　使用した銘柄は、全日本空輸19回の償還日2014年 3 月10日、利率2.27％の銘柄であり、日本証券業協会に値を提供している業者は 7 社である。社債価格は 7 業者の平均値である。

　図表 8 − 2 をみると、リーマンショック後の2008年12月に流動性スプレッ

図表 8 − 2　平均単価と業者間スプレッドの動き

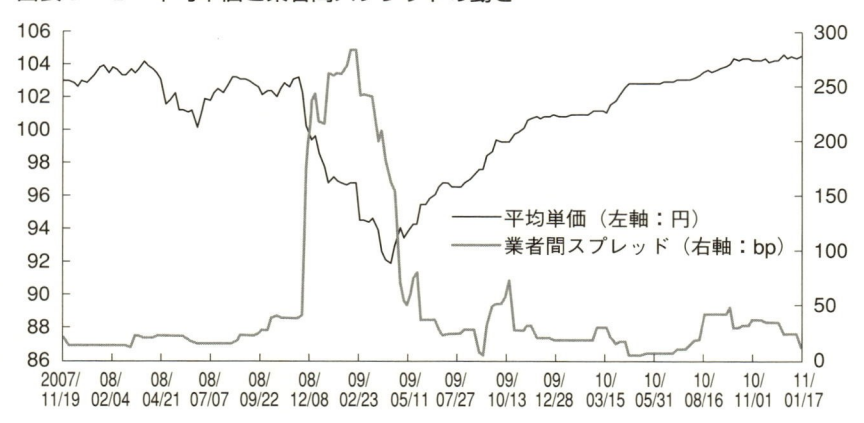

ドが約40ベーシスポイントから240ベーシスポイントまで急拡大し、その後も最大280ベーシスポイントまで拡大している。この流動性スプレッドの拡大直後、社債平均価格の下落がみられる。2009年5月頃に流動性スプレッドが縮小すると同時に、社債価格も反転している。前述の価格の回復力により価格指標性がショック前のレベルへ収束するまでは、約5カ月かかっている。ILLIQによる株式の分析と比較すると、社債の流動性低下は株式よりも2カ月程度遅行しているが、流動性の低下期間は同じ5カ月程度であった。一方、日本航空の経営破綻時の2010年1月には、流動性スプレッドに大きな変化はみられていない。

　ここで重要なことは、リーマンショックによる金融市場での信用リスク増加時には、流動性リスクプレミアムの増加も同時に発生していることである。複数のリスクファクターが同時に悪い方向に動くことを考慮することは、ストレス・シナリオ作成時だけでなく、リスク管理自体においても重要な観点である。リスク・カテゴリーごとに管理を行う従来のサイロ型リスク管理では、信用リスクと市場流動性リスクを別々に把握してしまうことになるため、金融機関のポートフォリオ全体のリスクを過小評価してしまう可能性がある。このため、ストレス・シナリオ作成の際には、信用リスクのスト

図表 8 − 3　社債での信用不安発生シナリオ

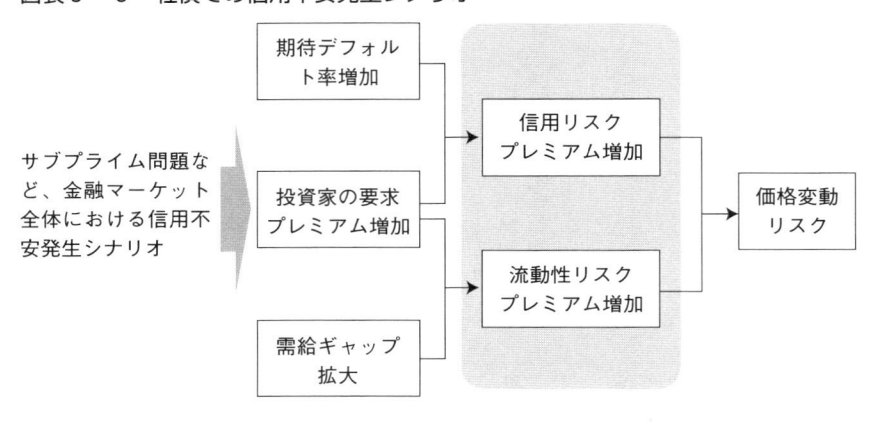

サブプライム問題など、金融マーケット全体における信用不安発生シナリオ
→ 期待デフォルト率増加
→ 投資家の要求プレミアム増加
→ 需給ギャップ拡大

→ 信用リスクプレミアム増加
→ 流動性リスクプレミアム増加

→ 価格変動リスク

レスと流動性リスクのストレスを同時に与えるストレスを考える必要がある。

社債を例に、金融市場でのショックが価格へ与える影響を整理すると、図表 8 − 3 のようにショック情報が価格へと伝播することになる。すなわち、金融市場における信用不安等が発生した場合、期待デフォルト率が増加すると同時に、デフォルトの不確実性に対して投資家が要求するプレミアムも増加する。この時、マーケットでの売り圧力が強まり、需給ギャップの拡大が同時に発生する。このことは、信用リスクプレミアムと流動性リスクプレミアムが同時に高まり、急激な価格の下落を引き起こすことになる。

第 3 節　市場流動性ストレス・シナリオ作成の考え方

実際に、どのようなストレス・シナリオを作成するかを考えてみる。

第 1 章で紹介した "Stress testing at major financial institutions：survey results and practice（2005）"（「主要金融機関におけるストレステスト：調査結果とその実務」）の報告書においては、市場流動性に対するストレステストと

して、
① 流動性枯渇を反映していると考えられる過去の価格データを利用する
② 流動性が回復するのに要する時間を加味して保有期間を長めに設定する
③ 流動性の枯渇リスクに由来するプレミアムを勘案してリスクファクターの変化幅を大きめに設定する

という事例を紹介している。この三つの考え方に沿ったヒストリカル・シナリオによる流動性ストレス・シナリオ作成方法を紹介する。

① 流動性枯渇を反映していると考えられる過去の価格データを利用

　このアプローチは非常にシンプルであり、ヒストリカル・データさえ取得できれば、シナリオは作成可能である。

　そもそも、市場価格には信用リスクプレミアムと流動性リスクプレミアムの両方が含まれている。このため、ヒストリカル・シナリオでは、無理やり両者を分解せず、ヒストリカル・データを用いてストレス・シナリオを作成するほうが、現実のマーケットで発生したストレス事象を反映することができると考える。

　具体的には、ヒストリカル・データのなかで、価格下落の大きいデータを抽出することによりストレス・シナリオを作成し、信用リスクの増加と流動性枯渇を反映したヒストリカル・シナリオを作成することができる。

② 流動性が回復するのに要する時間を加味して保有期間を長めに設定

　このアプローチについても、ヒストリカル・シナリオであれば、過去データから流動性が回復するのに要した時間を推計することにより、ストレス・シナリオに適用するための保有期間を決定することができる。

　前述の全日本空輸の個別銘柄を例にすると、この時間は約5カ月ということになる。ただし、通常は個別銘柄ではなく、ポートフォリオ全体のストレス・シナリオを考慮する必要があるため、単純な一銘柄でなく、ポートフォリオ構成にあわせた銘柄の組合せによる推計が必要であり、比較的手間はかかることになる。

③ 流動性の枯渇リスクに由来するプレミアムを勘案してリスクファクター

の変化幅を大きめに設定

　流動性の枯渇リスクに由来するプレミアムを数値化することは、非常にむずかしい問題である。なぜなら、マーケットの価格から流動性リスクプレミアムをなんらかのかたちで推計しなければ客観的な数値として使用することができないからである。

　一つの考え方として、少々大雑把ではあるが、市場で観測されるスプレッドから信用リスク要因を取り除いた残余スプレッドが、流動性スプレッドであると整理することにより、数値化することが現実的ではないかと考える。

　このような考え方に基づき、社債スプレッドを分析している例として、日本銀行ワーキングペーパーシリーズ「債券の市場流動性の把握と金融機関のリスク管理への応用（王京穂）」（2011）がある。同分析では、社債スプレッドは流動性対価部分と信用リスク対価部分から構成されていると考え、以下のような構造を仮定している。

　　社債スプレッド＝流動性スプレッド＋信用スプレッド
　　流動性スプレッド＝リスク単価×流動性指標

　ここで、業者間の最高値と最低値の差を流動性指標とし、社債格付ごとのデフォルト率実績を信用スプレッドとすることにより、リスク単価を回帰分析により推計している。2005年1月～2010年8月のマーケットデータを使用した分析結果によると、流動性スプレッドの社債スプレッドに占める割合は、AAA格およびAA格で約21％、A格で約43％、BBB格で約52％となっており、流動性スプレッドは社債価格に大きな影響を与えていることになる。

　このように流動性スプレッドのヒストリカル推移を推計することにより、ストレス・シナリオに活用できるのではないかと考える。

　ここで紹介した市場流動性ストレス・シナリオは、市場での価格推移を使用したヒストリカル・シナリオである。株式や社債等のように比較的流動性の高い商品については、このようなストレス・シナリオの作成が可能であ

る。

　一方、もともと流動性の低い証券化商品等では、流動性が枯渇している時期には、市場で取引が成立せず、価格すら取得できないことがあるため、上記の手法を修正する必要がある。

　一つ目の「流動性枯渇を反映していると考えられる過去の価格データを利用」と三つ目の「流動性の枯渇リスクに由来するプレミアムを勘案してリスクファクターの変化幅を大きめに設定」という方法は、ストレス・シナリオ作成のため、ともに市場の価格を使用している。裏付資産との対応関係が比較的単純な証券化商品については、裏付資産自体のストレス・シナリオを考慮した回収率から証券化商品のストレス・シナリオ設定する等を考えることもできる。しかし、複雑な商品では、ストレス・シナリオとしてエクスポージャー全額を損失とすることも考慮しながら、データの蓄積に伴い徐々に保守性の程度を和らげることが現実的ではないかと考える。実際、金融危機の際、価格の取得できない証券化商品については、会計上、このような取扱いをした金融機関も多いのではないか。

　二つ目の「流動性が回復するのに要する時間を加味して保有期間を長めに設定」という方法は、金融危機が収束し、実際に証券化商品の価格が取得できるまでの期間を使用することで、対応できると思われる。

第4節　おわりに

　リスク管理には満点というものはなく、常に進化し続けなければならないものであり、流動性リスク管理も同様である。図表8－4は、2010年の第3四半期にデロイト　トウシュ　トーマツが、全世界の金融機関のリスク管理について行ったサーベイ結果のなかの流動性リスク管理に関する部分である（サーベイにおける流動性リスクには、市場流動性リスクと資金流動性リスクの両方を含んでいる）。

　過去2年間の流動性の環境に対応して、どのような対応を行ったかという

図表 8 − 4　過去 2 年間の流動性の環境に対応しての対応（「第 7 回目のGlobal Risk Management Survey」から抜粋）

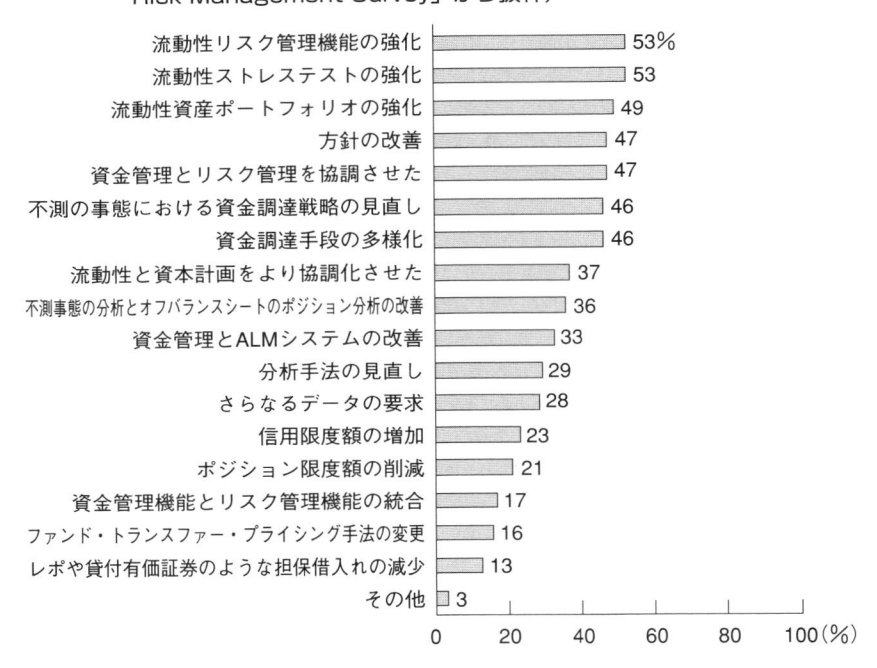

項目	%
流動性リスク管理機能の強化	53%
流動性ストレステストの強化	53
流動性資産ポートフォリオの強化	49
方針の改善	47
資金管理とリスク管理を協調させた	47
不測の事態における資金調達戦略の見直し	46
資金調達手段の多様化	46
流動性と資本計画をより協調化させた	37
不測事態の分析とオフバランスシートのポジション分析の改善	36
資金管理とALMシステムの改善	33
分析手法の見直し	29
さらなるデータの要求	28
信用限度額の増加	23
ポジション限度額の削減	21
資金管理機能とリスク管理機能の統合	17
ファンド・トランスファー・プライシング手法の変更	16
レポや貸付有価証券のような担保借入れの減少	13
その他	3

　質問に対する集計結果であり、約 4 分の 3 の参加金融機関が、この 2 年間の流動性を取り巻く環境の変化に対応してさまざまな行動を起こしていた。これらの金融機関に最も共通していた対応は、流動性リスク管理機能の強化、流動性ストレステストの高度化、流動性の高い資産ポートフォリオの維持、流動性管理方針の改善、資金管理とリスク管理の協調、不測の事態における資金調達方法の改定、資金調達手段の多様化であり、それぞれおよそ半数が実施していた。

　このように、流動性リスク管理は、金融機関にとって重要な事項という認識が広がりつつあり、さまざまな取組みが強化されている。各国金融当局者や各金融機関による流動性リスク管理高度化のなかで、ストレステストについても、さまざまなアイデアや手法が試され、高度化していくことが期待で

きる。

【参考文献】

- Amihud, Y. [202] "Illiquidity and stock returns : cross-section and time-series effects," Journal of Financial Markets 5(1) pp31-56.
- BCBS (Basel Committee on Banking Supervision), 2009. "Principles for sound stress testing practices and supervision (「健全な流動性リスク管理及びその監督のための諸原則（金融庁仮訳）」)"
- CGFS (Committee on the Global Financial System), 2005. "Stress testing at major financial institutions : survey results and practice (「主要金融機関におけるストレステスト：調査結果とその実務（日本銀行解説）」)"
- Global risk management survey, seventh edition (Deloitte Touche Tohmatsu)
- Kyle, A. S. "Continuous Auctions and Insider Trading," Econometrica, 53(6), 1985.
- 日本銀行金融研究所「本邦株式市場の流動性に関する動学的考察—東京証券取引所のティック・データ分析—（村永淳）」
- 日本銀行ワーキングペーパーシリーズ「債券の市場流動性の把握と金融機関のリスク管理への応用（王京穂）」(2011)

第 9 章

オペレーショナル・リスクの
ストレステスト

小西　仁

第1節　オペレーショナル・リスク管理における
　　　　ストレステストの位置づけ

1　オペレーショナル・リスク管理におけるストレステストとは

　他のリスク・カテゴリーとは異なり、オペレーショナル・リスク管理において、ストレステストという言葉は従来あまり聞かれなかった。これは、以下に詳述するとおり、①他のリスク管理分野のように、リスク計測においてVaRが中心的な役割を担ってきたわけではなく、むしろテール・リスクをとらえる手段としては、統計的手法や実績値に強く依存するVaRよりもシナリオを用いる手法が従来から重視されてきたこと、②損失分布のテール部分のリスク管理をボディ部分の延長として考えるのではなく、外部条件を大きく変化させた場合に生じる（通常想定外といわれる）損失まで取り込んだうえで、管理手法が考えられてきたこと、などによるものと考えられる。

　このため以下では、まず、現状のオペレーショナル・リスク管理の概要を眺めたうえで、たとえば、信用リスク管理や市場リスク管理で求められてい

るストレステスト的要素が、すでにオペレーショナル・リスク管理のなかにどの程度取り込まれているかを確認する。そのうえで、そうしたなかでも取り込まれていない要素を指摘し、今後のオペレーショナル・リスク管理におけるストレステストの方向性を示すこととしたい。

2　オペレーショナル・リスク管理の概要

a　オペレーショナル・リスクの管理ツール

　オペレーショナル・リスク管理は比較的新しい概念であり、その発展を迎える時期にはすでに市場リスク、信用リスクにおいてVaRが導入されていた。ここでは、オペレーショナル・リスクの計量手法について概説し、ストレステストとの差異を確認する。

　オペレーショナル・リスクを計量するには、四つの要素が必要であるとされている。

① 　内部損失データ
　　自行で発生した損失を収集したものである。計量においては基本的な要素である。
② 　外部損失データ

図表9－1　オペレーショナル・リスクの計量要素

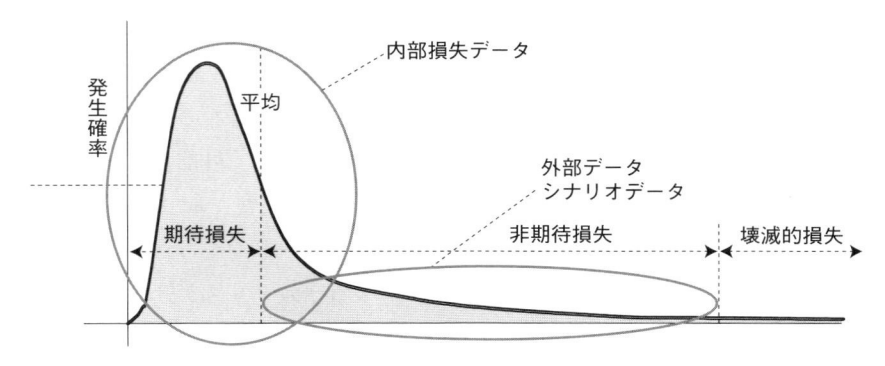

348　第2部　各リスク・タイプのストレステスト

自行で発生した内部損失はすべての損失可能性を網羅したものではなく、将来発生するかもしれない損失事象は、過去に発生しているとは限らない。そこで外部の金融機関に目を向けることにより、金融機関においてありうる事例を他山の石として収集し、自行において当該事象が発生した場合の損失規模、その可能性を把握することが可能になる。

③　シナリオ分析

　自己資本比率に関する告示は、シナリオ分析を「重大なオペレーショナル・リスク損失の額及び発生頻度について、専門的な知識及び経験並びにオペレーショナル・リスクに関する情報に基づいて推計する手法」と定義している。シナリオ分析は、特に「重大なオペレーショナル・リスク損失」に焦点を当てており、発生頻度は低いものの発生すると大規模な損失となる事象（低頻度大規模損失）を特定するのが目的である。本来であれば、実損データのように客観的なデータから導かれることが望ましいが、残念ながら（銀行にとっては幸いなことなのであるが）、低頻度大規模損失は実損データとしては存在せず（つまり、過去にそのような事象が発生していない）、「専門的な知識及び経験並びにオペレーショナル・リスクに関する情報に基づいて推計する」という、相対的には主観的な方法をとらざるをえないのである。

　その理由としては、

・実損データの蓄積が十分ではない
・過去のデータがそのまま現在に当てはまる可能性は低い（100年前に情報システムの障害データがあったであろうか）

などがあげられよう。

　シナリオ分析は、主観的なエキスパート・ジャッジメントをいかに客観的に収集するかがポイントである。

④　業務環境および内部統制要因

　損失の発生頻度・損失金額は自行が取り巻いている環境によって当然異なる。そのため、自行が置れている業務環境が、リスク量に変化を及ぼす

ファクターとなる。これは外部と内部に分けることができ、たとえば外部であれば犯罪の発生状況（特に国ごとに異なる）、内部であれば業務の繁忙があげられる。一方、業務環境が仮に劣悪だとしてもそれを防ぐ手段（内部統制）があればその影響を緩和もしくは削減することができる。むしろ自行としてコントロール可能であるのはどちらかというと内部統制であるので、この内部統制要因を評価することが重要になってくる。

b 計量化の概要

上記の四つの要素を用い、計量化を行う。これらの要素をどのように使用するかのバリエーションはきわめて広く、各銀行によってその方法はまったく異なるといってもよい状況である。そのなかで強いて共通点をあげるならば、内部損失データとシナリオ分析をメインに利用し、その調整に外部損失データ、業務環境および内部統制要因を利用していることであろうか。

低頻度大規模損失の計測に大きく寄与するのがシナリオ分析であり、その手法は現場の意見を聞き、エキスパート・ジャッジメントを吸い上げ、できる限り客観性をもたせた損失の評価を行い、数値化することである。

3 規制の要請

オペレーショナル・リスク管理に関する規制は大きく分けて自己資本比率規制による直接的な規制と、金融庁が発出する預金等受入金融機関に係る検査マニュアル、主要行等向けの総合的な監督指針等の間接的な規制があげられる。

双方において、オペレーショナル・リスクにおけるストレステストの記載は現時点では見受けられない。また、「自己資本の計測と基準に関する国際的統一化」（いわゆるバーゼル合意）においてもまたオペレーショナル・リスクに関するストレステストへの言及はない。

また、Observed range of practice in key elements of Advanced Measurement Approaches（AMA）（バーゼル銀行監督委員会2009年7月）においては、

シナリオ分析は"extreme but nonetheless plausible events"のインパクトを考慮するプロセスであるとあり、ストレステストに対しいわれることと同一の形容が用いられている。

一方、ストレステストに関して述べられているPrinciples for sound stress testing practices and supervision（バーゼル銀行監督委員会2009年5月）においては、リスク・カテゴリー間のストレステストを実施すべきとされており、そのなかに市場、信用、オペレーショナル、流動性等としてオペレーショナル・リスクが登場する。CEBS Guidelines on Stress Testing（GL 32）（2010年8月26日）においては、他のリスク・カテゴリーとともにオペレーショナル・リスクに関する一つの別紙（Annex）が与えられ、新規業務であり内部損失データが十分でない場合にはシナリオ分析をベースとしうること、複数の部門に同時に影響を与えるようなシナリオの場合には上級管理職が関与しうること、ストレスイベントの分析にはマクロ経済状況やその他の外部要因を考慮しうることなどがプラクティスとしてあげられている。

当局が示す文書のなかでは、モデルにおける相関の検証においてストレス的な状況を考慮することが現状において強調されているものの、オペレーショナル・リスク管理においてストレステストを実施しなければならないとはされていない。前述したように、シナリオ分析とストレステストの区分が実務的に困難であるためではないかと思われる。

4　VaRとストレステストの境界

VaRは、少なくとも前述した4要素をインプットデータとして計算される。内部損失データとシナリオ分析をメインに利用している場合であれば、VaRの値が相当程度シナリオ分析に依存することが多く、シナリオ分析による損失の額がVaRの値に近いことも多い。そして、そのシナリオ分析は前述のとおりストレステストの定義とさほど変わりがない。そのため、VaRとストレステストの差もきわめてあいまいなものとなっている（正確にいえば、VaRは確率を考慮したものであるのに対し、ストレステストは確率は考慮されて

いない点で異なる。ただ、ストレステストにおいては、シナリオの損失金額にあわせその頻度も設定することが多く、実質的には確率を考慮していることに近いため、実務的な差異は小さくなるということである）。

また、目的によってストレスの程度に大きな幅があるため、ストレステストにおけるストレスの程度と、オペレーショナル・リスクのVaR計測における信頼区間（たとえば、99.9％の確率でそのVaRの値に損失が収まるといったそのパーセンテージ）とは、必ずしも同一ではなく、さらに比較を困難にしている。

この差異のあいまいさを避ける工夫として、シナリオ分析において計量に用いるシナリオの規模と、ストレスとしてのシナリオの規模を区分して扱う例がみられるが、業界のスタンダードとなるプラクティスは存在しないといってよい。

5　想定しうるストレステスト

オペレーショナル・リスク管理においてのストレステストというと、実務的には、そのリスク計測モデルの前提に対しストレスをかける方法をとる場合が多い。以下のような前提があげられる。
・分布の仮定
・データの十分性
・評点のウェイトづけ

分布の仮定とは、たとえば二つの発生事象が独立しているという仮定があげられる。この仮定では、二つの事象が同時に発生する可能性は少ないが、この仮定が崩れ相関をもって二つの事象が発生するとなると、その同時発生の可能性は高くなり、リスク量は大きくなる。

データの十分性が保たれていれば、分散がある程度小さいと考えられるところだが、データが十分でなく、偏ったデータである可能性があるとなると、たとえばその損失金額の平均はもっと高く見積もっておくことが正しいと考えられる（保守的に算出する）。

評点のウェイトづけは少しわかりづらいが、オペレーショナル・リスクの計量の要素にはエキスパート・ジャッジメントを含むため、数値化するための評点を用いることが多い。さらに、その評点をリスク量に換算する際に、評点をウェイトづけしている場合が多い。その際のウェイトづけは一種の判断により設定されているわけだが、この判断がもし誤っていた場合、つまり、最も悪くなるケースが正しかったとした場合には、どれくらいのリスク量になるのかをみてみようということである。

　また一方で、単一のファクターに対しストレスをかけることを指してストレステストという場合もあるようだが、確立した使分けは存在しないと考えられる。たとえば、普段であれば複数の再鑑などがあり、仮に担当者が間違ったとしてもそれが訂正されるプロセスとなっているが、その複数の再鑑のすべてが機能しなかったというストレス状態を考えた場合に、どのような損失となるかを考えるのはストレステストといえる。

　大きく分ければ、前者がモデルに関するストレステスト、後者がプロセスに着目したストレステストといえよう。

6　オペレーショナル・リスクのストレステストを考えるうえでの今後の留意点

　前述のとおり、従来、オペレーショナル・リスク量の計測においては、通常の業務環境を想定した損失と同時に、業務環境が大きく変化した場合の損失までも考慮したうえで、オペレーショナル・リスクの損失分布が作成され、これに基づきオペレーショナル・リスク量が計測されてきた。市場リスクや信用リスクのように、両者を区別したうえで、前者はVaR、後者はストレステストで対応する手法とは異なるゆえんである。

　こうした手法は、これまで市場リスク管理や信用リスク管理では十分に取り込まれてこなかった「想定外の損失」を、早くからリスクとして認識し、これに対処する術を考えることを促した点では優れた手法であったといえる。もっとも、他のリスク・カテゴリーでもストレステストの重要性が認識

されつつある今日、現在のオペレーショナル・リスク管理が採用している、「想定内」と「想定外」の損失を同一の損失分布のなかで同じリスク量の要素として扱うことの問題点も指摘され始めている。すなわち、日々の業務リスク管理の改善につなげるためには、想定内、つまり損失のボディ部分に焦点を当てたリスク管理が有効な一方で、自己資本の充実度確認等のためには「想定外」、あるいは損失分布のテール部分に焦点を当てたリスク管理が重要となる。両者を混合してリスク管理をするよりは、目的に応じて、別々に計測、管理することが、より実効的なリスク管理につながるのではないかという問題意識である。今後のオペレーショナル・リスクのあるべきストレステストを考えるうえで、非常に重要な課題だといえよう。

第2節　統合リスク管理におけるストレステストに対するオペレーショナル・リスク管理の利用

1　統合リスク管理におけるストレステストの課題

　これまでで述べてきたように、市場リスク、信用リスク等を区分せずに統合的なシナリオに基づき、全社的な損失をストレステストにより洗い出し、見積もる必要がある。しかし、実際にこれを実現させることは容易ではない。その代表的なハードルとしては以下があげられる。
・組織体制
・実施方法
・各担当者の理解
・情報システム
　詳細な議論は別章に譲るとして、ここでは特に、実施方法と各担当者の理解においては、オペレーショナル・リスク管理におけるRCSA、シナリオ分析の手法が有用であると考えられ、その適用方法について議論する。

2 オペレーショナル・リスク管理におけるシナリオ分析

　シナリオ分析の各行による実施内容の差異は大きいが、ここでは本邦で一般的であると想定したプロセスにてシナリオ分析を説明する。

　シナリオ分析は主に低頻度大規模損失を対象とし、いままでに起こったことはないが、今後起こりうる大きな損失事象を、担当者の主観的な意見から引き出すものである。主観的な意見をただ集めただけではその意見の前提もわからないし、全社的な比較も不可能である。これでは、全社の状況を表しているとは言いがたいため、そこに客観性をもたせる必要がある。このためさまざまな工夫を各行において行っている。

・リスク管理部門で確認する
・内部監査・外部監査で確認する
・別の部署等が相互にレビューする
・内部損失データ、外部損失データとの比較を行いレベル感を確認する
・損失額を取引金額にひも付け、たとえば最大金額が毀損したと仮定する

　このような取組みにより、発生頻度・発生時の損失額の客観性を高めようとしている。

a　各担当者のフォームへの記入

　リスク管理担当者がシナリオの大枠を設定し、フォームを作成する。そして、現場の業務に詳しい担当者が、シナリオ分析のフォームにシナリオの発現時の被害の内容（頻度、規模、その根拠等）を記入する。書き方の前提を共有するためにマニュアルを十分整備するとともに、各人によって評価がばらつかないように頻度・規模について選択肢を設けることが一般的である。その理由は、たとえば、この規模のシステム障害は50年に1回か100年に1回か、はたまた1000年に1回かと聞かれても、自分が勤務する期間はせいぜい40年程度、情報システムが金融機関の業務に用いられてきたのは数十年程

度のなかで、それ以上の期間に1度起こるような話の頻度を推量するのは、かなりの困難を伴うためである。また、その考えは各人によって異ならざるをえない。そこで、選択肢を設定する意義は大きい。

b　ワークショップの実施

　担当者がシナリオ分析のフォームに記入した段階では、まだ、その全社的な統一性は満たされていない。各人の考える前提が異なっており、また、別の担当者が実は同じ事象を想定しており、複数の事象・対応が重複している場合も考えられる。そこで、オペレーショナル・リスク管理担当者が、記入者に対しヒアリングを行うことにより前提の調和、不明点の確認を行っていくことが望ましい。これをワークショップと称することが多い。

　一義的なワークショップの目的は、シナリオ分析実施における前提の調和、不明点の確認ということだが、副次的なメリットとしてあげられるのは、シナリオ分析自体をなんのために実施しているのかを理解してもらう、リスク感覚を現場にもってもらうということである。これはオペレーショナル・リスク管理におけるRCSAのワークショップにも同様なことがいえるのだが、この副次的なメリットは、実はリスクカルチャーの醸成というきわめて重要なリスク管理の要素を担っていると考えられる。このようなリスク管理部門、現場が集まり意見を集約していく場が、統合リスク管理においても生かされていくことになる。

3　シナリオ分析の利用

a　統合リスク管理の特性

　オペレーショナル・リスク管理にとどまらず、すべてのリスクを統合的に管理していく統合リスク管理を行う場合に、何がハードルになるだろうか。
　リスク量の算出の観点でいえば、VaRの算出の前提が異なり、それを統一する必要がある。とはいっても、それだけでは実態はつかめない。たしかに

前提を統一したり、分散効果を考慮に入れたりして、統合リスク量を算出することは可能であり、そのリスク量に対し自己資本を用意すればよいところまではわかる。ではどのようにそのリスクを削減するのかという経営陣の問いに答えることはできない。また、どのような場合にそのようなリスク量の事態が現出するのかといわれても、99.9％点ですという答えにしかならず、これではリスクに対する対策に結びつけることはできない。

　市場リスクであればセンシティビティー、信用リスクであればデフォルト率、オペレーショナル・リスクであれば業務プロセス数であるなどさまざまな指標をもって、それぞれのリスクを管理している。これらを羅列して管理することが統合的であるとはいいづらいし、これらの指標を加重平均して新たな指数をつくったとしてもその意味するところがやはりわからない。

　そこで、統合リスク管理においてもストレス・シナリオという具体的な事象を想定しつつ、その損失金額を把握し、それに対し対応を考えていくということが有用であり、必要であるといえる。

b　統合リスク管理におけるシナリオ分析

　統合リスク管理におけるシナリオ分析は、オペレーショナル・リスク管理におけるシナリオ分析を適用することができる。オペレーショナル・リスク管理においては、すべての業務部署がシナリオ分析の対象となったが、統合リスク管理の場合は、オペレーショナル・リスク管理を含む市場リスク、信用リスク、流動性リスク等のすべてのリスク・カテゴリーが対象になる。しかし、オペレーショナル・リスク管理とは違い、すべての業務部署を対象とするわけではないので（そもそも統合リスク管理にはオペレーショナル・リスク管理が含まれるので、あくまで統合リスク管理とオペレーショナル・リスク管理の差分として話を進める）、その点では負担はかなり小さいことが想定される。

　そのプロセスを考えると、まずは各リスク・カテゴリーの実際の現場で、まさにリスクと向き合っている担当者をインタビューの対象とすることになる。市場リスクの場合にはリスク管理部門のみならず、フロント部門が対象

になると考えられる。そうすると信用リスク管理の場合にはどうなるのだろうか。リスク管理を行っている部門は本邦であると、与信企画部門に近い部門であることが多い。これに加え、個別の与信の内容を把握している審査部門にインタビューを行うことになろうか。資金流動性リスクであれば資金部等が対象となるだろう。もちろんサイロ・アプローチになってはいけないので、そのように区分した後にリスクの網羅性を確認し、各部署に役割分担を行った後にもれがないかを確認しなければならないことはいうまでもない。

インタビューの対象部門が定まった後にはどのようなかたちでインタビューを行うかを考えなければならない。これはシナリオ分析のフォームを作成することと同様である。考えられる事象の頻度・規模と、そこから各リスクへの波及効果を考える必要がある。各担当者が、これが最悪なシナリオと考える場合であっても、全社的に考えた場合にそうなるとは限らないため、各担当者が考えた候補に対して、他のリスク・カテゴリーにはどのような波及効果があるのかを考慮した後に、全社としての最悪なシナリオを定める必要がある。

4　ストレステストの活用

ここでオペレーショナル・リスク管理におけるシナリオ分析実施の経験から、簡単にそのメリットを述べてみたい。

オペレーショナル・リスク管理におけるシナリオ分析は、正直いって発展途上の管理ツールであると思う。それは頻度・規模の特定の客観性、再現性などさまざまな観点からの改善の余地がみられるためである。このことはシナリオ分析のデータをもとにして計算するリスク量に影響を与える。このリスク量の正確性を確保するためには、今後ともさまざまな検討が必要であるといえる。

では、シナリオ分析は無駄なのかというと筆者はそう考えていない。たしかにその結果の正確性という観点からは改善の余地があるものの、金融機関の経営者・担当者がどういうことが起こりうるかを考え、それを見える化

し、それに対し議論を行い将来に備えようとするコミュニケーションを促す管理ツールであることは間違いない。シナリオ分析においてはワークショップと称して担当者が集まりシナリオの作成、その前提の妥当性について議論を戦わせる。その前提はありえないとか、こういうことも想定されるから考慮すべきだとかさまざまな意見が出てくる。最終的にシナリオ分析の成果物としては文書に残らないかもしれないが、このようにして自分が考えていなかったような前提・想定を頭のなかでシミュレーションするのである。もちろん最終的に文書に残されるのが望ましいことだが、それは企業風土、経営陣の考え方によってきてしまうことは、リスク管理の限界に帰着するのかもしれない。担当者がこういうシナリオが発現する可能性があるといくら主張しても、そのシナリオに対応するためには巨額の資金が必要になってしまい、受け入れたくないという「想定したくない」シナリオになってしまう場合がある。金融システムの維持が金融機関に課された命題であるなか、どこまでの事象に対応すべきかはまさに経営そのものといえるのだろう。

　このようにシナリオの想定は結局経営陣の裁量に依存してしまうと記すと、その意見はシナリオ分析の意義を損なうものであり、もっと厳格なシナリオ分析が必要であるという主張をされる読者もいらっしゃるであろう。ただ、厳格なシナリオ分析といっても単にシナリオを厳しくしさえすればよいという問題ではない。津波を例にとると、10mくらいではなく、もっと深刻である20mを想定すべきというような話があるが、隕石の衝突による津波の高さは1,000m（！）にもなる可能性があるそうである。そうすると1,000m級の山の上にバックアップセンターを設置する必要があるということになってしまう。これを、あなたは金融機関において意思決定できるだろうか。ここで主張したいのは厳しいシナリオといってもその決定は相対的な問題であって、その最終的な判断は経営陣が行うということである。シナリオ分析はリスク管理の一つのツールであって、それを操るのは最後はやはり経営陣ということになる。ストレステストもまた同じだと思う。

【参考文献】
・BCBS（Basel Committee on Banking Supervision）, 2009. "Observed range of practice in key elements of Advanced Measurement Approaches （AMA）"
・BCBS（Basel Committee on Banking Supervision）, 2009. "Principles for sound stress testing practices and supervision"
・CEBS（Committee of European Banking Supervisors）, 2010. "Guidelines on Stress Testing （GL32）"
・大山剛『バーゼルⅢの衝撃―日本金融生き残りの道』東洋経済新報社（2011）
・監査法人トーマツ金融インダストリーグループ『バーゼルⅡ対応のすべて―リスク管理と銀行経営』金融財政事情研究会（2008）

おわりに

　東日本一帯を襲った東日本大震災から、早1年が過ぎ去った。地震や津波が多くの街を破壊し、さらに二次災害である原発事故による放射能汚染が、福島はもとより日本の中枢である東京までをも震撼させたあの大災害は、いまでも無残な爪痕をあちこちに残している。また、サプライ・チェーンを含めた経済の復興は予想以上に早かったが、未曾有のストレス事象への対応という面では、まだまだ「失った戦い」を戦っている状況で、「明日の戦い」に備えているようにはみえない。

　もちろん、津波や地震への対応という意味では、従来以上に強いストレス強度への備えがなされるようになった。ただ、今回の震災でわれわれが学んだことは、単に、津波や地震、さらには原発事故のこわさだけではなかったはずだ。同時にわれわれは、本来熟慮すべきストレス事象に対しても、無意識に「タブー」の領域をつくってしまうこわさを、思い知ったのである。こうしたタブーは、平穏な状況下では、だれしもがあえて触れたくないものであり、だからこそ長い間、タブーとして存在が許されてきた。ただしこれらタブーが、一度現実のリスクとして表面化してしまうと、とてつもない被害を世の中にもたらしてしまう。

　今回の原発事故はそれの典型例であったといえる。そして同時に、日本のストレス事象のタブーは、原発事故に限られたものではない。われわれ日本の社会生活のなかには、まだまだ多くのタブーが隠されているのではないか。こうしたタブーを、今回の震災を契機に、一つひとつ冷静な議論のなかに投じ、対処すべきテール・リスクとして、あらためて見直す時が来ているように思う。

　本書で議論したストレステストは、あくまでも金融機関実務において、今後期待されるストレステストを対象としている。ただし、その基本思想そのものは、単に金融機関のみならず、広く社会一般のリスク管理にも当てはま

るものである。こうした意味で、本書が、金融機関にとどまらず、今後のわが国全体の、「タブー」を可視化するストレステストの議論に結びついていけば幸いである。

　本書の準備においては、多くの方のお世話になった。特に小林俊氏（日本銀行金融市場局企画役）からは「第7章　資金流動性リスクのストレステスト」に関し、非常に有益なコメントをいただいた。また西方美帆氏（有限責任監査法人トーマツ／シニアアソシエイト）からは、目次の作成をはじめ、多くの分野で多大な支援を得た。最後に出版にあたっては、加藤一浩氏をはじめ、金融財政事情研究会の方々に大変お世話になった。心から感謝の意を表したい。

これからのストレステスト
──金融危機に負けないリスク管理

平成24年6月18日　第1刷発行

編著者　大山　剛
著　者　岡崎貫治・岸本浩一・桑原大祐
　　　　小西　仁・才田友美・田邉政之
　　　　玉橋　準・中山貴司・久永健生
　　　　村上泰樹
発行者　倉田　勲
印刷所　図書印刷株式会社

〒160-8520　東京都新宿区南元町19
発　行　所　一般社団法人 金融財政事情研究会
　　　　　　編集部　TEL 03(3355)2251　FAX 03(3357)7416
販　　売　株式会社きんざい
　　　　　　販売受付　TEL 03(3358)2891　FAX 03(3358)0037
　　　　　　URL http://www.kinzai.jp/

・本書の内容の一部あるいは全部を無断で複写・複製・転訳載すること、および磁気または光記録媒体、コンピュータネットワーク上等へ入力することは、法律で認められた場合を除き、著作者および出版社の権利の侵害となります。
・落丁・乱丁本はお取替えいたします。定価はカバーに表示してあります。

ISBN978-4-322-12119-3